Fermes
& maisons villageoises

Dans la collection *Au pied du mur*

J. & L. Coignet, *La maison ancienne, construction, diagnostic, interventions,* 2003

Collectif d'auteurs, *Les granges, bien les connaître pour mieux les restaurer,* 2004

J.-M. Laurent, *Pierre de taille : restauration de façades, ajout de lucarnes,* 2003

C. Le Pabic, *Toits d'ardoise, pose traditionnelle et restauration,* 2004

G. Peirs, *La brique, fabrication et traditions constructives,* 2004

B. Pignal, *Terre crue, techniques de construction et de restauration,* 2005

P. Bertholon, O. Huet, *Habitat creusé, le patrimoine troglodytique et sa restauration,* 2005

Page 17, croquis publié avec l'aimable autorisation du Parc national de la Vanoise et du CAUE de la Savoie, 1995.

Éditions Eyrolles
61, bd Saint-Germain
75240 Paris Cedex 05
www.editions-eyrolles.com

ISBN : 2-212-11170-3

ISSN : 1765-7601

Au pied du MUR

Fermes
& maisons villageoises

30 exemples de réhabilitation

EYROLLES

Sommaire

Réhabiliter

Un pays comme la France offre une exceptionnelle diversité de bâtiments de ferme. Les données du milieu, climat, relief, sol se sont croisées et combinées avec des conditions sociales et des influences culturelles elles-mêmes très variées. Ainsi des conditions de milieu identiques ont-elles pu générer un système social latifundiaire (de grands domaines) ou microfundiaire (de petites exploitations) avec des constructions très diverses. Certes les bâtiments sont plus grands quand l'espace à gérer est important mais, au-delà de la taille, le mode d'exploitation peut induire des productions différentes. Un système latifundiaire est toujours tourné vers des productions commercialisées et le plus souvent spécialisées autour d'une ou deux spéculations. Le système de la micro-exploitation va, lui, être orienté vers une production paysanne dont la finalité première est l'autosubsistance, seuls les surplus éventuels étant vendus. Dans le premier cas, l'économie est basée sur des échanges monétaires, et qui peut vendre peut aussi acheter. À qui sait le lire, le bâti révèle cette règle et l'œil attentif décèlera tel ou tel élément exogène dont la présence ne s'explique que par la capacité du propriétaire à acheter des éléments de construction absents du site. Dans une économie paysanne au contraire, le rare numéraire est prioritairement affecté à l'achat de moyens de production, une charrue, une bête d'attelage ou quelques denrées alimentaires qui font défaut sur l'exploitation. Les édifices sont alors quasi exclusivement faits de matériaux locaux.

Le bâti raditionnel offre ne exceptionnelle iversité. Il a été rgé par l'histoire des hommes et l'adaptation à tout un jeu de contraintes, notamment naturelles.

Genèse d'une typologie régionale

L'exemple fourni par deux vallées de Savoie, toutes proches et pourtant si dissemblables, permettra de comprendre le processus de création d'un bâti régional. La Tarentaise, ou haute vallée de l'Isère, et la Maurienne, ou vallée de l'Arc, sont à peu près parallèles et confluent un peu en aval d'Albertville. Les conditions naturelles offertes par ces deux vallées sont très proches, et les expositions, avec versant endroit ou « au soleil », l'adret, et versant envers, l'ubac, exposé au nord, identiques. Dans ces territoires, l'exploitation des alpages d'altitude est un élément essentiel de la richesse agricole. La Tarentaise est le domaine des grands alpages, appartenant à de grands propriétaires, ou exploités par les communautés villageoises, le tout historiquement lié à l'influence des grands ordres religieux. En Maurienne, anciennement sous la tutelle de l'évêché de Suse, les alpages, morcelés, sont exploités par des petits propriétaires.

Ces deux systèmes nous ont laissé des constructions complètement différentes. Dans les alpages de Tarentaise, pas de grands bâtiments, de simples murs sans toit (le toit était itinérant) ; seule la cave, où l'on stockait la production de fromage, constituait une véritable construction pérenne. Au début du XXe siècle, les édifices se multiplièrent pour offrir de meilleures conditions de travail et de grandes halles, très inspirées de l'architecture industrielle, ponctuent aujourd'hui les alpages. En Maurienne, où toute la famille migrait vers l'alpage à la belle saison, on trouve de véritables fermes d'altitude, regroupant habitation, étable et lieux de stockage du fourrage. On a d'ailleurs du mal à croire que des habitats aussi complets n'aient eu qu'une utilisation saisonnière. La Tarentaise a dû faire appel à une main-d'œuvre extérieure, les conditions de travail étant telles que de plus pauvres venaient se faire embaucher pour la saison d'alpage. Ces migrations ont introduit des systèmes constructifs étrangers à la vallée[1].

[1] Ainsi l'architecture à colonnes, que l'on retrouve dans de nombreux édifices de la région de Sainte-Foy-Tarentaise – éléments repris dans la réhabilitation de la station de Val d'Isère –, est-elle issue d'un savoir-faire du Val d'Aoste qui permet, avec des moellons de petite dimension, de réaliser des piliers porteurs.

La spécificité des constructions

Chaque édifice rural tient en outre une place unique au sein du bâti traditionnel. Quelle autre activité que l'agriculture, en effet, pourrait mieux qu'elle intégrer les paramètres d'un territoire ? Archive vivante du lieu, témoin d'un usage, d'un milieu social, reflet d'une région, il est le fruit de la confrontation d'un maître d'ouvrage avec un écheveau complexe de contraintes naturelles, humaines, économiques, techniques, incorporées à un programme de construction. Ce bâtisseur va choisir un site d'implantation en tenant compte du climat, de l'exposition mais aussi en cherchant à épargner les meilleures terres. L'accès à l'eau est une autre de ses préoccupations. La proximité d'une source, une fontaine, l'accès direct à une rivière, un canal d'amenée de l'eau au plus près des hommes et, surtout, du bétail, sont autant d'éléments témoignant de cette contrainte vitale. Eau de nappe atteinte par un puits, puits intérieur à l'habitat dans certains cas où les hivers sont particulièrement rigoureux, puits central de la cour au cœur de l'activité de la ferme, attestent eux aussi de cette importance de l'eau. Parfois c'est l'eau du ciel qu'il a fallu capter dans une citerne dimensionnée à la mesure de la consommation mais aussi de la régularité des précipitations. Tant de facteurs sont à prendre en compte que, au-delà des caractéristiques générales d'une région, d'une époque, chaque bâtiment se singularise par son histoire, déroulée en un lieu précis. Le moindre détail en révèle la spécificité et les liens qui unissaient le paysan à son environnement. Nous n'avons plus aujourd'hui de lecture intuitive de ces paysages construits par l'homme. C'est une des vertus du bâti traditionnel que de nous aider à comprendre, à redécouvrir cette intimité entre l'homme et la nature, ce lien étroit qui nous a échappé tant notre civilisation s'est détournée de ses origines.

L'histoire de la France rurale constitue une part importante de notre héritage. Au début du XXe siècle, la population française est encore à 80 % rurale. Même si les éléments de bâti villageois antérieurs au XVIIe siècle sont rares, les constructions rurales actuellement visibles ont subi de nombreuses transformations, intégrant progressivement des matériaux exogènes et des techniques nouvelles. Si cette évolution a marqué toute l'histoire du bâti paysan, le XIXe siècle entraîne une rupture radicale, voire inaugure une succession de ruptures profondes qui ont modifié notablement les paysages et le patrimoine bâti de nos campagnes.

Les mutations du milieu agricole

L'industrialisation du pays et la modernisation de l'agriculture ont en effet transformé profondément les conditions de vie, les mentalités, l'usage des bâtiments et, par là même, les paysages traditionnels.

La spécialisation des régions

Une des avancées technologiques du XIXe siècle ayant le plus marqué de son empreinte les bâtiments ruraux et les paysages est certainement le chemin de fer. Il représente une révolution pour le monde rural en permettant le transport de matières lourdes sur de grandes distances sans manipulations multiples, ce que seul le transport fluvial permettait jusqu'alors. Les fleuves ayant une implantation fixe, la construction des canaux était très contrainte, en particulier par les reliefs. Le chemin de fer put, au contraire, être installé pratiquement partout. Approvisionner les villes n'était plus un rôle réservé aux campagnes périphériques des cités, et les céréales pouvaient être acheminées sur de longues distances. Le bétail vivant lui-même put emprunter le fer. Le rail ouvrit donc la voie à la spécialisation régionale. Certaines zones de sols lourds, des fonds de vallées humides où les prairies poussent bien tout au long de l'année purent de ce fait être consacrées à l'élevage. Des pays bourguignons comme l'Auxois, le Brionnais, le Charolais purent, grâce au chemin de fer, acheter les bêtes de trait du Bassin parisien après les périodes de labour, pour les engraisser et les revendre.

Les images des livres de géographie de l'école communale sont imprégnées de cette ruralité spécialisée. Et nous avons beaucoup de mal à imaginer qu'il n'en a pas toujours été ainsi, que l'homme faisait autrefois pousser de la vigne très au nord parce qu'il consommait du vin dans la plupart des régions françaises. Le Bassin parisien céréalier, le Midi viticole, la Bourgogne terre d'élevage, tous ces clichés, ancrés dans notre inconscient, présents dans les grandes monographies régionales des géographes de l'École française sont des produits du XIXe siècle. Le bâti rural sera inéluctablement modifié par cette mutation des activités agricoles. Maisons vigneronnes de l'Hérault datant du XIXe siècle, présentant une large porte à deux vantaux ouvrant sur le chai et une porte piétonnière donnant accès à l'habitation par un escalier raide et étroit ; grandes fermes à cour carrée fermée du Bassin parisien ou encore fermes de la basse vallée de l'Isère, le bas Grésivaudan, avec leurs grands séchoirs à noix caractéristiques de cette région : cette « typicité » régionale qui nous hante date, pour beaucoup, de ce siècle de transformations.

En même temps que le chemin de fer dessine et développe de nouveaux axes de communication, les régions qu'il néglige se marginalisent. Ainsi, jusqu'au XIXe siècle, il est difficile de circuler en empruntant la vallée du Rhône. Il faut y franchir de nombreuses rivières confluentes, au plus large de leur cours ; il y a de nombreux marais où les sols sont instables et les chemins fréquemment défoncés. Les communications se font alors par les contreforts du Massif central ou des Alpes. Au XIXe siècle l'irruption de la voie ferrée modifie toutes les circulations et les grandes bâtisses, souvent du XVIIIe siècle, qui ponctuent les anciens axes de circulation des Cévennes, nous paraissent aujourd'hui complètement anachroniques. Comment de tels bâtiments pouvaient-ils se justifier dans ce qui apparaît maintenant comme des bouts du monde alors qu'ils étaient, il y a deux siècles encore, des zones de circulation et d'échanges ?

L'évolution de la population rurale

Le XIXe siècle marque aussi l'apogée de la population rurale en France. Une population nombreuse, qu'il faut nourrir en exploitant toutes les terres utilisables. Les moindres coteaux sont pâturés ; sur les pentes les plus fortes des terrasses sont édifiées et mises en culture. Les hommes occupent de façon permanente des zones de sols pauvres et squelettiques qui n'avaient jusqu'alors jamais été exploitées, où seuls les charbonniers venaient faire cuire le bois. Il faut imaginer la France d'alors, cultivée dans ses moindres parcelles, sur-pâturée, où les arbres deviennent rares et où l'érosion des sols est fréquente. Les débuts de la photographie témoignent de ce phénomène. On peut voir sur certains clichés des zones de l'Ardèche complètement nues là où aujourd'hui la forêt prospère. Les magnifiques paysages flamboyants du Queyras ou du Mercantour à l'automne, dus à la coloration jaune vif des aiguilles du mélèze, sont le résultat de ce pâturage excessif de la montagne par les troupeaux au XIXe siècle. Sur ces sols dépourvus de toute matière organique en surface, seul le mélèze, qui a besoin d'un sol nu pour germer, a pu pousser.

Le XIXe siècle fut aussi une période de grande migration des populations rurales vers les villes, vers les centres industriels avides de main-d'œuvre et dont le développement entraîna des besoins d'approvisionnement toujours plus grands. Ce flux migratoire continuera tout au long des XIXe et XXe siècles, avec des pics comme après la Première Guerre mondiale. Beaucoup d'hommes mobilisés ne reviendront pas, soit qu'ils aient disparu sur les champs de bataille, soit qu'ils aient cédé au mirage des villes et de l'industrie. Ces grands mouvements de population modifièrent profondément les mentalités et les habitudes de consommation. Et, par ricochet, affectèrent les paysages et l'habitat.

L'industrialisation

Les besoins de la grande industrie eurent aussi des effets directs sur les paysages. Le plus spectaculaire est certainement celui qui affecta les Landes, ce vaste triangle compris entre Gironde et Adour. Là s'étendait un million d'hectares de sols sablonneux, recouvrant une couche d'alios imperméable, où l'eau stagnait à cause de l'absence de pente. Ces grands paysages plats, parcourus par des bergers vêtus de peaux de mouton et montés sur des échasses, qu'immortalisa le photographe Félix Arnaudin, vont disparaître en moins d'un siècle. Car la France a alors besoin de bois de mine pour étayer les galeries de gemme (résine) alimentant l'industrie chimique naissante. De façon très autoritaire, l'État exigera la plantation de pins et condamnera ainsi toute une organisation sociale, un mode de production traditionnel fondé sur le transfert de fertilité – grâce aux moutons élevés sur ces landes[2] – vers les petites parcelles cultivées à proximité des habitations. Ces basses maisons landaises avec leur toit à trois pans – restituées de façon remarquable par l'écomusée de Marquez à Sabre – que nous imaginons implantées dans des clairières au milieu de la forêt, étaient, de fait, posées sur de vastes étendues à la végétation rase, où la bruyère et les carex étaient dominants. L'airial, ce groupement de bâtiments de ferme typique des Landes, ne constituait pas une ouverture dans la forêt, mais un îlot arboré de chênes-lièges et de chênes pubescents au milieu de la lande. Il faut aujourd'hui pénétrer dans les camps militaires de cette région pour se faire une idée du paysage des Landes de Gascogne avant les lois impériales sur la forestation.

L'industrie va aussi apporter très tôt de nouveaux matériaux, utilisés dans la construction et dans l'entretien des bâtiments anciens. Ainsi, les toitures métalliques vont-elles faire leur apparition et remplacer en premier lieu les toits de chaume, proie facile des flammes. Dans les villages alpins proches des industries implantées à proximité des zones de production de l'hydroélectricité, ces mêmes toitures métalliques remplacèrent les anciennes couvertures de pierre. Mais la tôle fut d'abord un matériau de récupération. Pour preuve, les bidons servant au transport des produits chimiques nécessaires à l'industrie qui, ouverts et étendus sur les toits, en assurèrent souvent l'étanchéité. On trouve même encore des toits garnis de couvercles et fonds de bidons posés comme des écailles et assurant une très bonne étanchéité. La neige glissant dessus, aucune surcharge en cas de chutes abondantes n'est à craindre et les tôles ne bougent pas comme le font les pierres à chaque hiver. Le monde rural a toujours su intégrer à son profit, sans état d'âme, la moindre des innovations technologiques, pour autant qu'elles ne mettent pas en danger l'économie de la construction.

La reconversion du bâti rural

L'habitat rural est le résultat du long processus qui vient d'être décrit : la maison (ou le bâtiment agricole) construite dans un cadre social et technique donné, a été transformée pour répondre aux nouvelles contraintes, parfois presque entièrement reconstruite en utilisant l'ancienne bâtisse comme gisement de matériaux. Souvent aussi, c'est l'abandon total qui a été décidé, seul un usage marginal justifiant, au mieux, un entretien approximatif. Ce sont tous ces éléments que nous lègue l'histoire d'un bâtiment. C'est avec ces traces du passé que le nouveau propriétaire doit composer, pour ajouter son propre chaînon.

Préserver l'unité des paysages ruraux

Ce patrimoine bâti modeste constitue les archives à ciel ouvert de notre histoire rurale tout autant que le patrimoine religieux ou militaire. Mais, contrairement à ces édifices monumentaux, le plus souvent propriété d'une commune, d'un diocèse, d'un ministère, le patrimoine architectural rural est quasi exclusivement propriété individuelle. Il n'en est pas moins un élément du patrimoine collectif, sous la responsabilité de ses propriétaires. Certaines communes se sont portées acquéreurs de bâtiments parmi les plus remarquables pour un usage culturel ou administratif. Mais la vocation du bâti modeste est aussi de permettre à des familles de se loger et de rendre vivantes ces campagnes

[2] La pratique du soutrage, propre aux exploitations landaises, consistait à confiner les moutons plusieurs heures par jour à l'intérieur de l'enclos jouxtant les bergeries (le *parguère*), pour qu'ils piétinent les bruyères et les feuilles répandues sur le sol, les transformant ainsi, avec l'apport de leurs déjections, en un engrais riche qui servait à amender les terres de culture.

qui se sont vidées de leurs forces actives. La responsabilité des propriétaires, comme des collectivités, est donc immense et ne peut leur échapper ; tout au plus peut-elle être encadrée.

Quand un édifice majeur brûle, c'est une partie du patrimoine national qui disparaît. Et la collectivité prend à sa charge la reconstruction, la restitution du bâtiment endommagé. Quelle que soit la qualité de la restauration, elle n'offrira pas cependant l'intérêt de la construction d'origine. Tous les grands éléments du patrimoine monumental ont fait l'objet de relevés détaillés, de recherches en archives, d'analyses architecturales menées par les architectes des Monuments historiques et les services spécialisés de l'État. Le patrimoine bâti rural, souvent dit « architecture sans architecte » n'a, quant à lui, que très rarement fait l'objet de relevé. Souvent ne subsistent, au mieux, de son aspect d'origine que quelques clichés pris à l'occasion d'une fête familiale. Quand il disparaît, volontairement ou accidentellement, il est irrémédiablement perdu, et sa restitution devient impossible.

Les interventions sur le bâti paysan sont souvent le fait du propriétaire lui-même, ou d'un artisan, et sont généralement menées de manière ponctuelle, sans réflexion préalable sur l'évolution du bâtiment. La toiture fuit ? il faut la refaire ; la charpente présente des faiblesses ? il est plus simple de la reprendre entièrement ; une menuiserie est pourrie faute d'entretien ? on la change... Ce processus, qui est le propre du bâti rural traditionnel, additionne interventions ponctuelles, réfections, adaptations.

Aujourd'hui cependant, un élément nouveau intervient : à notre porte même, nous sont, en quelques jours, directement livrés parpaings, ciment, sable, gravier, menuiseries industrielles. Là où il fallait parfois plusieurs années, plusieurs hivers pour accumuler les matériaux nécessaires à la construction, un coup de téléphone suffit pour disposer de tout sans peine. Là où il fallait plusieurs jours pour enlever la terre à la pelle et à la brouette, un engin de chantier terrasse, en quelques heures, des dizaines de mètres cubes. Compte tenu des difficultés liées aux moyens technologiques, toute intervention sur le bâti rural était autrefois mûrement réfléchie et minimisée. Tout était fait pour limiter l'appel à des matériaux extérieurs. Sable, pierre, bois étaient prélevés au plus près, et tout élément était recyclé. La main-d'œuvre était, au regard de la situation actuelle, plus abondante et moins onéreuse que les matériaux. Aujourd'hui, il est souvent plus facile de remplacer un élément que de le réparer, dans le bâtiment comme dans beaucoup d'autres domaines. Cette capacité d'intervention, si elle n'est pas longuement réfléchie en intégrant la dimension patrimoniale de l'objet à modifier, peut devenir un extraordinaire vecteur de nuisance. En outre, il est rarement fait appel à un architecte et, quand celui-ci intervient, il va généralement répondre au programme du maître d'ouvrage sans développer une démarche patrimoniale pour laquelle il n'est, le plus souvent, pas formé.

La démarche patrimoniale

Ce patrimoine architectural paysan est un élément fondamental des paysages régionaux. Si les modes de vie, les contraintes économiques et réglementaires influencent inéluctablement l'évolution de ces paysages, en rendant obsolètes certaines organisations de bâtiments anciens, faut-il pour autant détruire ce qui n'est plus aujourd'hui fonctionnellement adapté ? Le faire conduirait à détruire une partie de nous-même, une partie de notre histoire, à effacer de notre mémoire ces paysages, partie intégrante de notre patrimoine national. La campagne française est une immense galerie de tableaux, agréable à parcourir. Chaque propriétaire d'un de ces éléments a la responsabilité de sa préservation et du maintien de sa lisibilité. Si l'intérieur d'une maison appartient complètement à son propriétaire, l'extérieur est un élément partagé par tous.

Faut-il pour autant ne rien toucher ? Comment concilier des intérêts d'apparence souvent contradictoires ? C'est une question difficile, sans réponse de portée générale. Certaines règles existent pourtant, qu'il est impératif de respecter quand on aborde la restauration d'une construction rurale dans une démarche patrimoniale.

Les grands principes de l'intervention raisonnée

Un propriétaire de vieille ferme peut l'avoir acquise récemment, l'avoir reçue en héritage, la découvrir dans un contexte régional qu'il connaît ou qu'il découvre, y avoir des souvenirs d'enfance, de vacances. Dans tous les cas, il importe avant toute décision d'intervention d'être modéré, de ne pas se précipiter, persuadé de connaître le bâtiment parce qu'il est familier. Chaque construction est unique. Tant de facteurs, spatiaux, temporels, contextuels l'ont façonnée, qu'il ne peut en être autrement.

« Lire » le bâtiment

Même si transparaît un « air de famille » avec tel ou tel autre édifice, il importe de lire la singularité du bâtiment à réhabiliter. « Lire », voilà l'acte primordial. Déchiffrer, décoder tout ce que nous raconte ce bâtiment ancien sur son histoire et celle de ses habitants. Il ne s'agit pas d'une lecture rapide, mais d'une lecture approfondie, par trames successives du plus général, l'ensemble bâti et son environnement, au détail de chaque élément constitutif, structure, ouvertures, menuiseries, ferronneries...

Il convient aussi de croiser les approches. D'abord celle de l'ethnographe, pour comprendre comment ont vécu sur ce lieu plusieurs générations d'individus tirant leur subsistance du travail de la terre. Puis l'approche technique pour analyser les maçonneries, les charpentes, les enduits, les menuiseries, les sols. Connaître un bâtiment, c'est avant tout en comprendre le fonctionnement, tant social que technique, dans le contexte villageois, mais aussi régional, et en discerner les évolutions. Pour atteindre cette connaissance intime, pour s'imprégner du lieu, de l'esprit du lieu, il faut du temps, de la disponibilité, de la curiosité, de la générosité. Une démarche patrimoniale revient à donner du sens à une intervention sur un bâtiment. Cette démarche peut parfois paraître fastidieuse : on voudrait aller vite à ce qui semble être l'essentiel, aux travaux de restauration proprement dits. Or, non seulement cette démarche doit être conduite avant toute autre, mais elle doit exclure toute idée de projet. Projeter à ce niveau de réflexion conduit en effet au risque de devoir déconstruire le projet à la lecture du bâti, ce qui est toujours mal vécu, ou à être profondément déçu.

Autre outil de connaissance, le relevé détaillé permet, par le dessin des façades, des plans, des coupes, de conduire une observation détaillée et minutieuse de la construction. Ces documents graphiques seront indispensables pour établir le projet de restauration.

Toute intervention sur le patrimoine requiert une grande humilité. Il faut savoir s'effacer : c'est le bâtiment qui commande, qui s'impose. Dans une démarche de construction nouvelle, le maître d'ouvrage s'affirme, en quelque sorte s'expose. Il n'en est rien dans une démarche patrimoniale où il doit penser à permettre l'expression du bâtiment et de ceux qui l'avaient conçu pour répondre à un usage agricole.

Plus qu'un mot, simple à comprendre, l'humilité dont on doit faire preuve engendre une démarche spécifique qui déterminera la réussite de l'opération de restauration. Ainsi, cela exclut en particulier les hypothèses. La vieille ferme à restaurer a subi les outrages du temps, mais porte aussi la trace des modifications apportées par les générations successives, y compris les plus récentes.

Restituer, c'est-à-dire revenir à une situation antérieure, ne peut se faire qu'à partir d'éléments certains sur cet état initial, si possible avec photos, plans, descriptions ou analyses du bâtiment. Il sera parfois possible de revenir sur des interventions récentes, bien plus aléatoire de le faire sur celles du XIXe siècle. Il est illusoire et parfois même dangereux de vouloir effacer les interventions précédentes pour retrouver l'aspect d'origine. Il faut accepter le bâtiment avec son histoire, d'autant plus si cette histoire est agricole. Une façade reprise, restructurée avec souvent un rehaussement au XIXe siècle doit être acceptée comme telle dans tous ses éléments : son organisation, ses menuiseries, ses enduits, ses décors. Une halle d'alpage recouverte de tôles dès sa construction ne devient pas un élément patrimonial parce qu'on la recouvre de pierres comme le bâtiment plus ancien qui la jouxte.

Accepter l'histoire et ses évolutions, parfois même ses révolutions, est l'essence même d'une démarche patrimoniale ; c'est révéler le sens d'un ensemble bâti. Ce qui ne veut pas dire, bien sûr, qu'on puisse se permettre n'importe quelle intervention avec les techniques contemporaines, sous prétexte qu'on appartient aussi à l'histoire ! Cette démarche n'est pas obligatoire mais, pour les raisons déjà évoquées, souhaitable ; elle répond au désir de beaucoup de propriétaires de maisons anciennes. Il faut alors se donner les moyens de la porter dans toutes ses dimensions. Il n'y a rien de pire qu'une intervention qui ne saurait prendre un parti : ni création véritable sur une base ancienne (il y en a de remarquables) ni restauration patrimoniale. C'est, à chaque fois, un choix difficile, ouvrant sur des perspectives très différentes, dont nous avons souhaité rendre compte dans cet ouvrage au travers d'exemples représentatifs de ces deux types d'attitude.

Définir un programme clair

Une fois la compréhension du bâtiment acquise, il faut clairement expliciter le programme. Chacun vit de façon différente même s'il existe des normes sociales et culturelles. Préparer le repas, se détendre, recevoir, dormir, sont des actes quotidiens vécus différemment selon les individus. Toutes ces activités déterminent l'organisation des espaces d'une maison. Là encore, il convient de prendre son temps, de se regarder vivre avec toute l'objectivité possible. Il est très difficile de ne pas se considérer tel que l'on voudrait être mais tel que l'on est et tel que l'on vit. Il est des choses que l'on voudrait faire et que l'on ne peut réaliser compte tenu de son lieu de vie. L'aménagement d'un nouveau bâtiment peut répondre à ces souhaits, mais il faut bien distinguer ce qui est lié au lieu et ce qui est lié à d'autres contraintes que ne résoudra pas forcément un nouvel espace de vie. Si vous n'avez pas le temps de réaliser certaines choses dont vous rêvez, par exemple la peinture de chevalet, il n'est pas indispensable de prévoir un atelier à cet effet, même si vous conservez le secret espoir de pouvoir vous y remettre à la retraite. Bref, il faut élaborer son programme avec le maximum d'objectivité, en tenant compte de la totalité des personnes qui fréquenteront le lieu, chacun avec ses exigences propres. L'élaboration de ce programme doit être l'occasion de poser nettement tous les paramètres, de prendre des options et surtout de ne pas avoir une approche cumulative. D'autres éléments viendront par la suite contrarier la réalisation du programme, contraintes liées au bâti lui-même et à la spécificité de la démarche, et, bien sûr, contraintes budgétaires. C'est dans ces conditions que l'on devra arbitrer entre besoins essentiels et besoins rêvés.

Intervenir avec discrétion

Dans une ferme traditionnelle, la structuration des espaces et des bâtiments est manifeste. Les lieux de travail, les bâtiments agricoles, sont distincts de l'habitation, cette dissociation étant, selon les cas, plus ou moins marquée. Il demeure essentiel d'en permettre la lecture même si le programme a modifié la fonction des lieux. La part de construction dévolue à l'ancienne habitation doit rester perceptible. Les agriculteurs ont souvent porté un soin particulier à cette partie de l'édifice, tant dans la construction, mieux isolée, que dans le traitement des enduits de façade.

L'aspect extérieur du bâti

Ceux-ci pourront être très élaborés, fins, lissés, avec des éléments de décor, alors que les édifices dévolus aux animaux auront des enduits grossiers, voire une maçonnerie laissée nue. Il est impératif de respecter ce vocabulaire et de renoncer à décrépir la façade enduite au XIXe siècle, pour retrouver le mur de grange antérieur. Ce n'est pas parce que l'on travaille sur une construction rurale qu'il faut rechercher le caractère le plus rustique et nier les éléments qui, même dans un bâti villageois, peuvent s'apparenter à un vocabulaire urbain. La disparité du traitement des enduits extérieurs est ainsi déterminante dans la lecture des usages d'un ensemble bâti. La grange, l'étable ou le chai dotés d'une grande porte, réaffectés en garage, conserveront une moindre finition des maçonneries, alors que l'habitation retrouvera ses enduits lisses, ses passes de toit en caissons, ses décors de chaînages d'angle et de fenêtres. On essaiera même de retrouver les motifs d'origine que le temps aura estompés mais que l'œil attentif saura retrouver sous un éclairage particulier, dans un secteur plus protégé des intempéries.

Les baies

Les ouvertures, fenêtres, portes, portails ou simples fenestrons, sont une composante essentielle d'un édifice. Chacun a une fonction particulière, passage des gens, des animaux ou des récoltes, prise de lumière ou aération. Toute intervention dans ce domaine doit être mûrement réfléchie et, en tout état de cause, limitée. Créer une nouvelle ouverture ou en occulter une existante constitue un acte majeur qui peut rompre l'équilibre d'une façade, rendre illisible la fonction d'un bâtiment. En modifier les dimensions est tout aussi délicat. Une porte d'étable à laquelle on souhaite ajouter 10 cm de largeur nécessaires pour le passage d'une voiture posera bien des problèmes : revoir les trois côtés de l'ouverture pour en conserver les proportions, reprendre l'arc de décharge, trouver de nouvelles pierres d'encadrement, notamment pour le linteau, refaire à l'identique l'ancienne menuiserie. De plus, à trop modifier les dimensions, on court le risque de perdre toute vraisemblance : une porte d'étable par trop élargie s'apparenterait plus à une porte d'écurie ou de grange et perdrait tout son sens. Avant toute intervention, il convient donc de se poser la même question : le bâtiment conserve-t-il sa lisibilité ? L'esthétique suivra de manière naturelle ; elle découlera du sens.

Dans tous les cas, il faut privilégier la conservation de l'existant. L'ancienne grange devient salon ? On conservera la grande porte pleine, que l'on ouvrira et derrière laquelle on construira une structure légère d'acier et de verre laissant entrer toute la lumière souhaitée pour cet espace devenu lieu de vie. Les bâtiments d'exploitation permettent, avec un peu d'imagination et d'ingéniosité, de répondre à bon nombre de nos exigences tout en préservant la visibilité des fonctions anciennes.

Les éléments de structure

Respecter la lecture des fonctions initiales, respecter l'esprit du lieu et les traces de son histoire se complète et se combine avec le respect des techniques constructives utilisées pour ces bâtiments. Aujourd'hui le système du poteau-poutre structure la quasi-totalité des édifices contemporains. Aussi est-il difficile d'imaginer qu'il n'en a pas toujours été ainsi. Le bâti ancien répond à des principes très différents. Les maçonneries de pierres liées avec des mortiers de terre et de chaux font poids et reposent sur le sol sans fondations. Les murs sont liés : ils bougent ensemble en fonction de l'humidité ambiante et constituent un élément vivant dont la résistance est due à la cohérence. Introduire un élément en béton, un chaînage, crée un élément dur qui ne réagira pas en cohérence avec l'ensemble de la maçonnerie et entraînera des désordres plus importants que ceux qu'il était censé régler. Toutes les interventions doivent, pour des questions de sens mais aussi pour des raisons techniques et mécaniques, être en accord avec les principes constructifs de l'édifice.

Le cas de l'extension

Prévoir une extension pour répondre aux nécessités du programme est une opération très délicate comme l'atteste un certain nombre d'exemples développés dans cet ouvrage. Celle-ci doit être menée avec un soin tout particulier, en évitant, bien sûr, de se tourner vers l'élément préfabriqué qui a fort peu de chance de trouver sa place dans une intervention intelligente. Il y a deux voies possibles entre lesquelles il faudra clairement choisir. Celle du pastiche et celle de la construction avouant sa facture contemporaine tout en restant modeste et discrète. S'affirmer dans un ensemble ancien est un acte d'une extrême difficulté suscitant toujours beaucoup de controverses.

La lecture des ouvrages et des revues spécialisées est toujours un bon exercice pour aiguiser son sens critique et aider à construire un programme, à la condition de ne pas chercher à reproduire un modèle qui n'a de valeur que par rapport au contexte dont il est issu. Car les réponses aux questions qu'on se pose se trouvent le plus souvent à proximité de la ferme que l'on veut restaurer, dans l'analyse de bâtiments similaires. La transposition d'un modèle d'une région à une autre – et l'on peut changer de région en changeant de versant – s'avère le plus souvent catastrophique. Les solutions sont en chacun de nous, dans notre capacité à réfléchir, à imaginer, à innover, tout en restant modeste et humble. La démarche est difficile, parfois frustrante mais tellement gratifiante !

Yves Brugière

Habitat traditionnel des vallées de Vanoise.

Partie I

Habitations

Les profondes mutations qui ont affecté le monde rural et la production agricole ont entraîné l'abandon progressif d'un grand nombre d'exploitations, les plus mal armées pour résister, les moins rentables. La difficulté d'une reprise de la ferme après le départ à la retraite des anciens propriétaires, la moindre attirance des jeunes générations plus tournées vers l'activité tertiaire et le monde urbain, le grignotage progressif des terres agricoles par la ville : toutes ces données, qui procèdent du même phénomène, ont mis sur le marché foncier un nombre important de domaines et de corps de fermes qui avaient perdu leur logique. Petites ou grandes bâtisses, isolées dans la campagne ou à proximité immédiate de centres urbains, bâtiments agricoles divers, ces édifices, dans leur variété, se prêtent à des réhabilitations de natures différentes.

Leur transformation en habitations permanentes ou saisonnières représente encore aujourd'hui l'essentiel de la commande de réhabilitation, avec des exigences de programmes très contrastées, à l'image de l'hétérogénéité du tissu socio-professionnel des maîtres d'ouvrage. Mais aussi, comme dans les sept réhabilitations présentées ici, et qui concernent des régions très différentes, le même souci de tirer profit du bâti initial sans sacrifier ses caractères originaux.

C'est dire que la fonction première de l'édifice traité (étable, grange, maison villageoise…) et les éléments architecturaux liés à leurs anciens usages (baies spécifiques, lucarnes, hauteur sous charpente…), mais encore le positionnement sur la parcelle et l'accessibilité, sont autant de contraintes dont il a fallu nourrir le projet plus qu'elles n'ont été considérées comme des obstacles à sa réussite.

C'est bien dans cette logique d'intervention que prend tout son sens une réhabilitation : assurer à l'édifice une continuité, qui n'est pas celle de son (ou ses) usage initial, mais d'une mémoire inscrite dans son corps même. Comme une langue vivante dont les mots évoluent et qui en intègre de nouveaux, mais qui tous se rattachent à un terreau originel.

Exemple de réhabilitation 01

Restauration d'une bricole briarde, environs de Château-Thierry (Aisne)

Une habitation avec atelier d'artiste en pays d'Omois

La ferme est constituée de deux corps de bâtiment séparés : une habitation sur deux niveaux et, en retour d'équerre, une ancienne étable, longue et étroite, incluant une grange et une soue à cochons, avec, sous le toit, un plancher pour le fourrage.

HISTOIRE ET LOCALISATION DU BÂTIMENT

Il s'agit d'un ancien corps de ferme, de taille modeste, que l'on appelle *bricole* en pays briard, situé à quelques kilomètres au sud de Château-Thierry. Nous sommes dans la Brie, plus précisément dans l'Omois, à la limite de la Champagne. La typologie des bâtiments est caractéristique de l'architecture de type briard.

La propriété se situe à proximité de quelques autres habitations dans un cadre assez bien préservé. Elle est protégée par une simple clôture et entourée de terrains agricoles encore exploités.

Plan de masse (état initial).
La ferme est implantée en bord de chemin, entre champs et verger.

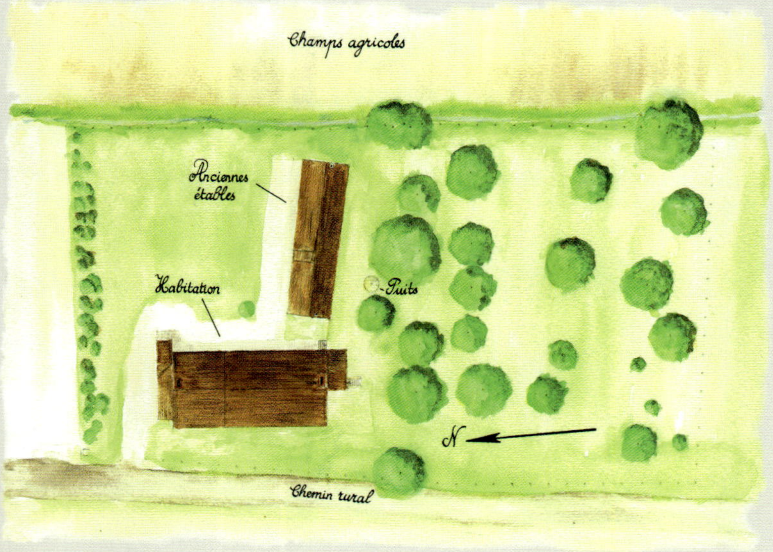

Vue d'ensemble de la ferme. Après la tempête, des panneaux de tôle ondulée ont remplacé par endroits la couverture originelle. En détail, le pignon sud de l'habitation, sur lequel s'appuie le four à pain accessible par la salle à manger. L'appentis voûté en cul-de-four, et semi-enterré, nécessite une restauration.

Façade ouest de l'habitation. Les menuiseries en bois des ouvertures sont très dégradées, tout comme l'enduit au plâtre qui protège la maçonnerie.

La poutre maîtresse et certaines pièces de bois dans l'étable sont remplacées.

DESCRIPTION TECHNIQUE ET DIAGNOSTIC

Ces bâtiments, dont certaines parties peuvent être datées du XVIIe siècle, présentent du fait de leur qualité constructive un état général satisfaisant. Néanmoins, au cours des siècles, la structure porteuse s'est déformée (tassements différentiels). Des lézardes et des dévers plus ou moins importants sont apparus. La reprise en sous-œuvre de la maçonnerie, la réfection des enduits extérieurs et le remplacement de certains éléments de la charpente doivent être envisagés.

Les murs sont en pierres des champs, moellons de meulière et silex montés à la terre argileuse. L'habitation est recouverte d'un enduit de plâtre ancien bien dressé et coupé à la berthelée par un maçon-plâtrier de l'époque, avec de riches nuances de couleur, du beige au rose allant jusqu'au gris.

Des tassements différentiels ont entraîné l'affaissement du linteau et l'apparition de fissures dans la maçonnerie.

Une corniche d'entablement avec une moulure classique souligne le toit en bâtière, de forme courbe, couvert de tuiles plates de couleur brune. D'anciennes traces de badigeon ocré sont encore visibles sur les modénatures. Les ouvertures présentent des menuiseries de belles proportions datant du XIXe siècle, qui devront être restaurées. Les souches de cheminée ont disparu. Les murs de l'étable sont enduits au plâtre simplement serré à la truelle. La mise en œuvre a été faite à l'économie, probablement par le premier propriétaire lui-même.

Des modifications successives apparaissent dans la structure des bâtiments. La toiture a dû être rehaussée au XIXe siècle. L'ancien arbalétrier de la charpente a une forte pente, qui désigne le chaume comme ancien matériau de couverture. Le mur de refend de l'habitation est en pan-de-bois avec remplissage de torchis, datant du XVIIe ou du

La cheminée ancienne en plâtre sert à stocker les tuiles plates de récupération.

XVIIIe siècle. Les sols se composent de tommettes hexagonales ou de briques disposées en arêtes de poisson.
Les planchers épais, faits de poutres et solives de chêne pouvant être conservées, avec lit d'argile et aire de plâtre, devront être déposés.
Dans l'étable, certains bois de charpente sont à peine équarris et présentent une section trop faible. Le sol y est revêtu d'une épaisse chape de ciment. Les entrevous du plafond sont couverts d'un enduit au plâtre sur lattis dégradé. Les cheminées ont été bâties en plâtre, dans le respect de la tradition briarde. Une partie des conduits du four à pain encore présent demande à être refaite.

Vue de l'état avant travaux des maçonneries intérieures de la partie habitation.

PROGRAMME

Le propriétaire des lieux acquiert l'ensemble après une longue recherche dans la région. Les bâtiments, inoccupés depuis environ soixante ans, le séduisent par leur caractère authentique.

ÉCHANGES ENTRE LE MAÎTRE D'OUVRAGE ET L'ARCHITECTE

La collaboration de l'architecte avec le maître d'ouvrage s'est engagée par des recherches sur l'architecture locale et les matériaux anciens, plus particulièrement sur le plâtre. Ils ont ainsi réussi à identifier chacun des matériaux présents dans les bâtiments ainsi que leur mise en œuvre. Ce travail s'est accompagné d'un relevé de l'existant et d'un diagnostic précis permettant de produire un avant-projet illustré d'esquisses conduisant, avec l'aide du maître d'ouvrage, au projet définitif de l'architecte.
La démarche de ces deux derniers avait plusieurs objectifs. Il fallait d'abord réduire le coût de l'opération en faisant effectuer par le propriétaire lui-même la majeure partie des travaux, chose possible car c'est un professionnel de la construction. Il fallait aussi montrer qu'il est important de retrouver les savoir-faire de la construction traditionnelle et de les mettre en œuvre pour faire revivre une maison ancienne dans ses moindres détails constructifs et décoratifs. Il s'agissait également de valoriser les matériaux sains comme le plâtre, la chaux, la terre cuite ou la pierre des champs et de leur donner leur vraie place dans l'habitat d'aujourd'hui. Enfin, maître d'ouvrage et architecte souhaitaient faire la démonstration qu'il est possible d'associer la tradition aux exigences du confort contemporain.

Élévations de la façade nord de l'étable et du pignon nord de l'habitation (état projeté).

Professionnel de la construction et décorateur, le maître d'ouvrage n'en est pas à sa première réhabilitation. Sa démarche consiste en une restauration complète des bâtiments avec un changement d'affectation pour un usage résidentiel, une partie de l'ancienne étable devant en outre abriter un atelier d'artiste. Il souhaite que le changement d'usage des bâtiments ne provoque pas d'importantes modifications sur l'aspect extérieur des bâtiments et dans les structures porteuses. Son programme inclut ainsi la création de quelques ouvertures supplémentaires respectant l'orientation et les proportions des baies existantes. Il prévoit aussi le rétablissement des souches de cheminée, des éléments décoratifs de façade et des menuiseries d'après des modèles relevés sur place ou dans la région.

PROJET ARCHITECTURAL

L'habitation se composera au rez-de-chaussée d'une grande salle à manger avec une cheminée et son four à pain, d'une cuisine, d'un séjour, d'une bibliothèque et d'une buanderie. À l'étage, seront aménagées des chambres, une salle de bains et une salle de jeux. Les pièces de l'habitation seront réutilisées presque dans leur agencement d'origine. Enduits, dallages en terre cuite et placards seront refaits à l'identique.

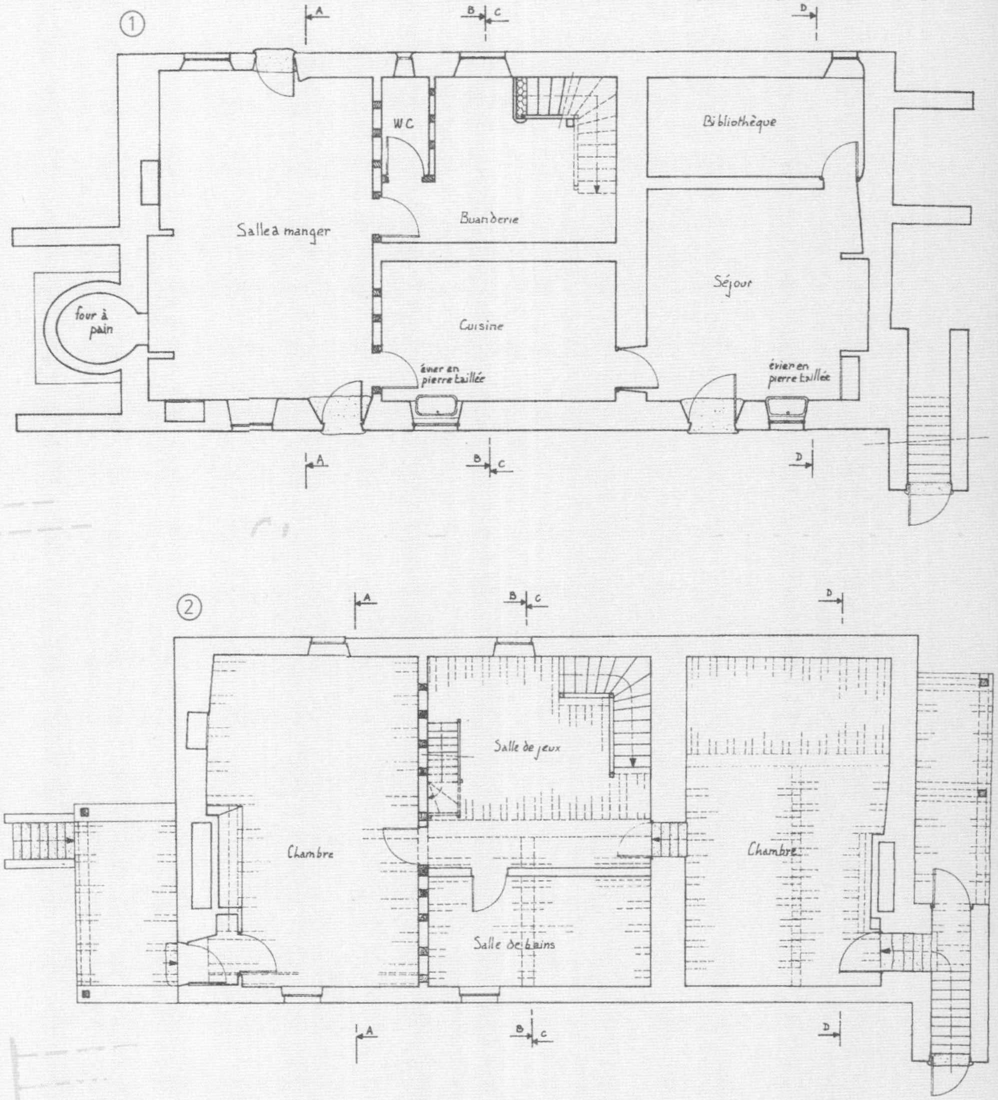

Plans du rez-de-chaussée ① et de l'étage ② de l'habitation (état projeté). Deux escaliers extérieurs, en pignon nord et en pignon sud, comportant des paliers en bois, fourniront un accès à l'étage. Dans la salle de jeux, un escalier mène au rez-de-chaussée. Un second conduit au niveau du comble.

Coupe transversale de l'habitation (état projeté).

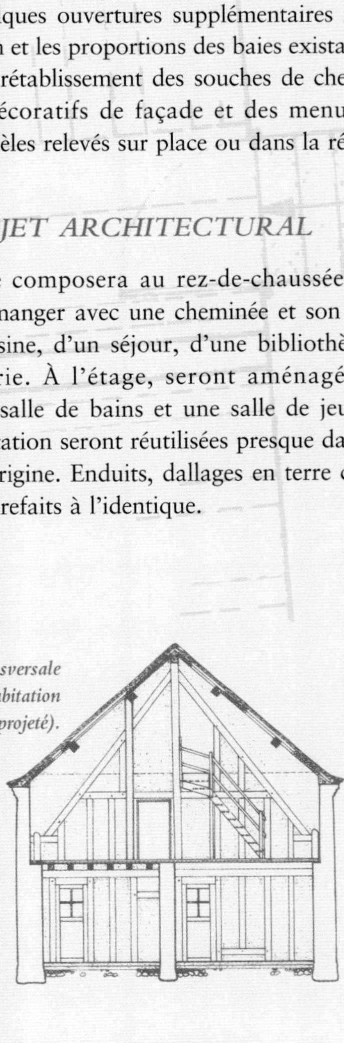

Exemple de réhabilitation 01

La partie est de l'ancienne étable sera réaménagée en studio avec salle de bains et accueillera la chaufferie. La partie ouest du bâtiment sera transformée en atelier. Un ancien mur de refend maçonné doit être partiellement remplacé par une structure en pan-de-bois ajouré et le dallage de l'ancienne étable entièrement refait sur lit de pierre et chape au mortier de chaux. La réfection du plancher en bois du niveau comble utilisera du bois de réemploi. Pour éclairer les pièces, l'architecte prévoit des fenêtres à simple carreau, et la création d'une lucarne rampante, sur le modèle d'un bâtiment proche, et de châssis de toiture en fonte. Les portes de l'étable seront, quant à elles, remplacées par des portes vitrées à quatre carreaux.

Plans du rez-de-chaussée ① et de l'étage ② de l'étable (état projeté). La partie ouest de l'étable est consacrée à un atelier de production artistique.

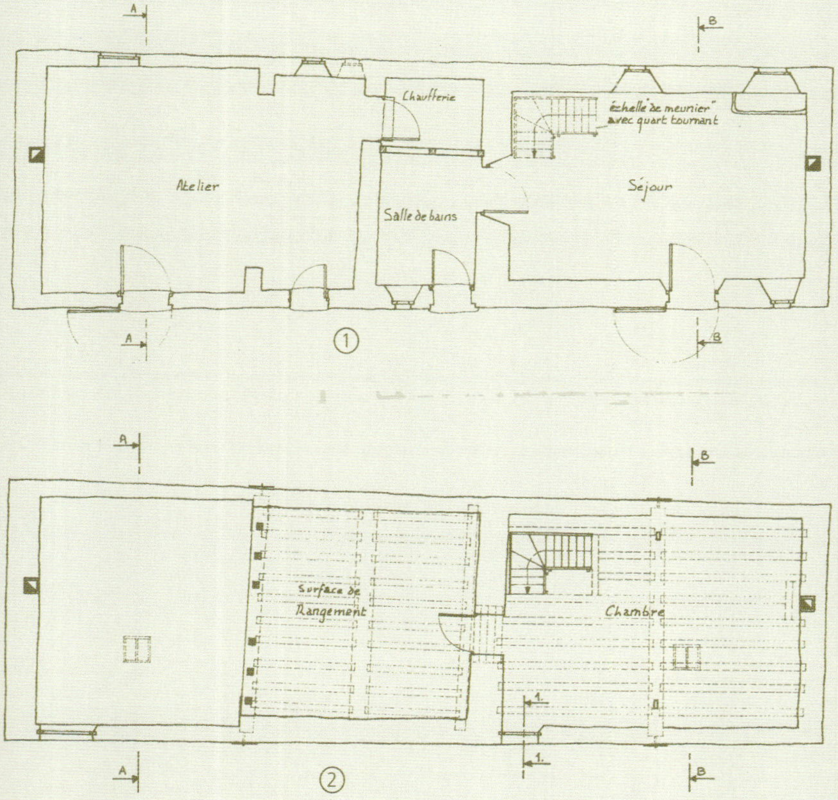

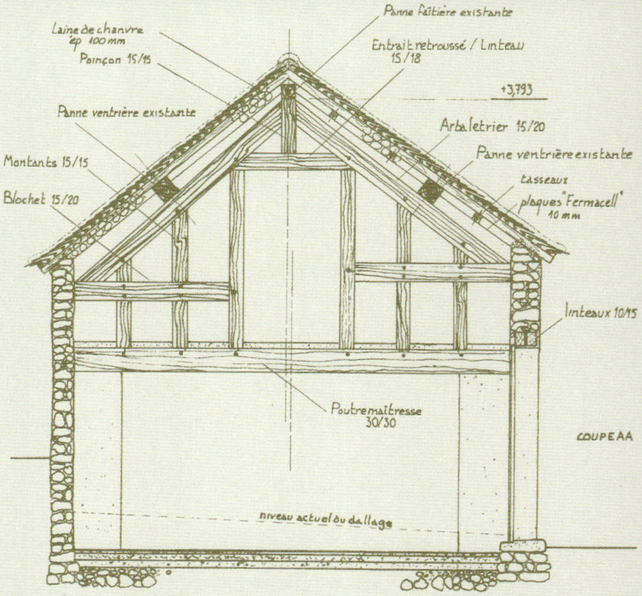

Coupe transversale de l'étable (état projeté).

CHANTIER

Dès 1998, des travaux de consolidation et une reprise des structures (maçonnerie, charpente, couverture) ont été entrepris pour stopper la dégradation des bâtiments. Un gros travail de maçonnerie en sous-œuvre s'avérait nécessaire pour renforcer les murs de façade et les structures, et percer les nouvelles ouvertures. Au début des travaux, le sol de l'étable a été purgé de sa chape de ciment et une forme de hérisson en pierres sèches mise en place pour empêcher les remontées capillaires. Cet ouvrage a été relié à un drain périphérique.

La tempête de 1999 a précipité la première tranche des travaux de l'habitation, le pignon ouest et une partie de la couverture s'étant effondrés. Dans l'urgence, la toiture a été provisoirement bâchée et recouverte de tôle ondulée. Un premier travail a consisté à remonter le pignon en pierre, à l'identique de l'existant, en substituant toutefois à la terre, matériau de hourdage d'origine, un mortier de plâtre et chaux qui évitait le retrait. Les travaux ont ensuite concerné la reprise des désordres des maçonneries et des planchers, et la réfection d'une partie de la charpente, en chêne et grisard avec tenons et mortaises chevillés, et de la couverture.

Chantier du pignon sud : la charpente, la couverture, la souche de cheminée et la maçonnerie ont été reprises. En détail, la reconstruction du pignon sud en pierres hourdées au mortier de plâtre et chaux.

La charpente de l'ancienne étable a été modifiée, puis la couverture refaite au cours de l'année 2002 avec des tuiles plates de réemploi, triées et nettoyées.

Les murs de façade ont été recouverts ultérieurement d'un enduit de plâtre et chaux épais, comme à l'origine, de façon à protéger la maçonnerie qui ne devait pas rester apparente.

Le maître d'ouvrage exécutant lui-même l'essentiel des travaux de restauration ne fera pas appel à l'architecte dans toutes les phases du chantier.

Le pignon ainsi que la souche de cheminée en briques artisanales ont été reconstruits. Plus tard, le maître d'ouvrage fera réaliser un enduit au plâtre et chaux Briard.

Les menuiseries réhabilitées de la façade nord de l'étable.

Maître d'ouvrage : non communiqué
Maître d'œuvre : Frédéric Charpentier, architecte DPLG
Entreprises : Toit & Bois (charpente, menuiserie, décoration, couverture) ; Drapier (menuiserie)
Surface habitable : environ 280 m^2
Coût de l'opération : 25 916 € [170 000 F valeur 1997] TTC pour l'achat. Environ 1 100 € HT/m^2 habitable pour une restauration complète
Durée des travaux : 1998 – encore en travaux aujourd'hui

Une habitation semi-troglodytique en Anjou

Réhabilitation d'un ensemble de caves et d'une adjonction en appentis, Blaison-Gohier (Maine-et-Loire)

HISTOIRE ET LOCALISATION DU BÂTIMENT

L'ensemble semi-troglodytique est situé à Blaison-Gohier, petite commune du bord de Loire, entre Angers et Saumur. Derrière le coteau qui jouxte le fleuve commence la grande veine de calcaire tendre. L'ensemble du Saumurois l'a utilisée depuis plusieurs siècles pour extraire le tuffeau, transporté ensuite sur le fleuve par barges et gabarres vers les chantiers des maisons et châteaux de la région.
Sur le site de la réhabilitation existait une carrière de cette pierre. Les caves demeurantes y ont été creusées par l'exploitant au début du XIXe siècle. L'adjonction monopente a été bâtie à flanc de coteau simultanément. L'ensemble s'organise autour d'une cour intérieure donnant sur le chemin d'accès et des terres cultivées.

Plan de masse.

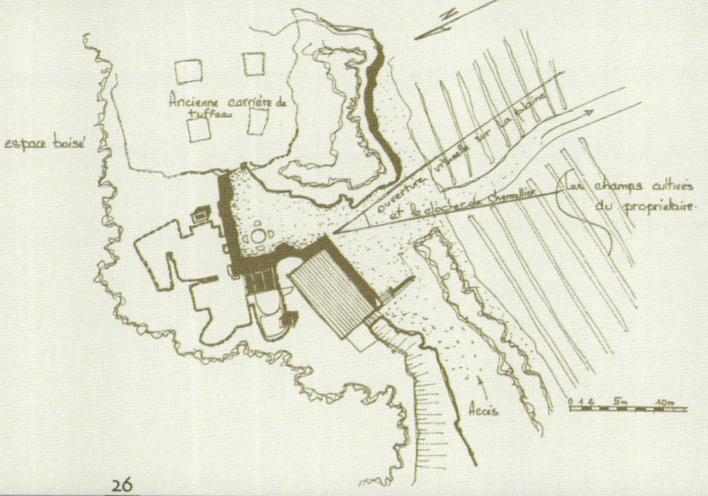

DESCRIPTION TECHNIQUE ET DIAGNOSTIC

Les quatre caves et le bâtiment adjoint sont totalement en ruine. L'une des caves, située au milieu de l'ensemble, est en voie d'affaissement ; le réseau de racines perceptible sous la voûte montre que le « ciel » en pierre est très faible ; sa démolition partielle semble inévitable. La structure des autres caves est dans un état correct. Totalement ruiné, le bâtiment construit en appentis, sur deux niveaux, présente une couverture et une charpente écroulées.

La façade avant travaux vue de la cour intérieure. Seul le pignon est du bâtiment en appentis est en bon état de conservation.

La façade sud et le pignon ouest du bâtiment semi-troglodytique. La toiture a en partie disparu, laissant voir les pièces de la charpente et l'arase du mur extrêmement dégradées.

L'action combinée de l'eau et de la végétation sur les maçonneries a engendré le dessertissage des pierres.

PROGRAMME

Les propriétaires du lieu sont des arboriculteurs qui exploitent les terres aux alentours du petit bois jouxtant l'habitation troglodytique. Leur maison, un pavillon confortable des années 1960, était à 200 m en contrebas. Ils souhaitaient créer un gîte rural troglodytique (concept lancé quelques années auparavant sous l'appellation « Troglogîtes » avec l'association Carrefour Anjou-Touraine-Poitou), offrant les pièces de vie dans l'ensemble troglodytique et les chambres dans la partie bâtie.

Au fur et à mesure de l'élaboration du projet, leur intérêt pour ce défi les a incités à inverser le programme ; leur résidence permanente sera dans l'habitation troglodytique et ils loueront leur pavillon en gîte…

TRAITEMENT DU CHAUFFAGE ET DE L'AÉRATION

Le traitement des problèmes de ventilation, de chauffage et de taux d'humidité est réglé sur la base d'une circulation d'air permanente. L'air frais sera apporté en fond de cave sous le sol puis réchauffé par un plancher chauffant et extrait par une VMC au niveau des pièces d'eau. Quelques degrés supplémentaires et un bon taux d'hygrométrie seront obtenus grâce à ce système très simple, qui reprend le système « vernaculaire » du trou en fond de cave et de la cheminée en bord de paroi.

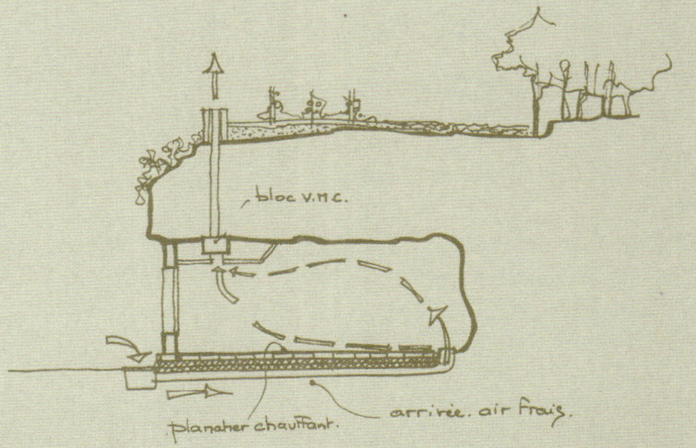

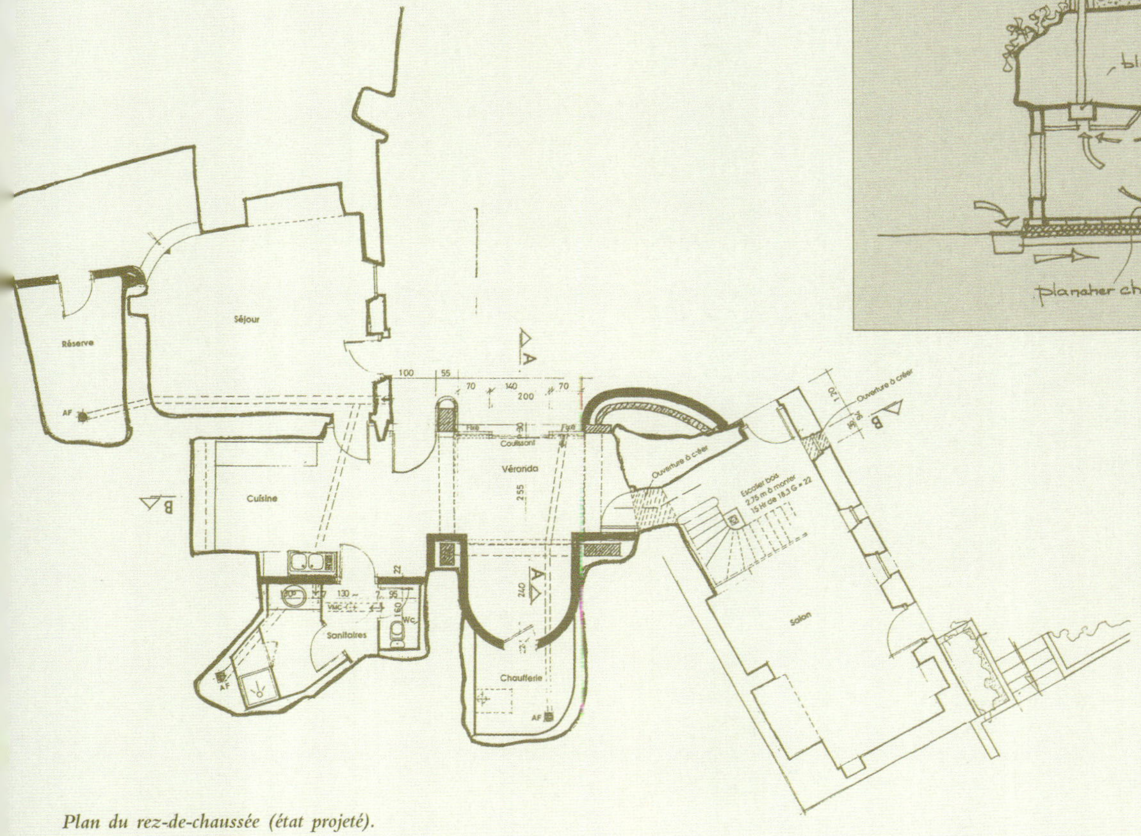

Plan du rez-de-chaussée (état projeté).

PROJET ARCHITECTURAL

Compte tenu de l'état de la cave centrale, le projet proposé s'articule autour d'une verrière réalisée dans ce volume desservant les autres caves. Cet espace lumineux orienté à l'est abritera la salle à manger et éclairera la cuisine.

Exemple de réhabilitation 02

Il implique la réalisation de trois structures en arc encadrant la future verrière, qui ont pour utilité technique de consolider les autres caves et d'appuyer le bâtiment annexe.
Une porte sera creusée dans la roche pour permettre une communication intérieure entre les caves et le bâtiment qui recevra, au rez-de-chaussée, le salon et, à l'étage, les chambres. Les pièces à vivre seront aménagées autour de la cour pour bénéficier d'un éclairage maximal. La profondeur des caves accueillera les locaux techniques (chaufferie, réserve) et les sanitaires.

CHANTIER

Les arcs qui encadrent la verrière ont été exécutés en béton. On s'est arrangé pour que l'apport de ce matériau contemporain soit possible tout en conservant le transit de l'humidité du tuffeau du sol au ciel. La finition des joints de tuffeau et des bétons a été réalisée avec des enduits à la chaux et au sable des Alleuds (dont l'ancienne carrière est située à 5 km de Blaison-Gohier), qui donnent une légère teinte. Les carrelages de terre cuite ont été posés sur des planchers chauffants où circule une eau à basse température (25 à 35 °C).

Chantier de la verrière. Une partie de la cave centrale est démolie de façon à limiter sa poussée et à créer un espace entièrement vitré.

L'appentis réhabilité. Le dénivelé de terrain a permis l'aménagement d'une terrasse devant la porte d'accès au niveau des chambres situées à l'étage. Les murs de soutènement et l'escalier extérieur ont été repris.

Chantier du bâtiment semi-troglodytique. L'arase du mur, le faîtage et la souche de cheminée ont été restaurés et enduits. Un lattis de bois serré repose sur la nouvelle charpente. Le décor sculpté a été restitué d'après les éléments subsistants.

Le séjour, de grande hauteur, éclairé grâce aux ouvertures donnant sur la cour.

La structure en béton enduit, formée de trois arcs, qui a permis la liaison des caves et l'insertion de la verrière en aluminium laqué.

Le hall d'entrée, entre cuisine et véranda.

Les menuiseries extérieures sont réalisées en bois, peint ou lasuré, les façades reprises et rejointoyées.

Maître d'ouvrage : M. et Mme Beillouin
Maître d'œuvre : Bruno Duquoc, architecte DPLG, urbaniste DIAR
Entreprises : Bonnel (maçonnerie) ; Resnier (taille de pierre) ; Deniaud (couverture) ; Vinconeau (menuiseries bois et aluminium) ; Simon & Brochard (plâtrerie) ; Brossier (plomberie, chauffage) ; Moreau (électricité) ; Guillot (carrelage)
Surface habitable : 180 m^2
Coût de l'opération : 86 900 € [570 000 F valeur 1995] TTC
Durée des travaux : sept. 1995 – juin 1996

Exemple de réhabilitation 03

Une extension de résidence secondaire en Hurepoix

Réhabilitation d'une grange et création d'une galerie de communication avec l'habitation principale, Bouray-sur-Juine (Essonne)

HISTOIRE ET LOCALISATION DU BÂTIMENT

Cette petite exploitation insérée dans le tissu urbain du village de Bouray-sur-Juine est sans doute issue d'une propriété plus importante divisée au cours du XIXe siècle. Comme c'est le cas pour de nombreuses exploitations villageoises du Hurepoix, la maison d'habitation, implantée en alignement sur rue, est prolongée par un imposant portail de bois donnant accès à la cour ; cette dernière est fermée par de hauts murs. La grange, située en arrière-cour, et une dépendance plus récente ne sont séparées du verger et du potager, en fond de parcelle, que par un mur percé d'un portillon.

Plan de masse (état projeté).

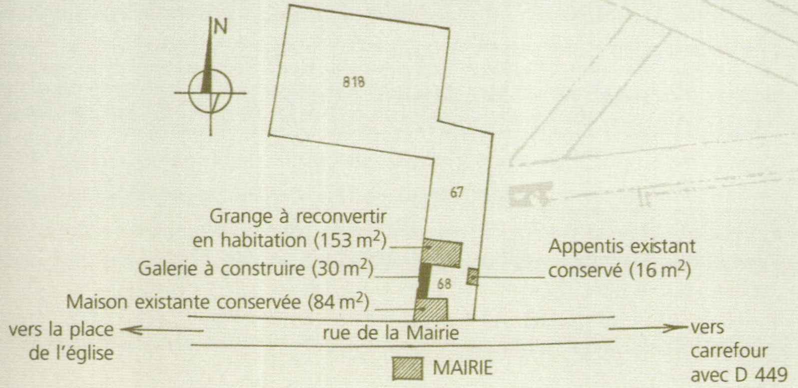

DESCRIPTION TECHNIQUE ET DIAGNOSTIC

Longue de 13 m et large de 7 m, la grange est constituée de murs gouttereaux hauts de 4,20 m construits en moellons de meulière enduits à la chaux grasse, sur lesquels reposent deux fermes triangulées avec pannes et chevrons. L'ensemble de cette charpente en chêne est en bon état de conservation, tandis que la couverture de tuiles plates doit être entièrement reprise. La porte charretière large de 2,60 m et haute de 3,40 m, la porte de la remise et un petit châssis composent, de façon banale, la façade sur cour.

PROGRAMME

La maison, déjà réaménagée, est jugée trop exiguë par les propriétaires pour y recevoir famille et amis. Ils décident par conséquent de réutiliser la grange et de créer une galerie de liaison entre les deux bâtiments. Immédiatement conscients de la difficulté de transformer

La façade sud de la grange et un appentis de même facture, en maçonnerie en pierres de meulière enduites à la chaux et une couverture de tuiles plates.

Le mur de la propriété, sur lequel viendra s'adosser la galerie de liaison. Au fond la grange, avec sa porte charretière.

en pièces d'habitation un aussi vaste volume, avec ses hauts murs et sa grande porte charretière, les propriétaires renoncent à conserver l'image initiale de la grange.

PROJET ARCHITECTURAL

Une remise, aménagée dans ce qui devait servir jadis d'abri à un âne ou à du petit bétail, est intégrée au volume de la grange, avec un plancher intermédiaire de 2,20 m de hauteur.

En prenant en compte la hauteur disponible sous les entraits existants, l'objectif est d'utiliser un grand volume pour l'aménagement d'une pièce de réception accessible depuis une galerie de liaison. Dans cette vaste

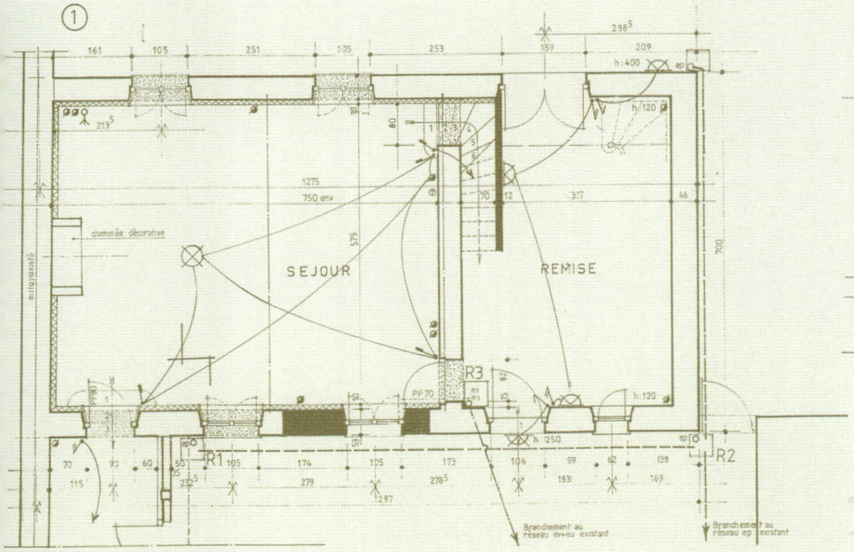

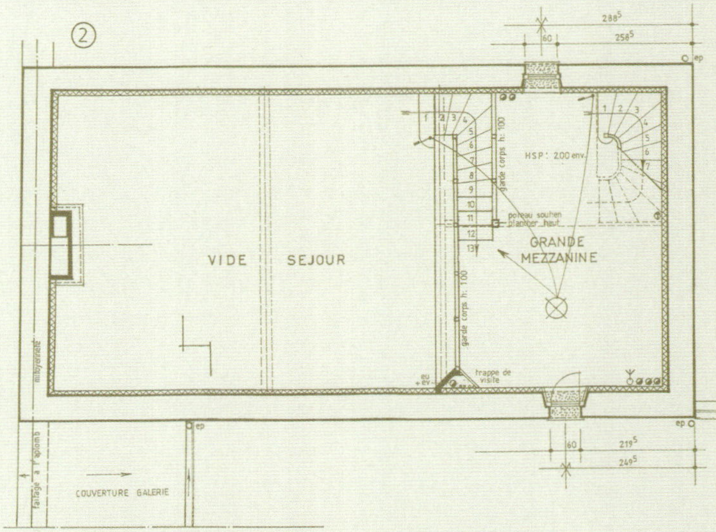

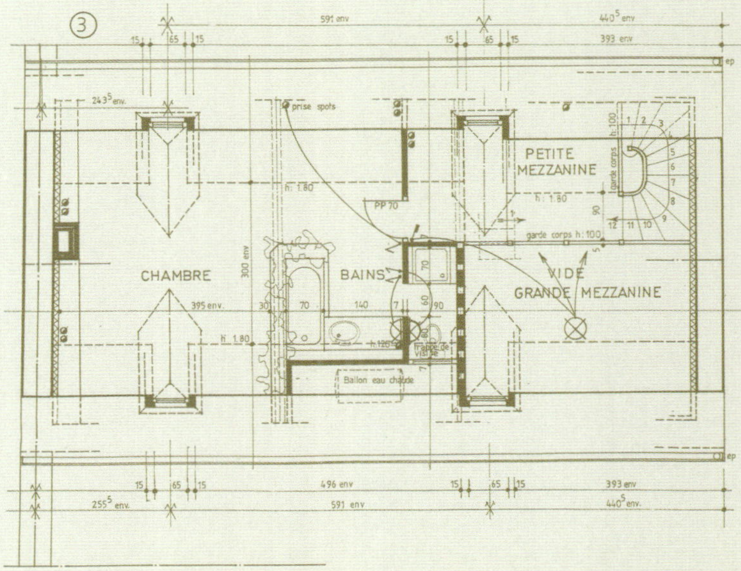

Plans du rez-de-chaussée ①, de l'étage ②, du comble ③ (état projeté).

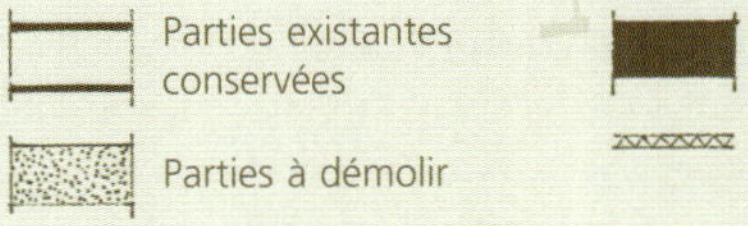

pièce de 43 m², une cheminée imposante est prévue dans l'axe du pignon, alors qu'à l'opposé un escalier balancé sur limon courbe donnera accès à la grande mezzanine située au-dessus de la remise.
Partant de ce plancher, un deuxième escalier, également balancé, doit mener à la petite mezzanine supérieure, dont les solives assemblées dans le plan des entraits des fermes conservées permettent l'aménagement d'une chambre et de sa salle de bains intégrée sur le même niveau, dimensionnant ainsi la hauteur sous solives de la grande salle à 3,85 m environ. Quatre lucarnes à la capucine sont placées en toiture pour assurer l'éclairage.

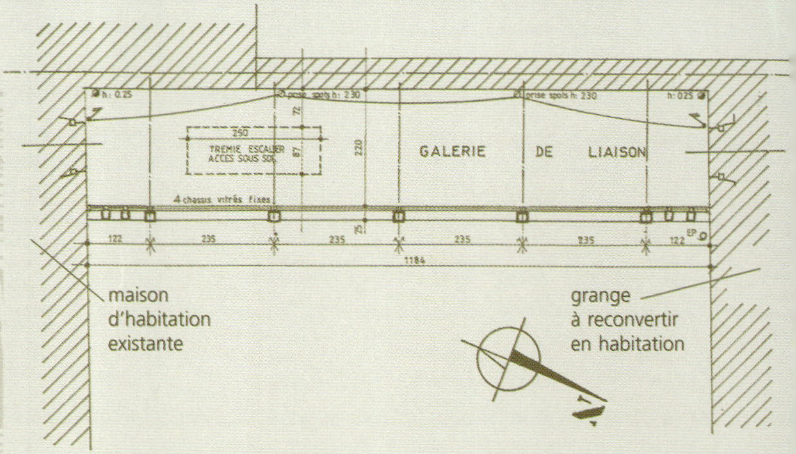

Plan de la galerie de liaison (état projeté).

Élévation de la façade nord (état projeté).

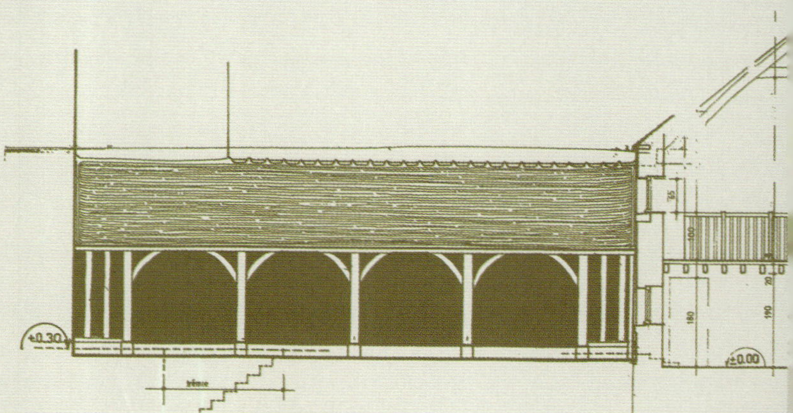

Élévation de la galerie (état projeté).

La porte charretière étant supprimée, la façade sur cour sera recomposée selon la position de la galerie de liaison, avec deux fenêtres à huit carreaux adaptées à la volumétrie imposante de la salle de réception. Sur la façade arrière, des fenêtres semblables seront réparties sur un linéaire de mur un peu plus long.
La galerie est conçue comme un préau vitré dont la longueur est figée. Le tracé de son profil est défini par une hauteur à l'égout identique à la largueur (2,20 m) et par une hauteur de toiture se rapprochant de celle de la paroi verticale. Sa façade vitrée sera composée d'une succession de trames et demi-trames modulaires portant les demi-fermes d'appentis. Grâce à ses qualités d'isolation, le double vitrage permettra de créer un espace totalement ouvert sur la cour, et formant un tampon thermique entre les deux bâtiments.

CHANTIER

La grange

Les piédroits des baies ainsi que les appuis de fenêtre ont été réalisés en blocs harpés de grès exploité dans la carrière toute proche de Videlle. La maçonnerie courante des murs a été exécutée comme l'existant avec des moellons de meulière, l'ensemble ayant été jointoyé à pierre vue au mortier de chaux grasse.

La grange en cours de chantier, après remplacement de la porte charretière par deux fenêtres hautes. Toute la façade a été déjointoyée pour permettre une reprise harmonieuse des enduits.

Les menuiseries en chêne ont été fabriquées sur mesure (1,05 m × 2,10 m) pour se rapprocher des fabrications traditionnelles avec quatre carreaux sur la hauteur de chaque vantail. Elles ont été munies de volets intérieurs à cadres et panneaux, bien adaptés à ce type de fenêtre.

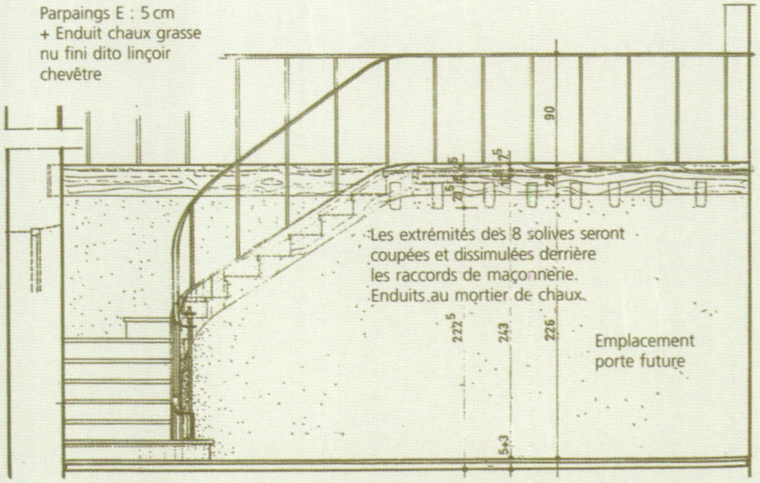

Détail technique de l'escalier courbe avec limon à la française du séjour.

Les petites fenêtres des mezzanines, à l'échelle des volumes intérieurs, moins grands, participent à la composition des façades, qui prend en compte certaines ouvertures existantes conservées et les grandes fenêtres de la salle.

Les lucarnes à la capucine comportent des noues rondes. Pour s'assurer de la bonne étanchéité de ces ouvrages, le couvreur a procédé

Les piédroits et les appuis de baies sont en blocs harpés de grès. La maçonnerie en meulière est jointoyée à la chaux grasse et laissée à pierre vue.

Coupe transversale B-B.

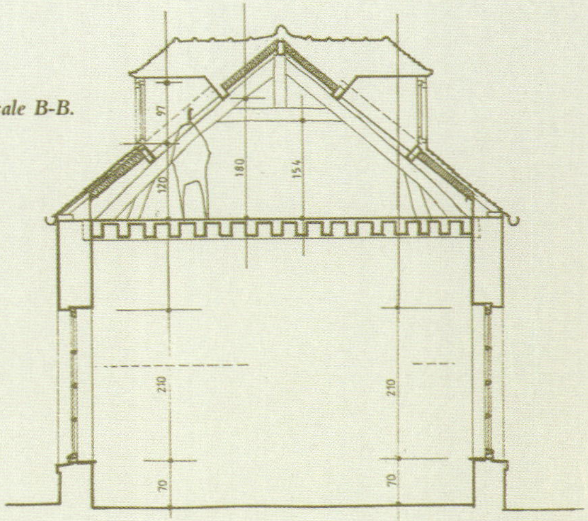

au scellement au plâtre des tuiles préalablement taillées sur place et à l'interposition de feutre totalement invisible. Des tuiles plates posées en biais au droit de l'égout ajoutent un certain raffinement. Les crêtes et embarrures sont particulièrement soignées. Les jouées constituées de potelets en chêne ont été hourdées avec un enduit au mortier de chaux grasse sur métal déployé intégrant un panneau isolant thermique de haute densité avec plaque de plâtre. L'ensemble est peu épais mais d'un coefficient K acceptable pour l'épaisseur minimale adaptée aux poteaux des lucarnes.
Le châssis « Velux », préféré au châssis de fonte, a été axé entre les deux lucarnes et encastré dans la galerie de liaison.

La galerie

Le grès de Videlle a été choisi pour les dés recevant les poteaux de chaque demi-ferme. Les bois de charpente proviennent d'une entreprise de l'Orne, spécialisée dans la récupération. Leur équarrissage sommaire n'a pas facilité l'entaille des feuillures parcloses aménagées dans les poteaux et les sablières, détail de mise en œuvre évitant les surépaisseurs disgracieuses des profils des menuiseries et permettant l'intégration parfaite des baies vitrées.

Construction de la galerie. Le mur de la propriété est surélevé pour asseoir la charpente en demi-ferme portée par des grosses piles en bois.

Les extrémités des chevrons ont été affinées pour alléger le débord de toiture. Cette dernière, en tuiles plates de récupération, a été raccordée à celle de la grange par une noue ronde qui apporte une certaine souplesse à l'ensemble. Les renvers au droit des engravures latérales sur les murs ont été exécutés par calage de tuiles. Les crêtes et embarrures généreuses, en mortier de chaux grasse et ciment blanc, soulignent le couronnement du faîtage réalisé avec des tuiles faîtières neuves mais bien intégrées à la toiture.

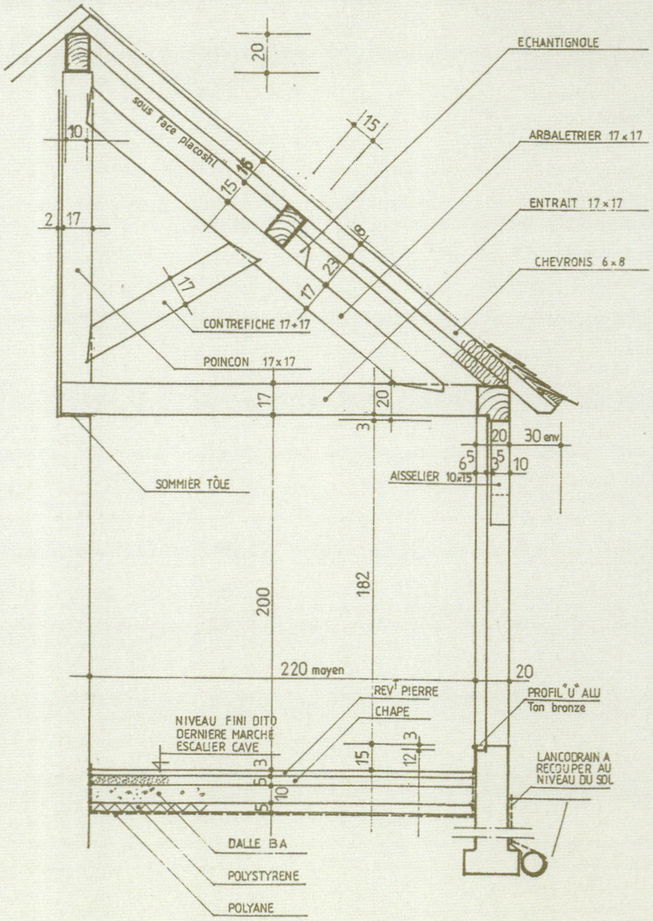

Coupe technique de la galerie.

Le sol a été constitué de pierres calcaires posées en opus romain. La soupente, isolée et plâtrée suivant le procédé moderne de suspentes et rails, a été peinte en blanc pour mieux faire ressortir les bois de charpente simplement nettoyés et brossés. Les murs intérieurs ont été enduits au mortier de chaux grasse avec finition au badigeon de lait de chaux. Les radiateurs de type plinthe chauffante (chauffage central) et leur alimentation par tuyaux encastrés dans le sol sont très discrets.

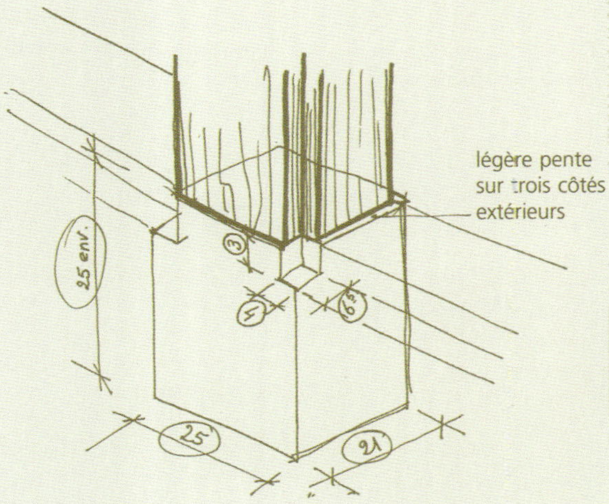

Détail des ancrages de poutres. Les dés en grès reçoivent les poteaux et les profils des menuiseries en aluminium pour une insertion parfaite des baies vitrées.

Progression du chantier de la galerie : la couverture de tuiles est en place.

CRÉATION D'UNE LIAISON ENTRE DEUX BÂTIMENTS EXISTANTS

Un soin particulier est apporté à la liaison entre les deux bâtiments existants traitée, dans ses détails constructifs, avec le même souci de qualité et d'élégance que celui qui préside à la réhabilitation de l'ancienne grange. Ce n'est pas un espace subsidiaire mais bien un élément majeur de la recomposition architecturale. L'ensemble, par l'enchaînement de ses travées aux proportions harmonieuses, présente une grande légèreté.

La qualité des finitions apporte rigueur et noblesse à la galerie vitrée. L'escalier donnant accès au sous-sol de la maison a été conservé grâce à l'aménagement d'une trémie.

Maîtres d'ouvrage : M. et Mme Dubourdieu
Maître d'œuvre : Michel Mouy, architecte DPLG
Entreprises : Célestin (miroiterie) ; Cossuta (grès) ; Jacpierre (bois) ; Leprevier (charpente) ; Patureau (couverture) ; Dubocq (maçonnerie)
Surface utile : 150 m^2, dont 30 m^2 pour la galerie
Coût de l'opération : 155 000 € [1 MF valeur 1989] TTC pour la grange, 45 000 € [300 000 F] TTC pour la galerie
Année d'exécution : 1989

Exemple de réhabilitation 04

Réhabilitation et extension d'une maison agricole, environs de Fumel (Lot-et-Garonne)

Une résidence principale en Agenais

HISTOIRE ET LOCALISATION DU BÂTIMENT

Implanté dans un petit village situé à 20 km de Fumel, l'édifice qui fait l'objet de la réhabilitation s'inscrit dans un ensemble de bâtiments agricoles comportant deux granges et une habitation flanquée d'un hangar. La propriété est à l'abandon depuis de nombreuses années.

La façade nord avant travaux est en bon état, appareillage en moellons calcaires, à chaînage d'angle. On aperçoit les trous de boulins de la maçonnerie.

Sur la façade sud il existe un bolet, malheureusement très abîmé.

DESCRIPTION TECHNIQUE ET DIAGNOSTIC

La maison est couverte de tuiles canal, tandis que l'auvent du bolet présente des tuiles mécaniques, moins appropriées au caractère du bâtiment. La maçonnerie du bolet, en moellons calcaires hourdés au mortier de terre argileuse et de sable, est en mauvais état : l'enduit disparu par endroits laisse entrevoir des désordres importants dans l'appareillage. Il devra être entièrement reconstruit à l'identique si l'on veut conserver le profil général du bâtiment.

La couverture en tuiles. La souche de cheminée a été cimentée, opération qui pourrait être à l'origine de l'apparition de la fissure sous la génoise.

Diagnostic de la façade sud.

Une large fissure apparaît sur la façade sud de la maison, sous le hangar. Ce dernier, enduit au ciment de façon malencontreuse, a déjà fait l'objet d'un étaiement pour assurer sa stabilité.
L'habitation comprend : un rez-de-chaussée servant de cave ; un premier étage, accessible par un escalier extérieur (le bolet), composé de deux pièces séparées par une cheminée (le cantou) et d'un grenier sous comble. Au rez-de-chaussée, les petites ouvertures largement ébrasées vers l'intérieur sont davantage destinées à ventiler qu'à éclairer.

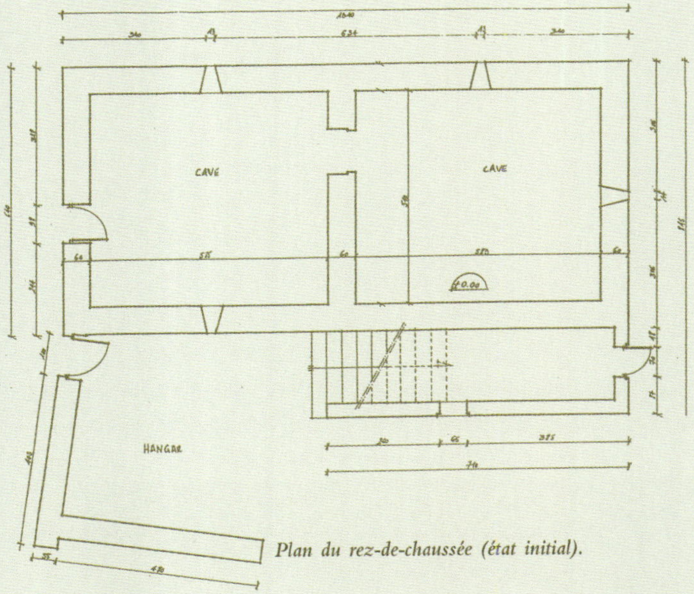

Plan du rez-de-chaussée (état initial).

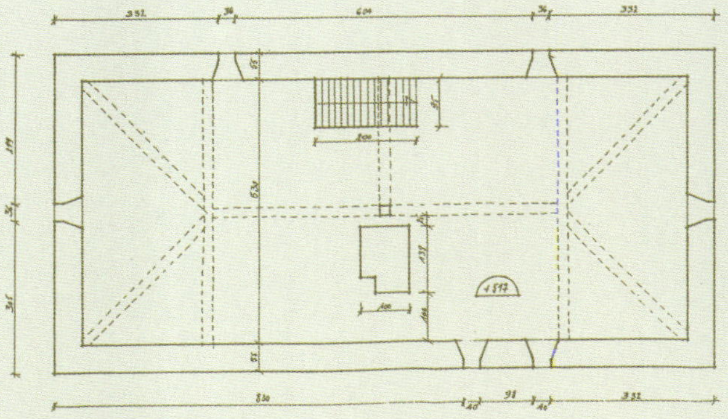
Plan du comble (état initial).

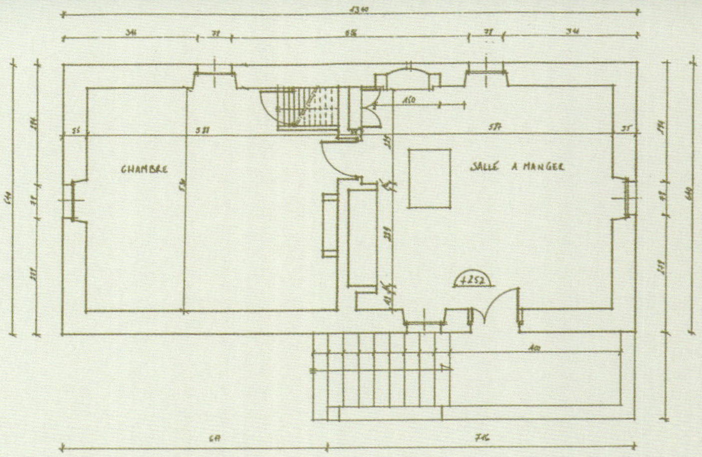

Plan du premier étage (état initial).

PROGRAMME

Les propriétaires désirent réhabiliter l'ensemble en résidence permanente, en conservant son caractère traditionnel. L'intervention doit donc permettre l'utilisation des matériaux locaux ou de récupération et la mise en œuvre des techniques anciennes. La recherche du confort et de la lumière s'appuiera sur une approche fine du bâtiment, de son histoire et des caractéristiques du bâti régional.

PROJET ARCHITECTURAL

Le projet consiste à aménager le rez-de-chaussée de manière à gagner de l'espace, tout en maintenant l'entrée principale à l'étage afin de conserver le rôle du bolet.
Dans cette optique, le hangar accolé à la maison sera détruit et remplacé par un petit bâtiment sur un niveau pour y loger le cellier, la chaufferie et une pièce d'eau.

L'appentis ajouté reprend parfaitement le vocabulaire architectural décliné sur l'habitation : chaînage d'angle, pente douce des toits, couverture en tuile, proportions des ouvertures et jambages en pierre.

Exemple de réhabilitation 04

Le rez-de-chaussée pourra ainsi constituer un espace dégagé, désormais ouvert sur l'extérieur et accessible par une porte de service créée dans l'extension. Afin d'éclairer cet espace, des ouvertures seront percées, essentiellement sur les façades arrière pour ne pas modifier l'aspect du bâtiment du côté cour.
La bibliothèque aménagée à l'étage, ouverte sur la charpente et la mezzanine du comble, constituera la pièce principale, ornée du cantou caractéristique de la région. Toute la maison doit s'articuler autour de cette pièce dont l'entrée se fait par le bolet et qui donne accès aux différents niveaux.

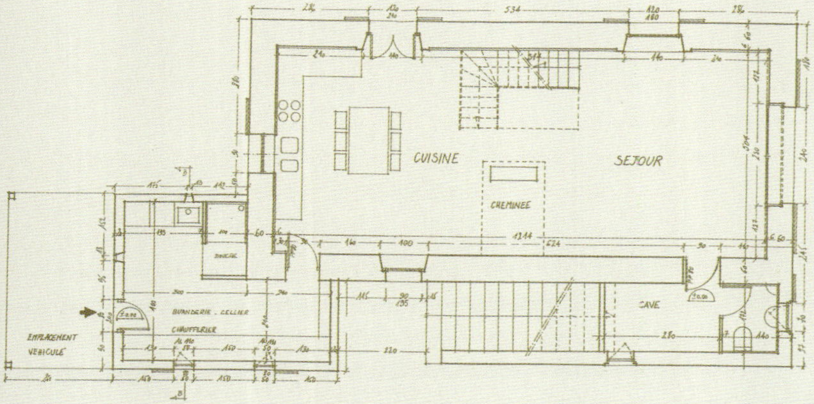

Plan du rez-de-chaussée (état projeté).

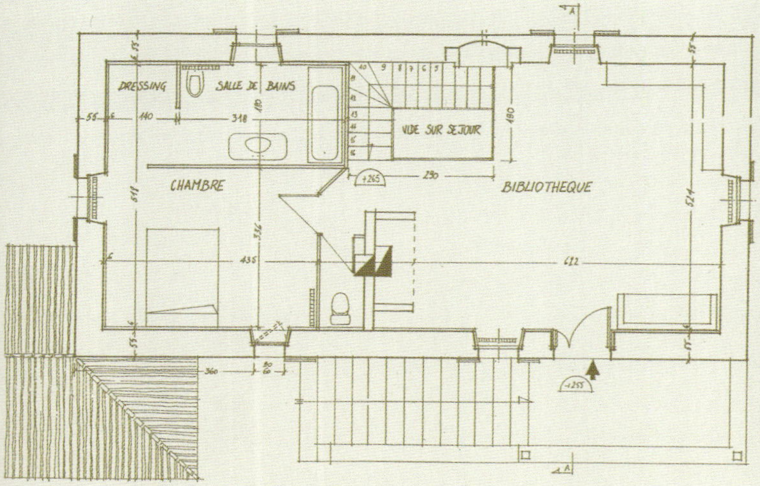

Plan du premier étage (état projeté).

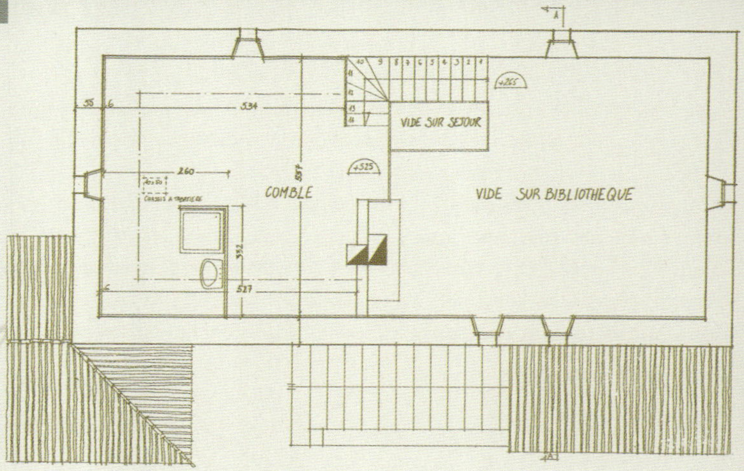

Plan du comble (état initial).

CHANTIER

Lors de la réhabilitation, seuls les quatre murs périphériques, les fermes de la charpente et une partie des tuiles canal ont pu être conservés.

Le rez-de-chaussée en cours de travaux.
L'espace décloisonné est organisé autour d'une cheminée.

Un gros travail de maçonnerie a été nécessaire pour reprendre les structures et percer les nouvelles ouvertures indispensables au rez-de-chaussée. Les façades ont été traitées en pierre de taille maçonnée au mortier de chaux hydraulique naturelle. L'extension a été réalisée en briques et en moellons avec un mortier identique. En couverture, des pièces neuves à talon ont été posées pour les tuiles de courant et des tuiles récupérées sur le site sont venues remplacer celles de couvert. Les menuiseries reprises ou réalisées ont été conçues en chêne et munies d'un double vitrage.

À l'étage et dans le comble, le plancher et le parquet ont été refaits en chêne. Le sol du rez-de-chaussée a lui été recouvert de carreaux de terre cuite.
Le maître d'ouvrage a opté pour une chaudière au gaz, avec chauffage au sol au rez-de-chaussée et radiateurs en fonte dans les étages.

BIOCONSTRUCTION

Tout au long du chantier, l'architecte s'est appliqué à respecter les règles de la bioconstruction en privilégiant les matériaux naturels : pierre, chaux, terre cuite. L'isolation a été réalisée avec du chanvre en rouleau pour la toiture et un enduit de chanvre et chaux pour les murs intérieurs. Par ailleurs, des plaques de Fermacell® ont été utilisées pour les cloisons et les sols de l'étage et des combles.

Les menuiseries de la porte charretière, les poutres, les planchers du premier étage et l'escalier sont tous faits de bois de chêne.

Vue de l'ensemble restauré.

Maîtres d'ouvrage : non communiqué
Maître d'œuvre : Patrick Petit, architecte DPLG
Coordinateur de chantier : Floissat
Entreprises : Mellet (charpente, couverture) ; Demonssand (électricité) ; Bayle (maçonnerie) ; Rigal (menuiseries) ; Martinho (plomberie, sanitaires, chauffage) ; Cazeaux (terrassement, VDR)
Surface utile : 160 m^2
Coût de l'opération : 129 600 € HT
Année d'exécution : 2002

Exemple de réhabilitation 05

Une maison particulière dans le Vannetais

Réhabilitation d'une maison villageoise en centre-bourg, Marzan (Morbihan)

HISTOIRE ET LOCALISATION DU BÂTIMENT

Le projet prend place dans le sud du Morbihan près de la Vilaine et de La Roche-Bernard, dans le centre-bourg de Marzan. Cette commune est étendue et compte près de 1 500 habitants. Le modeste cœur de village est représentatif des bourgs de Bretagne, où les maisons se sont développées autour de la place et de sa petite église. Il n'a pas subi d'importants changements, comme en attestent les façades des maisons datant du XVIIIe, voire du XVIIe siècle.
Le bâtiment est attenant à une habitation de même facture. La façade principale, orientée au sud, donne sur une ruelle. Au nord, un appentis en pierre recouvert par la végétation servait à entreposer le bois et communiquait directement avec la cuisine. Il a été prolongé d'une structure disgracieuse en parpaings, qui a servi d'étable comme en témoignent les mangeoires en ciment découvertes lors des travaux.

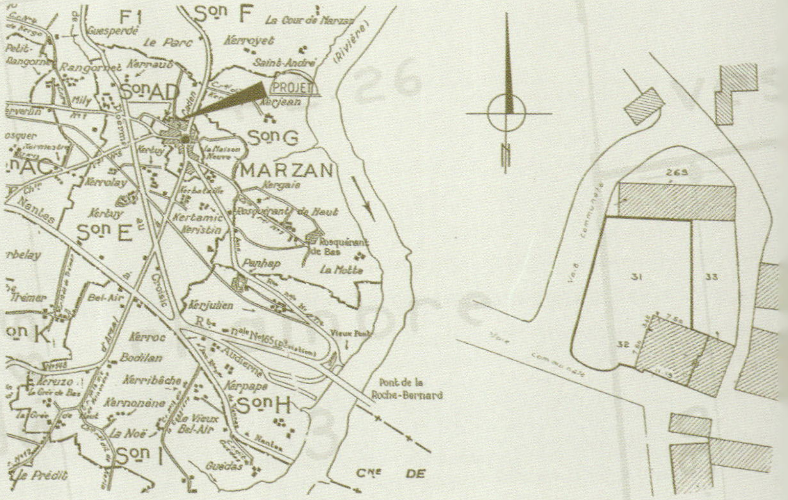

Plan de situation et plan de masse.

La façade sud avant travaux. La lucarne, en parpaings, est un ajout récent.

Les appentis en façade nord.

DESCRIPTION TECHNIQUE ET DIAGNOSTIC

La construction est typique des maisons de la région : les murs sont en pierres de granit hourdées avec un mélange de terre et de chaux et recouvertes d'un enduit sable et chaux. D'après l'épaisseur des murs (plus de 70 cm), elle a été bâtie à la fin du XVIIe siècle ou au début du XVIIIe siècle, une épaisseur moindre étant la marque des époques ultérieures.

Plusieurs indices corroborent l'idée que la maison a subi de nombreuses modifications. Les ouvertures sont de facture et de taille différentes, le pignon ouest dépasse la façade sud, qui après repiquage apparaît indépendante des deux pignons. Il semblerait que l'on ait reculé cette façade : le bâtiment était peut-être, à l'origine, une maison à colombages dont la façade aurait été refaite en pierre lors de la création de l'étroite ruelle.

L'édifice est très détérioré en son centre, dans l'axe nord-sud. La façade sud accuse un faux aplomb de plus de 30 cm. Dans le prolongement, la panne faîtière s'est rompue, occasionnant le déséquilibre d'une des trois fermes, ce qui a accentué la poussée. De plus, des infiltrations ont fait gonfler les murs et pourrir le plancher, les solives et les poutres.

Seul le rez-de-chaussée, dont les murs et le plafond sont doublés en briques plâtrières enduites, est « habitable » lors de l'acquisition de la maison. À l'étage, de simples cloisons en planches délimitent les espaces.

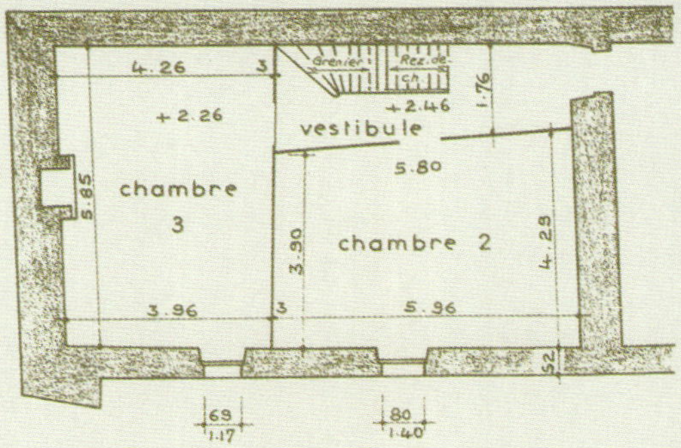

Plan du premier étage (état initial).

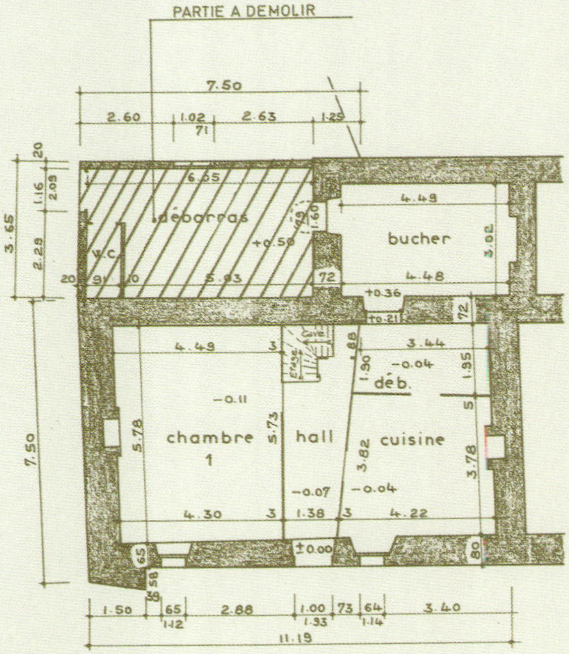

Plan du rez-de-chaussée (état initial).

PROGRAMME

Le programme consiste à créer une habitation avec deux chambres pour une famille. Dès le départ, la nécessité de détruire l'appendice en parpaings de la façade nord s'impose pour des raisons esthétiques. D'autre part, le positionnement, sur rue, de la maison suggère une ouverture des espaces sur le jardin. Une fois dégagée, la façade nord permet d'envisager un accès sur le côté ouest du terrain, avec terrasse, grâce à la petite porte cintrée existante donnant sur le hall aménagé dans l'ancien bûcher.

PROJET ARCHITECTURAL

La pièce de vie au rez-de-chaussée comportera, sans séparation, la cuisine, l'espace repas et le salon. Au nord, une porte et une fenêtre seront créées pour apporter un éclairage supplémentaire et permettre une sortie sur la terrasse du côté jardin. L'étage conservera pratiquement la distribution initiale, la salle de bains trouvant sa place au-dessus de l'appentis. Le comble ne sera pas aménagé et servira de grenier.

À l'extérieur, une lucarne au fronton courbe, soulignant la volonté de marquer la réhabilitation du bâtiment, doit remplacer la lucarne existante en parpaings.

Exemple de réhabilitation 05

Plan du rez-de-chaussée (état projeté).

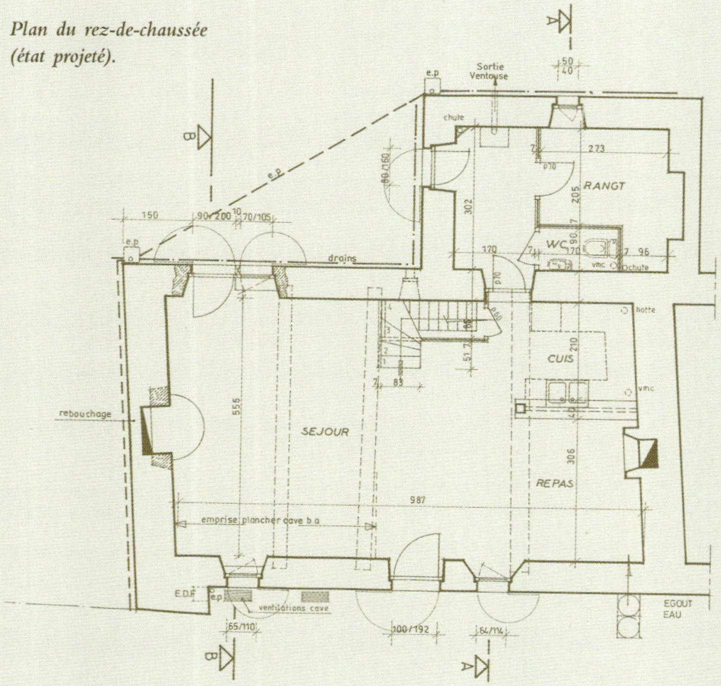

Plan de l'étage (état projeté).

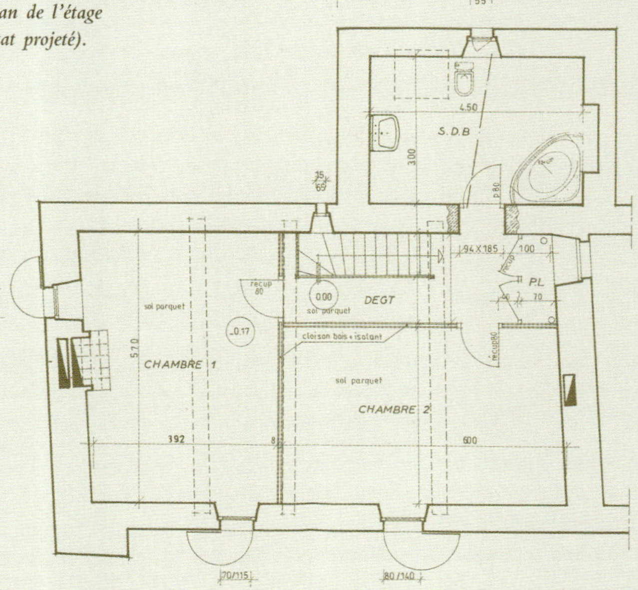

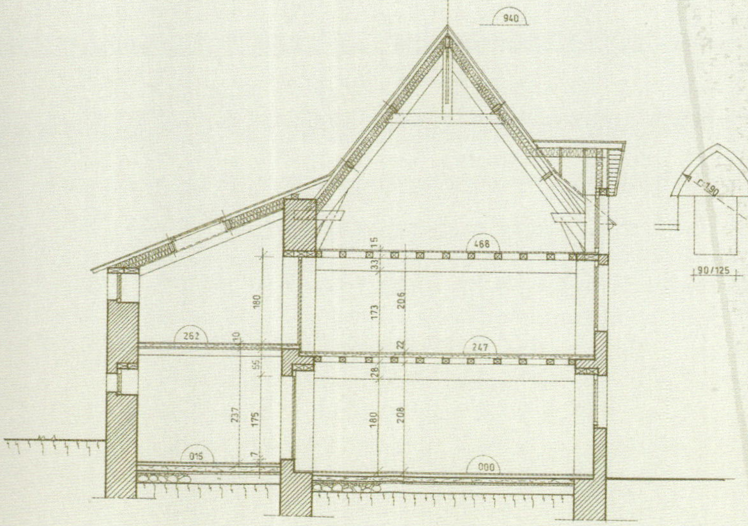

Coupe transversale et détail technique de la lucarne sur ruelle.

La façade nord de la maison reçoit, sous un même linteau, deux ouvertures combinées donnant sur le séjour. Les petites baies superposées dans la maçonnerie de l'appentis sont réalisées sur le modèle des ventilations d'appentis.

CHANTIER

Après « déshabillage » des murs et des plafonds, les murs du rez-de-chaussée ont révélé un fruit de 30 cm sur 2 m. La pièce s'en trouve modifiée : elle paraît tout à coup plus grande, d'autant que poutres et plafonds sont très bas. On a cherché à conserver ce fruit. Le choix

Vue de l'espace dédié aux repas. Les poutres et les solives laissées apparentes, les tomettes au sol et une peinture à la chaux teintée pour les murs créent une atmosphère chaleureuse.

d'un enduit chanvre et chaux s'est pleinement justifié : avec une épaisseur de 5 cm, il isole correctement le mur tout en le laissant respirer et en produisant un effet « organique », sans arêtes vives. Une peinture à la chaux légèrement teintée permet de capter la lumière.

Au sol, après décapage de la terre battue, une dalle de chanvre et chaux a reçu des carreaux de terre cuite récupérés localement, complétés de carreaux de Gironde. Des jambages de cheminée trouvés dans le pignon mitoyen ont été utilisés pour recréer la cheminée d'origine en pignon ouest.

La façade sud réhabilitée, avec sa nouvelle lucarne, sa couverture refaite en ardoises naturelles, et ses murs rejointoyés à la chaux.

À l'étage, une ossature en bois avec isolant phonique entre deux parements de planches de douglas a remplacé la simple cloison en bois d'origine. Un plancher en pin rouge posé sur isolant phonique a permis de rattraper les faux niveaux existants.

La charpente ancienne a été remplacée par une autre en douglas et la couverture entièrement refaite. Le tiers de la façade sud a été démonté et rebâti en biobriques et parement de pierre. Enfin les murs ont été rejointoyés avec un mélange de chaux et de sable de Radenac, qui lui confère une teinte particulière. Ces travaux ont intégré une grande part d'autoconstruction.

La salle de bains est traitée en parois lambrissées horizontalement.

L'INTERVENTION : DISCRÉTION ET RUPTURE

L'objectif de l'intervention a été de conserver au maximum la morphologie originelle de la maison et de tirer parti de ses particularités. Par ailleurs, les aménagements prévus ne figent pas les choses et respectent le principe de réversibilité. Une attention particulière est portée à la compatibilité des matériaux entre eux, à leur mise en œuvre et aux évolutions possibles du bâtiment. Le choix des matériaux naturels s'est rapidement imposé : chaux, chanvre, bois locaux, jonc de mer se lient pour servir le projet. Dans le même temps, l'architecte ne se prive pas d'affirmer son passage en introduisant un traitement de lucarne en rupture avec le vocabulaire architectural local.

Maître d'ouvrage : David Palou
Maître d'œuvre : Christophe Palou, architecte DPLG et géobiologue
Entreprises : Martial Ryo (maçonnerie) ; Michel Ryo (couverture) ; Bertrand Gougeon (charpente, menuiseries) ; André Tremelot (plomberie)
Surface habitable : 225 m^2
Coût de l'opération : 61 000 €
Durée des travaux : fin 2001 – fin 2003

Un logement de gardien dans la Marche

Réhabilitation de l'écurie d'un vaste domaine agricole, Ahun (Creuse)

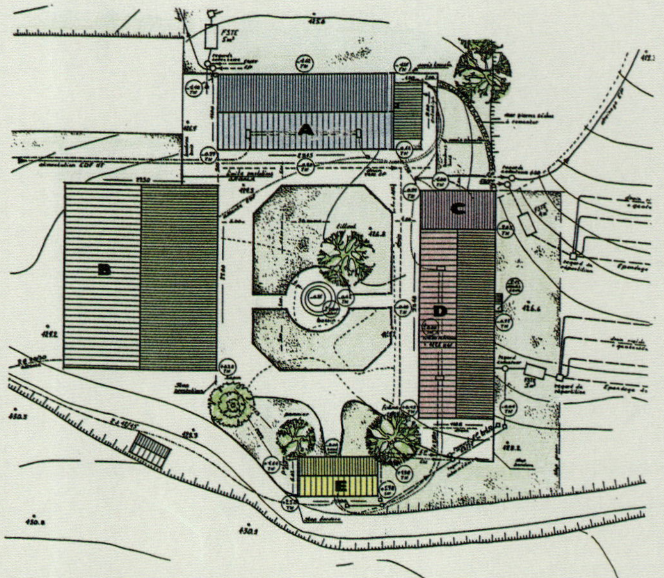

Plan de masse (état projeté).

HISTOIRE ET LOCALISATION DU BÂTIMENT

Les bâtiments du domaine agricole du Pelet, construits à la fin du XIXe siècle, s'ordonnent autour d'une cour fermée, disposition qui caractérise les exploitations importantes selon les principes de la « maison rustique » fixés dès le XVIe siècle. On y retrouve les préceptes du goût pour l'ordre essentiel à l'esprit classique, l'ouverture commode des bâtiments sur l'extérieur et la possibilité d'assurer une surveillance continuelle, grâce à la disposition centrée. Au sein de leur ordonnance, des échappées vers les terrains de culture et les pâturages ont été ménagées entre les deux granges-étables (A et B), l'écurie (E) qui nous occupe ici, et la maison-bloc (C/D), qui abritait autrefois l'habitation, une grange-étable et des soues.

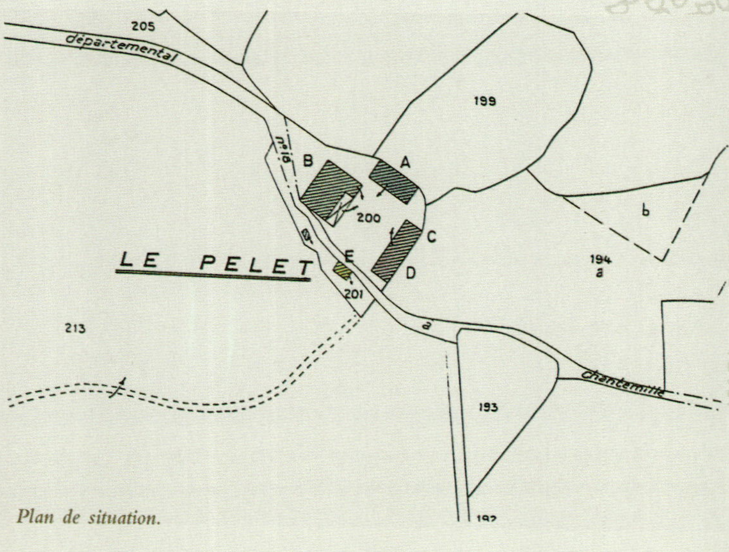

Plan de situation.

DESCRIPTION TECHNIQUE ET DIAGNOSTIC

Un niveau semi-enterré et voûté à usage de cave pour les légumes est accessible par la façade nord. Des murs de soutènement, dont l'un est écroulé, encadrent le chemin creusé conduisant à une large porte. Le rez-de-chaussée du bâtiment ouvre sur la façade sud. Deux petites ouvertures en soubassement assurent la ventilation de cette ancienne écurie.
Le premier étage était accessible grâce à une porte donnant sur un escalier extérieur, à ce jour écroulé, accroché sur le pignon est. Ce niveau servait de logement pour le palfrenier et de fenil. Les pannes et les sablières sont allongées afin de soutenir le large débord de toiture formant un auvent sur cet escalier disparu.
La couverture d'ardoises nécessite une reprise. En revanche la maçonnerie en moellons hourdés est en bon état ainsi que les chaînages d'angle et les encadrements des baies en granit.

La façade sud de l'écurie avant travaux.

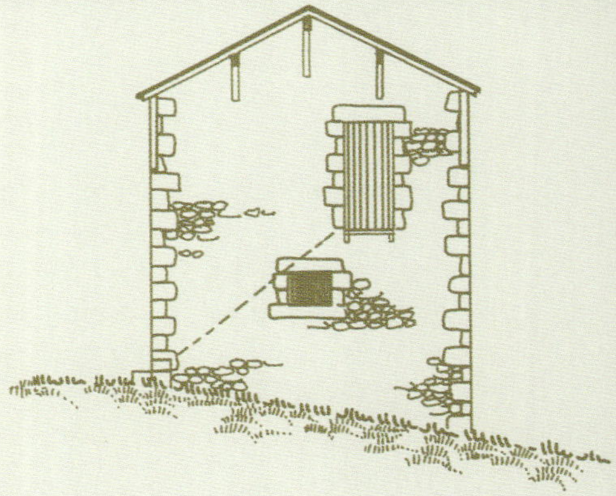

Élévation est (état initial).

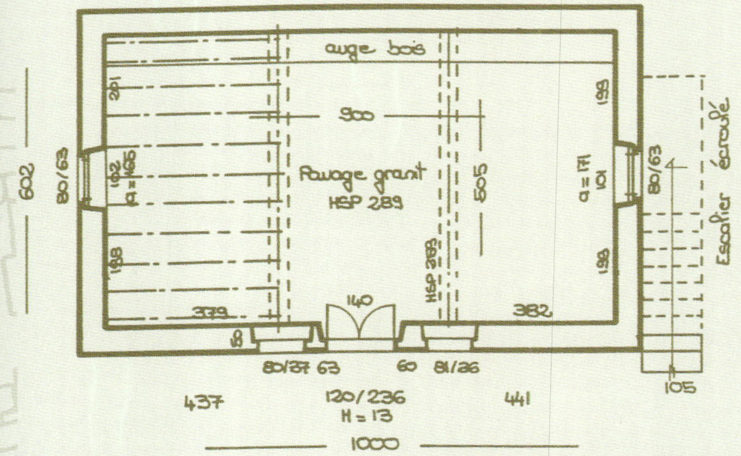

Plan du rez-de-chaussée (état initial).

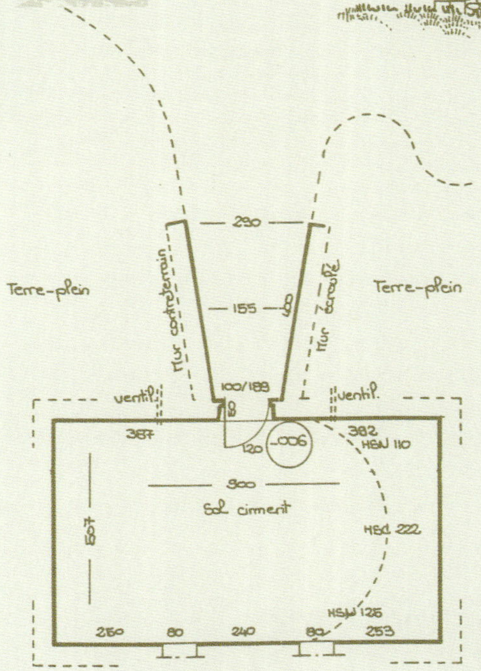

Plan du rez-de-jardin (état initial).

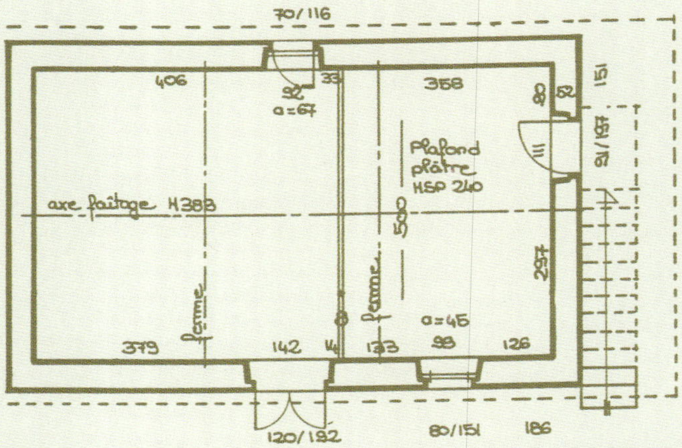

Plan de l'étage (état initial).

Une vue intérieure du rez-de-chaussée. Un enduit plâtre recouvre certains murs intérieurs et le plafond du rez-de-chaussée. Le sol est traité en pavé granit. Les mangeoires et le râtelier en bois sont toujours en place.

PROGRAMME

Le lycée agricole d'Ahun, situé à proximité de cet ensemble de bâtiments, souhaite créer des logements pour ses élèves. L'office HLM du département dispose des fonds nécessaires pour mener à bien ce projet.
Le programme définit donc la création de 28 logements pour des étudiants répartis dans les granges et la maison-bloc et d'un logement plus spacieux, de 75 m², et séparé des autres pour le gardien de la résidence. La configuration de l'écurie s'adaptait tout naturellement à cette fonction.

PROJET ARCHITECTURAL

Le projet de transformation de l'écurie en logement, comme de celui des autres bâtiments, suppose une adaptation du programme aux contraintes architecturales et la nécessité de recréer un ordonnancement des façades en harmonie avec leur nouvelle destination. Le respect de cet héritage impose de retraiter l'ensemble des tableaux et des voussures des baies en granit de récupération. Leur modénature est calquée sur les exemples pris sur le site.
En rez-de-chaussée, les ouvertures sur les murs pignons sont abaissées et trois fenêtres nouvellement créées sur la façade sud apportent un éclairage naturel. L'installation de cloisons pour séparer les espaces de vie nuisant à la luminosité de l'étage, le percement d'ouvertures à ce niveau en façade sud est également nécessaire.
À l'intérieur, un escalier à jour assurera la distribution entre les deux niveaux aménagés. Pour réaliser celui-ci, le plancher devra être refait. Une trappe située dans le plafond du premier étage permettra d'accéder au comble.

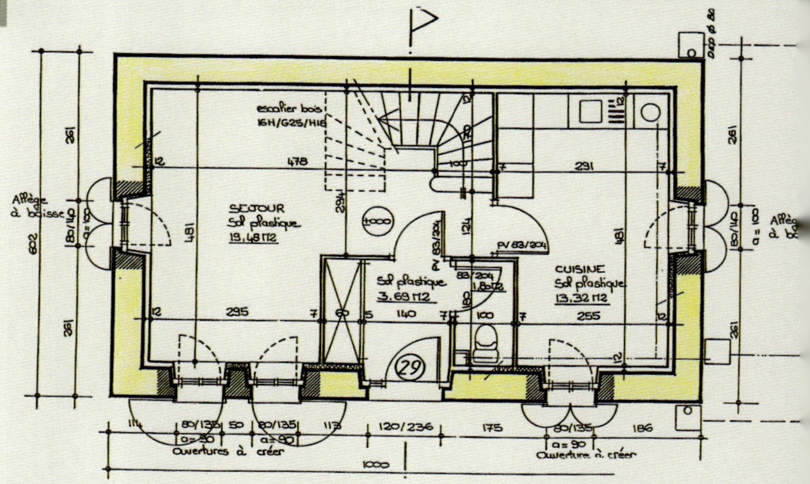

Plan du rez-de-chaussée (état projeté).

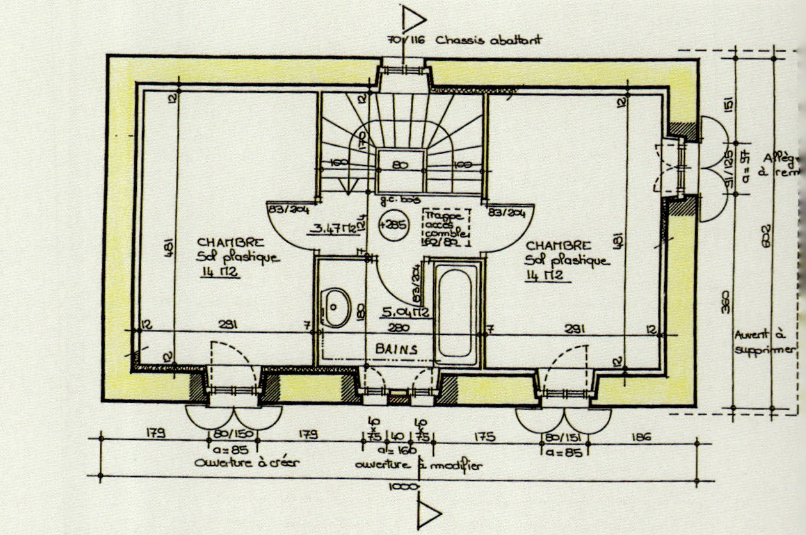

Plan du premier étage (état projeté).

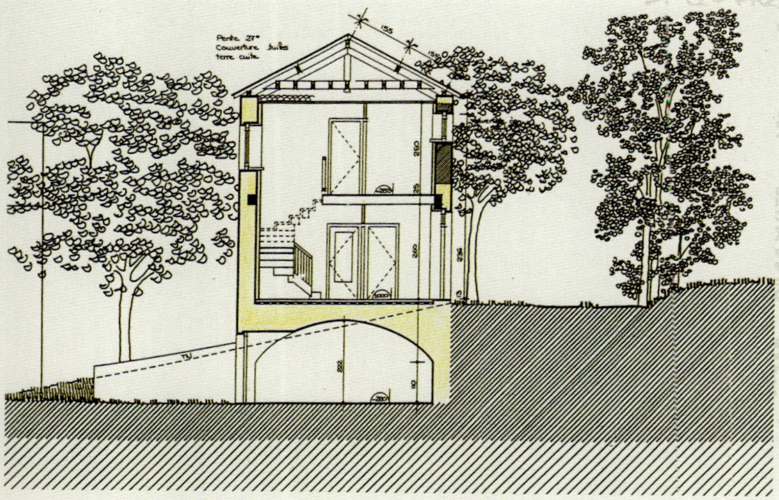

Coupe d'implantation (état projeté).

CHANTIER

La toiture a été traitée, comme sur les autres bâtiments, en tuiles canal à double emboîtement, type Oméga 10 de Sainte-Foy (DTE 40.21°), avec panachage de différents coloris (rouge nuancé, vieilli nuancé sur fond rouge). Ces tuiles sont adaptées aux faibles pentes existantes et rappellent l'aire d'extension maximale de la tuile canal traditionnelle dans la Creuse.

L'escalier extérieur n'ayant pas été restitué, le débord de la toiture sur le pignon est a été naturellement supprimé lors des travaux de reprise de la couverture.

Les nouveaux percements ou modifications d'ouvertures nécessaires à la reconversion de ce bâtiment en logement de fonction ont été réalisés sur la façade sud. Ils ne sont donc pas visibles de la cour intérieure du domaine et respectent les proportions et le langage des ouvertures originelles.

Les menuiseries extérieures ont été réalisées en bois traité en lasure opaque, les volets étant constitués de lames de largeur irrégulière assemblées sur barres.

Les façades sud et est et, à l'arrière-plan, la cour centrale réaménagée. La pose de tuiles canal neuves, mais de teintes différentes, donne à la couverture un aspect vieilli de très bel effet. De même, les nouveaux encadrements de baies ont été réalisés avec des blocs de granit de récupération.

TRAITEMENT DES EAUX USÉES

L'assainissement des eaux usées est assuré par trois ensembles distincts de fosses septiques toutes eaux, chaque prétraitement étant suivi d'un épandage souterrain par drains rigides avec protection géotextile. Ces ensembles d'appareils de traitement et de dispositifs de rejet sont implantés dans les prairies naturelles en aval nord du bâtiment (A), en aval est du bâtiment (C/D). Le bâtiment (E) est raccordé à l'assainissement de (C/D). Les eaux pluviales font l'objet d'épandages dissociés.

Maître d'ouvrage : Office public départemental d'HLM de la Creuse
Maîtres d'œuvre : Patrice Trapon et Bernard Chirac, architectes DPLG
Bureaux d'études : Sigma Ingénierie (structure) ; B.E.T. Jacques Larbre (thermique, ventilation) ; B.E.T. Jacques Pin (électricité, courants faibles) ; Francis Charissou (économie de la construction)
Entreprises : Batier (maçonnerie) ; Abaux (couverture) ; Michaud (menuiseries extérieures, bois) ; Fayette (charpente)
Surface utile : 924 m^2 dont 75 m^2 pour l'écurie
Coût de l'opération : 797 000 € [5,225 MF] HT
Année d'exécution : 1998

Une résidence d'été et un cabinet de travail dans les Vosges

Réhabilitation d'une portion de maison-bloc villageoise et d'une grange attenante, Niederhaslach (Bas-Rhin)

HISTOIRE ET LOCALISATION DU BÂTIMENT

La maison Bleikasten se situe rue du Vieux-Moulin, dans la commune de Niederhaslach. Ce village vosgien, typique de la vallée de Schirmeck, n'appartient pas à la région la plus riche d'Alsace, loin de là. Ici les maisons sont basses de plafond et les granges petites, comme le sont également les parcelles, imbriquées de manière inextricable. La construction date du XVIIIe siècle ; à l'origine, il s'agit d'une grande maison-bloc.

DESCRIPTION TECHNIQUE ET DIAGNOSTIC

Le bâtiment a été loti en petites tranches allouées à plusieurs familles ; chaque tronçon possède, outre le logement, une petite dépendance, un jardinet et un droit de passage. Dans ce dédale, le maître d'ouvrage possède un lot de 4 à 5 m de large dans l'habitation, un jardinet en contrebas et une grange en face.

Jusqu'à sa réhabilitation, le logement n'a jamais été modernisé et les pièces larges et basses ont conservé cette ambiance très particulière des vieilles maisons vosgiennes. La grange se compose d'une succession de remises échelonnées le long de la pente très raide et construites en charpente tout-venant sur de gros murs de pierre. La couverture a été refaite en tuiles mécaniques, matériau quasi exclusif dans les Vosges depuis plus d'un siècle (il y a d'ailleurs été inventé).

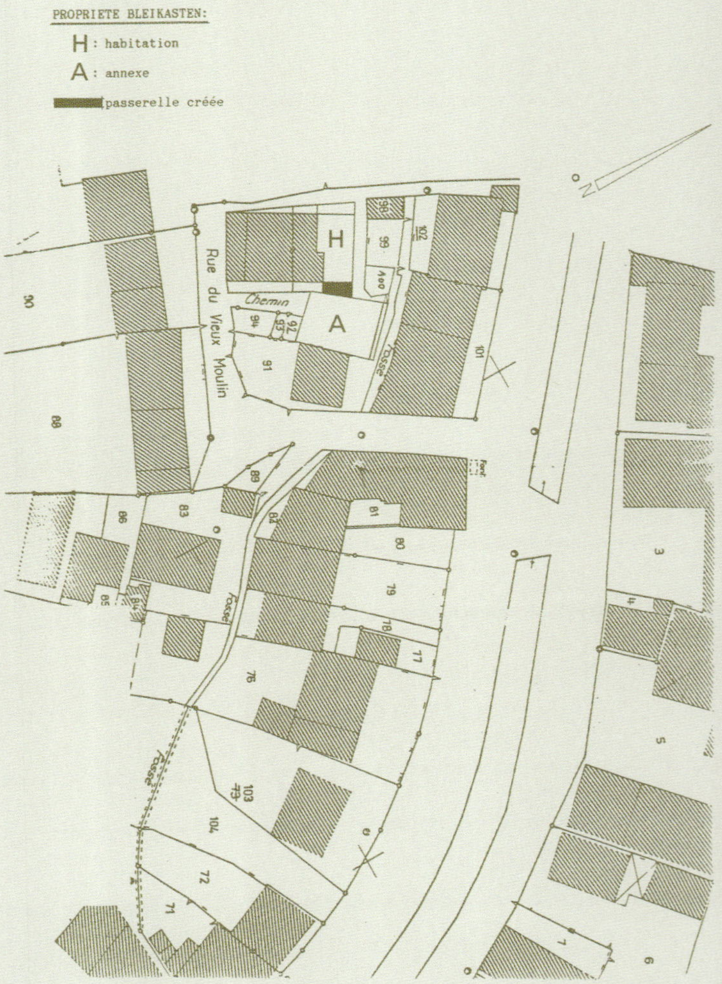

Plan de masse (état initial). Les parcelles 92 et 100 constituent le jardin de ce lot foncier tout en longueur.

Le mur mitoyen donnant sur la chambre du rez-de-chaussée, les parois de la grange présentent des traces d'humidité dues aux phénomènes courants de capillarité depuis les fondations.

Vue des deux bâtiments séparés par un passage avant intervention.

La grange avant travaux. Au fond à gauche, la maison attenante. À noter, la forte pente de la toiture, couverte en tuiles mécaniques.

PROGRAMME

Les propriétaires, un couple de professeurs alors près de la retraite, viennent d'hériter de cette propriété familiale. Afin de préserver leurs racines et de disposer d'un cabinet de travail situé « au vert », loin de la ville universitaire, ils souhaitent réaménager l'ensemble en maison de week-end et de vacances mais conserver le caractère du lieu.

Un cabinet de travail pour chacun, un vaste espace commun et un petit appartement séparé, destiné à des locataires pouvant assurer le gardiennage, constituent un programme des plus simples.

PROJET ARCHITECTURAL

La portion de maison réhabilitée ne permet pas d'inscrire la totalité du programme. Il est alors décidé de « coloniser » la grange pour y placer au rez-de-chaussée un garage, avec en contrebas la réserve de bois pour la cheminée, et à l'étage un vaste espace de vie très simple, donnant sur une galerie créée dans l'esprit de l'architecture vosgienne et offrant un point de vue sur la rue. Étant donné que les deux bâtiments sont séparés par un passage où

Dans l'appartement des propriétaires (premier étage et combles, du côté maison ancienne), une vaste cage d'escalier accueille la cuisine et assure la distribution vers la bibliothèque et un bureau aménagés dans le comble.

Plan du rez-de-chaussée (état projeté).

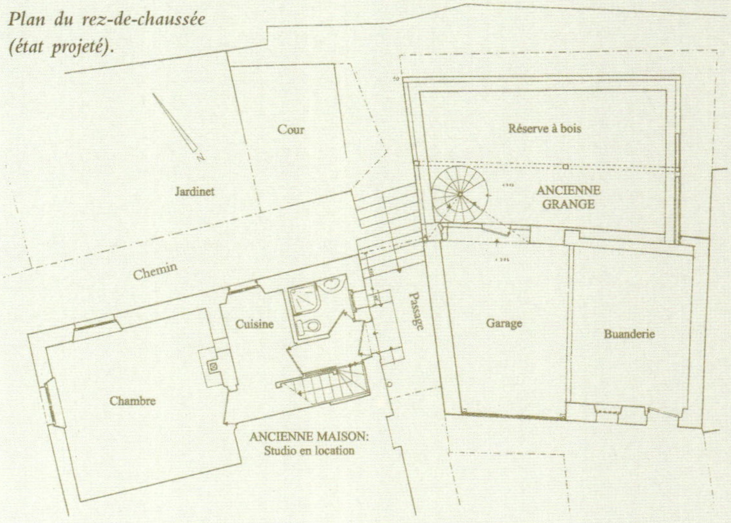

se trouvait la porte d'entrée du bâtiment, il faut recourir à une passerelle ouverte pour relier la maison et la grange.
Le programme nécessite par ailleurs une surélévation de 60 cm de la sablière dans la partie grange à aménager, en raison du décalage de niveau entre la maison et la grange.

Plan du premier étage (état projeté).

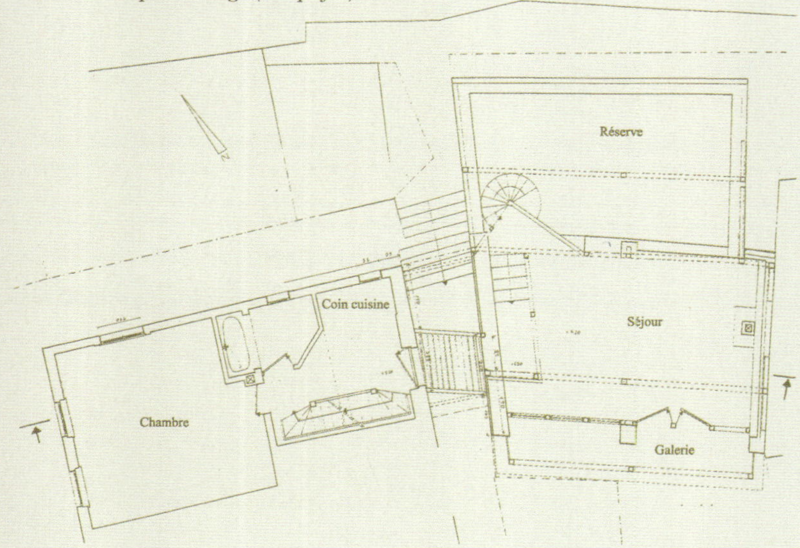

Coupe (état projeté), montrant la surélévation de la panne sablière.

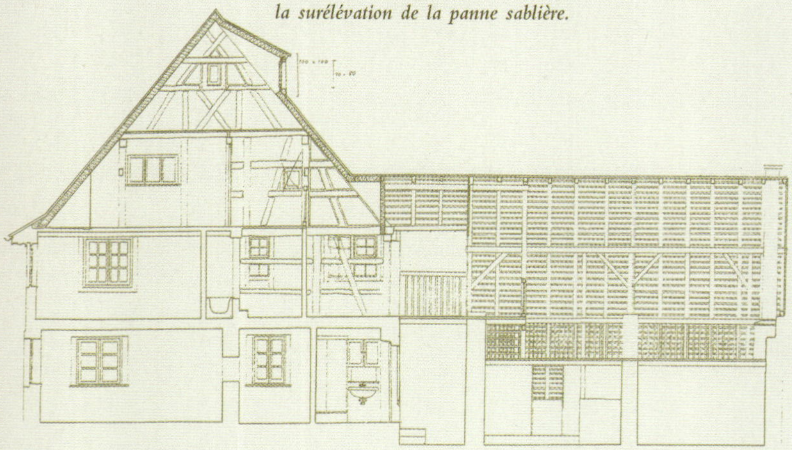

CHANTIER

Les façades ont été percées de nouvelles ouvertures (fenêtres et portes-fenêtres à vitrage fixe).
Dans la maison, la restauration soignée des volumes, quasi muséographique, avec notamment la reprise des menuiseries anciennes, a été associée à quelques audaces tout à fait contemporaines, comme le coin

L'esprit de la galerie vosgienne (en cela très différent de celui de son homologue alsacien) est dépouillé et sobre: de simples planches de conifères, clouées, forment l'allège.

L'escalier qui part de la salle de séjour permet de rejoindre le niveau de la passerelle de liaison

INVESTISSEMENT DE L'ARTISAN

Le chantier a donné l'occasion à un entrepreneur local de tester de nouvelles techniques. Pour le traitement des corbeaux soutenant la galerie de la grange, l'architecte a remis à celui-ci un moule en polystyrène dense, avec des instructions de manipulation et la recette du béton blanc. L'artisan a ainsi pu réaliser des corbeaux ornés de figures caricaturales à leurs extrémités et arborant un blason fantaisiste en leur milieu. Cet échange de savoir-faire entre l'architecte et l'entrepreneur a permis le traitement artistique d'un élément structurel. Tout d'abord déstabilisé par la commande, l'artisan a finalement été ravi d'expérimenter ce moule et d'avoir « fait de l'art » avant de prendre sa retraite.

Réalisation des corbeaux par l'artisan.

cuisine créé dans le volume de la cage d'escalier, le comble-bibliothèque entièrement blanc et le colombage évidé et vitré.

On a opté pour un ouvrage de charpente très simple pour la passerelle, reposant sur trois solives, supportant un plancher, flanqué de rambardes constituées de planches clouées sur des poutrelles et recouvert d'une charpente prolongeant celle de la grange. Le tout a été construit en sapin de pays. Le toit a été prévu suffisamment débordant pour que la pluie n'atteigne jamais les parties en bois. Entre les solives, une gaine isolée protégée par une tresse chauffante a permis le passage d'une canalisation d'alimentation d'eau.

Les murs de pierre existants, intérieur ou extérieur, ont été recrépis ou rejointoyés suivant le cas. Le soubassement de la maison, les chambres d'étage, ont été recrépis à l'ancienne, la surface talochée légèrement ondulante. En revanche, pour permettre à l'humidité de s'évacuer par évaporation sans laisser de dégâts visibles, il a été décidé de laisser les matériaux apparents sur le refend et les parois de la grange. Après décrépissage et nettoyage, on a appliqué un mortier bâtard, soigneusement brossé pour enlever les excédents, puis lavé pour ôter les salissures sur le grès, et enfin rebrossé pour lui donner un aspect rugueux, avant la prise complète.

La façade de la grange réhabilitée. La maçonnerie en grès est simplement rejointoyée et laissée apparente.

Maîtres d'ouvrage : M. et Mme Bleikasten
Maîtres d'œuvre : Maurice Frey et Valérie Frey-Gobyn, architectes DPLG
Entreprises : Hildenbrand (gros œuvre, charpente et couverture) ; Hecker (électricité) ; Chendi (chape, carrelage) ; Kelleter (isolation, plâtrerie)
Surface habitable : 377 m^2
Coût de l'opération : 91 469 € [600 000 F valeur 1991] TTC
Année d'exécution : 1992

Partie II

Gîtes, chambres d'hôtes, hôtels

La France est une des destinations prioritaires du tourisme national et international. Les multiples enquêtes menées pour comprendre les raisons du choix de cette destination concluent toutes à la présence sur notre territoire de grands sites historiques et de paysages traditionnels préservés.

Dans cette perspective, la valorisation du bâti rural ancien prend une importance particulière, notamment pour ce qui concerne le logement touristique. La fidélité des touristes à leurs lieux de villégiature repose en effet, pour une bonne part, sur la qualité architecturale du gîte ou de l'hôtel où ils séjournent et l'adéquation de ces équipements hôteliers au patrimoine bâti environnant.

La commande, publique ou privée, de réhabilitation intègre donc de plus en plus souvent le respect des caractères architecturaux originaux, tant extérieurs qu'intérieurs, du bâtiment réhabilité, tout en incluant les paramètres du confort et du respect des réglementations.

La nature et l'ancienne affectation des édifices dévolus à cet accueil touristique facilitent plus ou moins l'exercice et obligent à une analyse préalable fine, pour tirer le meilleur parti du bâtiment réaffecté et de son histoire. Dans un certain nombre de cas, le choix est fait de traiter en extension une partie des éléments du programme, et il s'agit alors de garder toute la cohérence de la construction initiale, de rester dans l'échelle du projet, tout en ne s'interdisant pas le recours à un parti architectural contemporain. Dans d'autres, la modestie du programme permet de le traiter dans le seul volume existant.

Différentes approches du sujet sont traitées dans les huit réalisations présentées ici, exprimant différentes échelles de projets, qui certains génèrent des budgets à la portée du particulier alors que d'autres dépendent de financements multiples. Dans tous les cas de figure le soin apporté aux détails constructifs et d'aménagement a contribué non seulement à satisfaire la commande mais encore à valoriser l'ensemble du paysage environnant.

Exemple de réhabilitation 08

Un gîte de pays de 10 lits en Languedoc

Réhabilitation d'une ferme de montagne au cœur d'un parc naturel régional, Cambounes (Tarn)

HISTOIRE ET LOCALISATION DU BÂTIMENT

Située sur la commune de Cambounes, la ferme d'Espérières, construite à la fin du XIXe siècle, s'inscrit dans l'environnement très préservé du parc naturel régional du Haut-Languedoc, dans le département du Tarn. Le bâtiment comprend une habitation de taille modeste (composée d'une pièce de vie et de deux chambres), une étable surmontée d'une grange, une bergerie et diverses annexes. Le bâtiment est désaffecté depuis quelques années lorsque les actuels propriétaires en font l'acquisition.

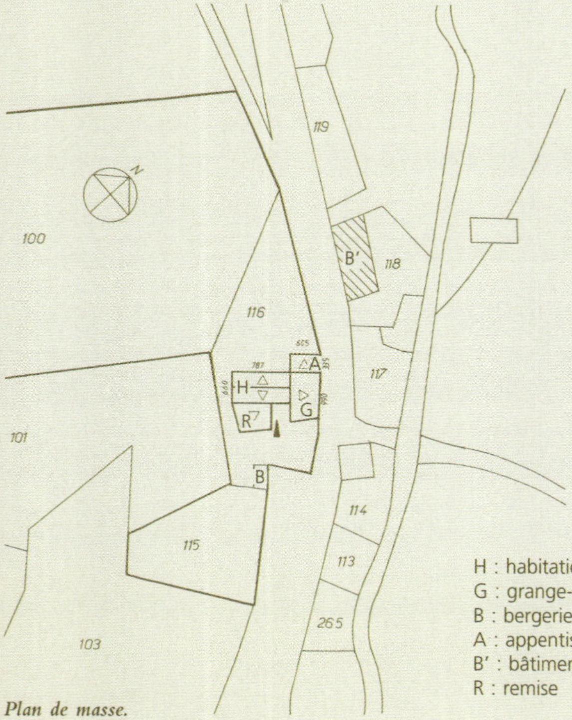

H : habitation
G : grange-étable
B : bergerie
A : appentis
B' : bâtiment annexe
R : remise

Plan de masse.

DESCRIPTION TECHNIQUE ET DIAGNOSTIC

En raison de la morphologie du terrain, les volumes sont semi-enterrés. La construction se compose de murs de pierre tout-venant avec, pour la partie habitation, des encadrements en granit issu du massif du Sidobre tout proche. La toiture présente une charpente non assemblée faite de pannes reposant sur les murs de façade et les murs de refend en pierre. La couverture originelle en ardoise a été remplacée dans les années 1970 par de la tôle ondulée, tandis qu'un auvent couvre le pan incliné de la remise. Les planchers intermédiaires de bois sont en très mauvais état.

La façade sud-est avant travaux, en partie masquée par un auvent.

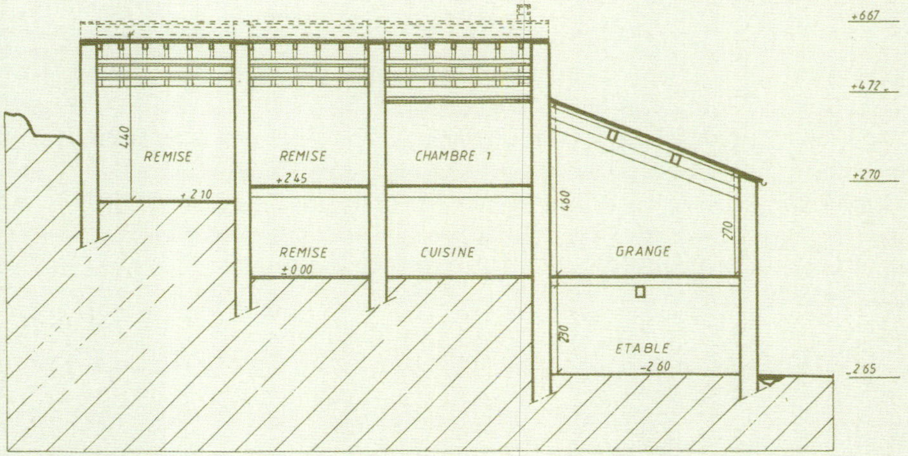

Coupe longitudinale (état initial).

Élévation de la façade nord-est (état initial).

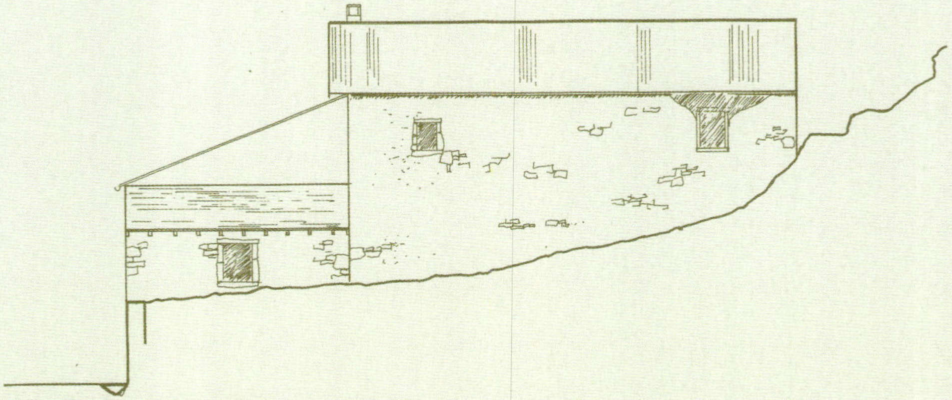

Élévation de la façade nord-ouest (état initial).

PROGRAMME

Le programme consiste à créer un gîte rural de dix couchages dans cette modeste ferme de montagne. Sa rénovation prenant place dans le cadre de la politique de la région Midi-Pyrénées pour « la sauvegarde et la valorisation du patrimoine bâti rural de caractère à usage locatif touristique », le cahier des charges prévoit non seulement la création des équipements pour un gîte rural « trois épis », mais aussi le respect des principales caractéristiques constructives d'origine (mur de pierre, couverture d'ardoise, plancher de bois, menuiseries de bois…).

PROJET ARCHITECTURAL

Les dix couchages seront répartis dans quatre chambres. Le projet prévoit en outre l'aménagement d'une grande pièce à vivre, d'une salle de jeux et de locaux techniques. Un passage créé entre la cuisine et la salle de séjour reliera les deux bâtiments. On doit aussi pouvoir entrer directement dans la cuisine, dont il est souhaité faire une pièce de vie perpétuant les trois fonctions originelles : chauffer, cuisiner et offrir un point d'eau. Dans la mesure du possible, les exigences de confort

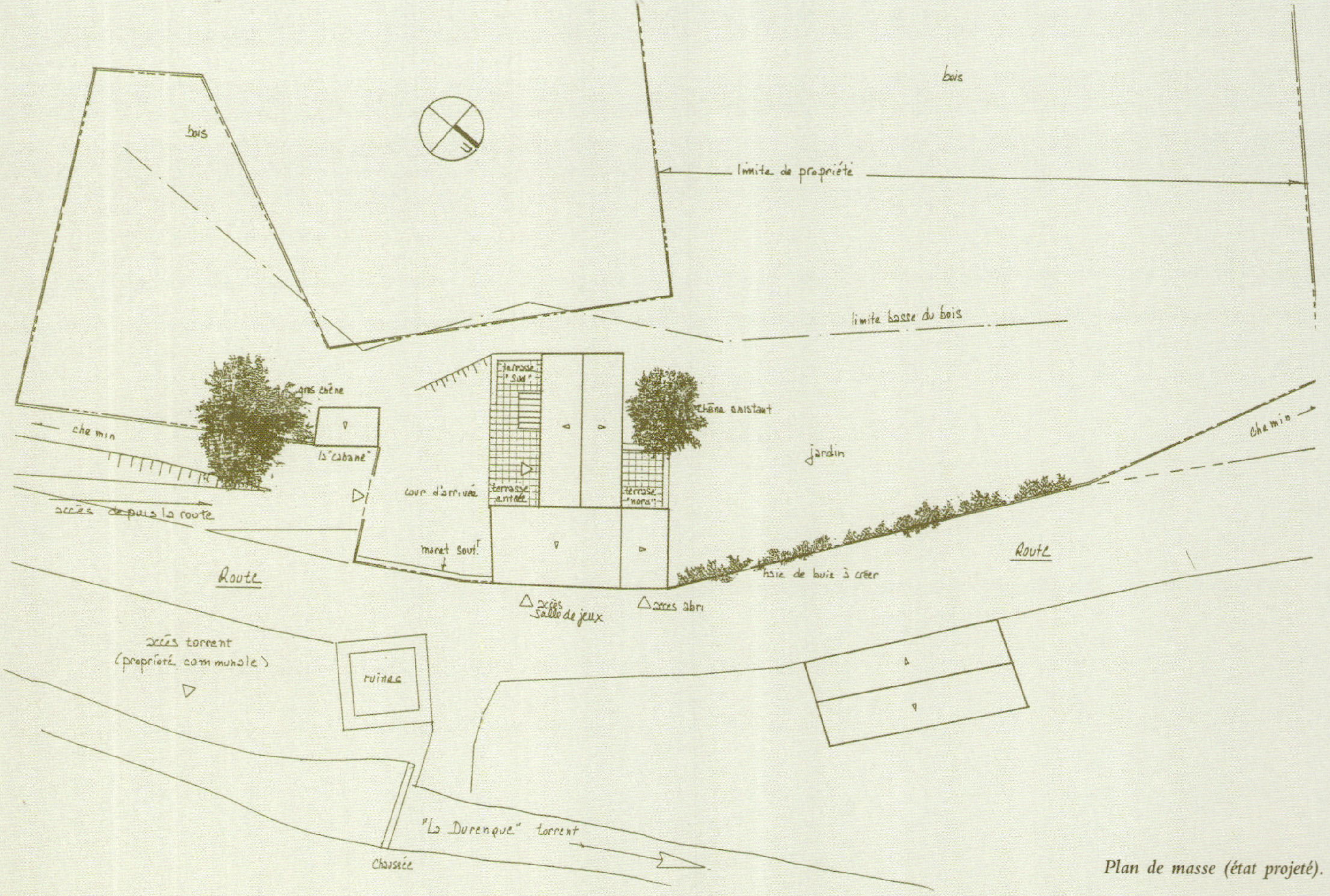

Plan de masse (état projeté).

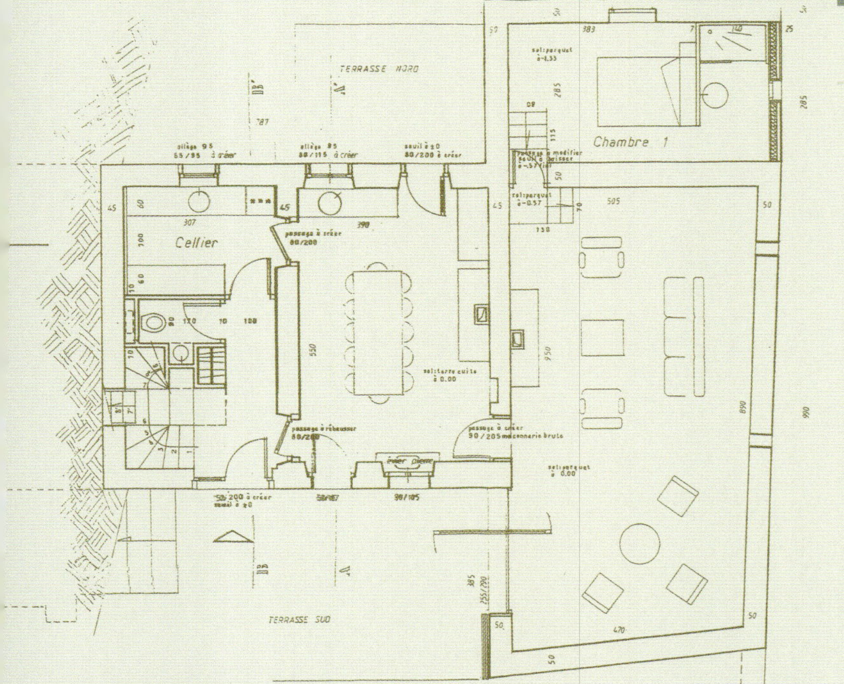

Plan du rez-de-jardin (état projeté).

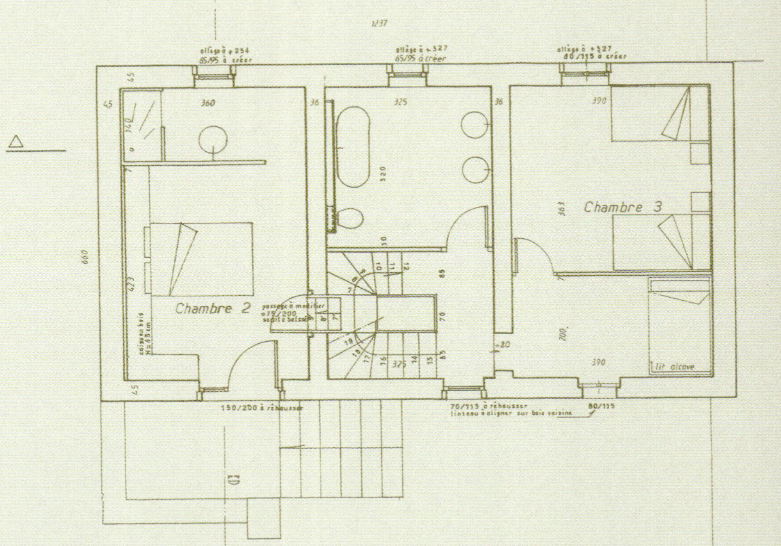

Plan du premier étage (état projeté).

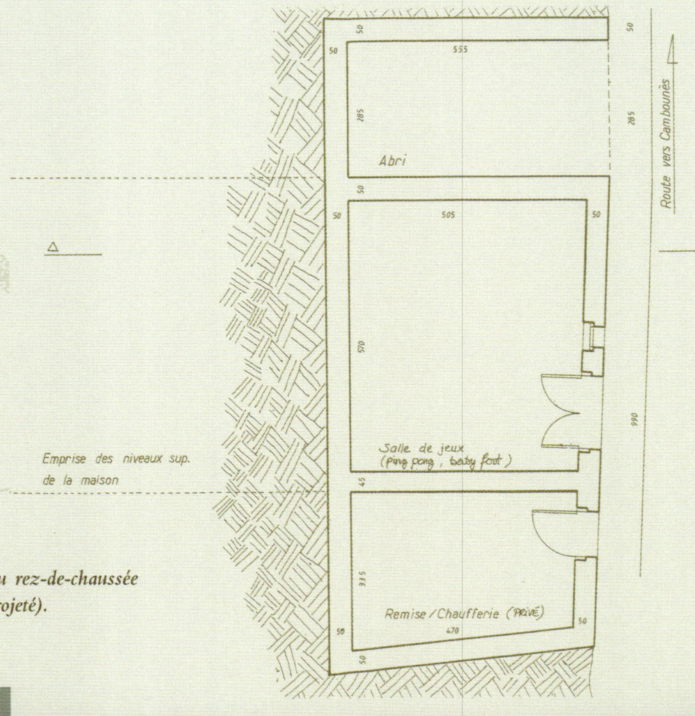

Plan du rez-de-chaussée (état projeté).

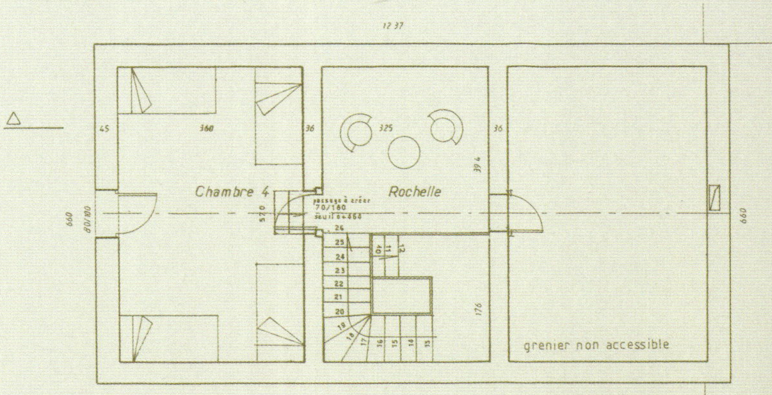

Plan du comble (état projeté).

actuelles n'affecteront pas les installations d'origine telles que la cheminée, le potager creusé dans l'épaisseur du mur (dans lequel on conservait la marmite au chaud sur un lit de braises) ou la pierre d'évier. Les appareils électroménagers seront ainsi relégués dans une pièce annexe (ou arrière-cuisine).

Attenante à la cuisine, la grange conserve son volume et les dimensions de l'ancienne porte qui donne accès à la terrasse. La porte en bois plein cédera la place à une baie vitrée (large de 2,30 m) sur pivot, ce qui permet de limiter son encombrement à l'ouverture. Une baie fixe sera ajoutée en pignon pour offrir une vue sur le paysage et apporter un complément de lumière.

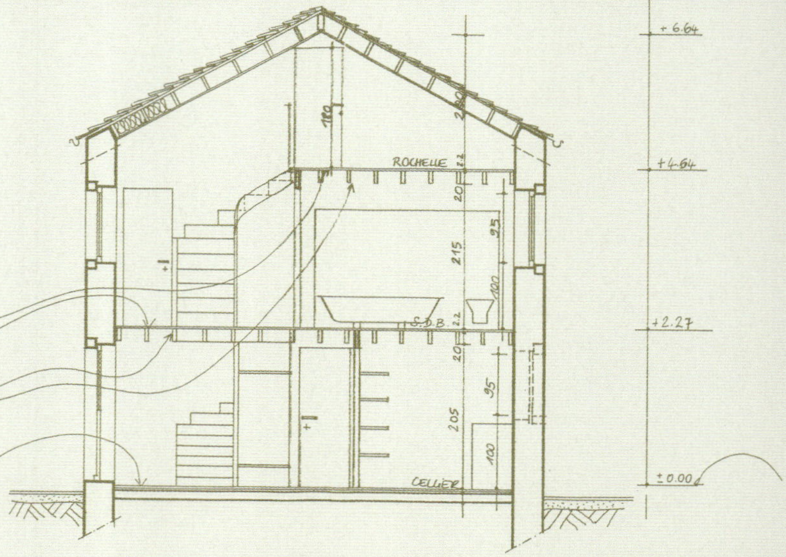

Coupe transversale sur le bâtiment principal (état projeté).

L'ancienne porte de grange a laissé place à une baie vitrée sur pivot. Photo Y. Robic.

CHANTIER

Les ouvrages de charpente et de menuiserie extérieure ou intérieure ont été réalisés en cèdre. Cette essence a été retenue pour ses qualités et son coût modéré, qui ont permis de l'utiliser aussi pour le semi-mobilier et les meubles de la cuisine. Les encadrements des ouvertures créées ou modifiées en façade sont ainsi toutes en bois, tandis que les ouvertures d'origine restent en granit.

La pièce commune. Les ouvertures créées (large baie au fond) ou modifiées (porte sur pivot au fond à droite) sont soulignées par des encadrements en cèdre. Photo Y. Robic.

USAGE DU BOIS DANS LA RÉHABILITATION

D'emblée s'affirme une volonté qui consiste à rejeter toute ambiguïté entre patrimoine et intervention contemporaine. Tandis que le clos et le couvert sont restaurés dans leur état originel, l'intervention contemporaine se matérialise essentiellement par des ouvrages réalisés en bois, dans une seule essence – le cèdre. Le bois, matériau intemporel, constitue ainsi « le trait d'union » entre « ancien » et « nouveau ».

De cèdre et d'acier, l'escalier contemporain allie les avantages d'une structure aérienne et d'un encombrement minimal. Photo Y. Robic.

Alors qu'il n'existait autrefois qu'un escalier droit de petite dimension, un nouvel escalier a été créé pour desservir les 200 m² habitables du gîte. Il offre un encombrement réduit du fait de sa structure. Se déroulant comme un plissé, il est constitué de marches et contremarches montées en assemblages croisés de lattes de cèdre massif d'une section de 5 cm × 5 cm. Chaque contremarche est renforcée par des tiges métalliques invisibles permettant d'éviter crémaillère et limon.

Maîtres d'ouvrage : non communiqué
Maîtres d'œuvre : Reine Sagnes et Jean-Marie Pettes, architectes DPLG
Entreprises : Solaco (gros œuvre) ; Gaby (charpenterie, menuiserie) ; Teste (électricité) ; Sagnes (plomberie, sanitaires)
Surface utile : 200 m² et 80 m² de dépendances
Coût de l'opération : 150 000 € [984 000 F] HT
Année d'exécution : 2000

Exemple de réhabilitation 09

Un petit gîte rural en Poitou

Réhabilitation d'une ferme typique du bocage vendéen, Saint-Paul-en-Pareds (Vendée)

HISTOIRE ET LOCALISATION DU BÂTIMENT

Situé sur la petite commune de Saint-Paul-en-Pareds, à proximité des Herbiers et du Puy-du-Fou, L'Acheneau fait partie de ces hameaux disséminés, caractéristiques du bocage vendéen. Le lieu-dit regroupe plusieurs bâtiments construits au fur et à mesure qu'ont grandi les besoins de ses habitants.

Élévation nord (état initial).

À l'entrée du hameau, une ancienne ferme, utilisée depuis longtemps comme dépendance, est placée perpendiculairement à la route dans le sens de la pente. Elle comprend une chambre et une grande salle commune, appelée aussi « fournil », sur laquelle s'ouvre la gueule d'un four en brique. À ce bâtiment principal sont accrochés d'autres volumes, plus petits, qui ponctuent l'ensemble : poulailler, toit à jument et toits aux cochons.

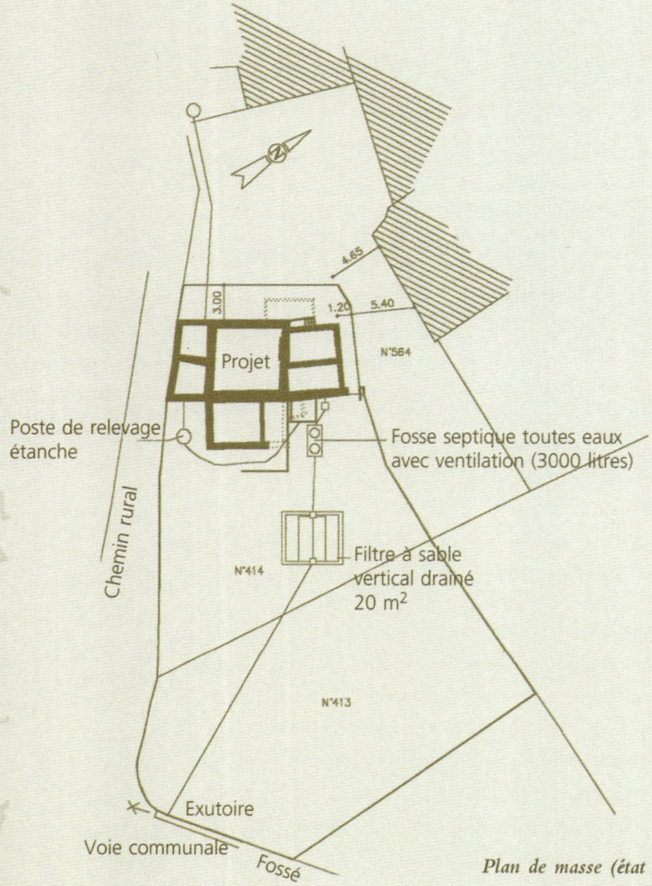

Plan de masse (état projeté).

DESCRIPTION TECHNIQUE ET DIAGNOSTIC

Le bâtiment est composé d'une succession de petits appentis adossés au fournil. L'accès à chacune de ces pièces se fait uniquement par l'extérieur. Si la volumétrie générale est modeste, l'enchaînement des espaces est harmonieux.

La façade ouest avant travaux. Le bâtiment est envahi par la végétation mais la maçonnerie reste saine.

La construction, typique du bâti rural local, est faite de matériaux naturels provenant de l'environnement immédiat du site. S'y trouvent associés schiste brun, chaux, bois de chêne provenant des haies bocagères et terre cuite des tuiles et des briques.

État initial de la façade arrière.

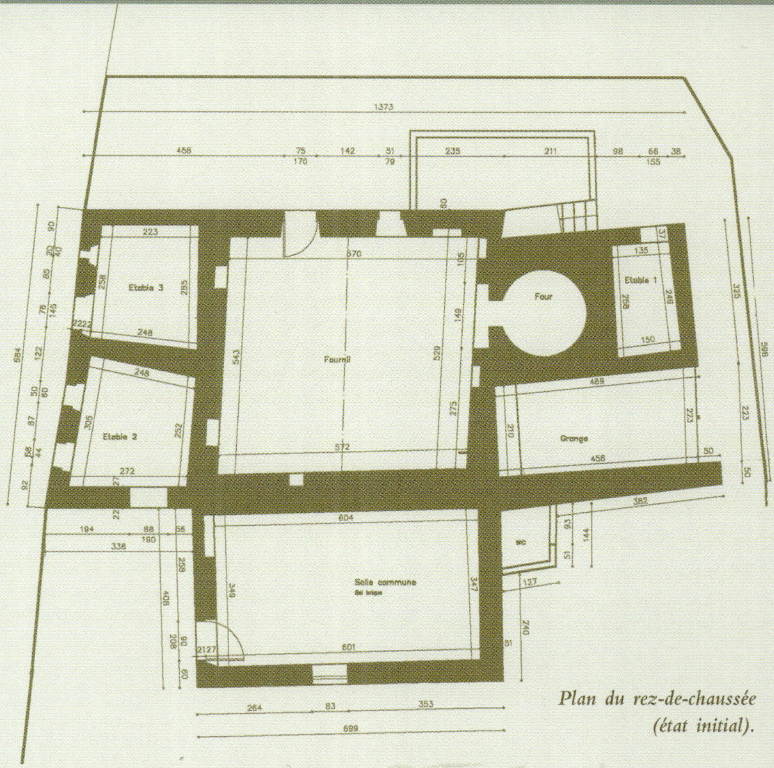

Plan du rez-de-chaussée (état initial).

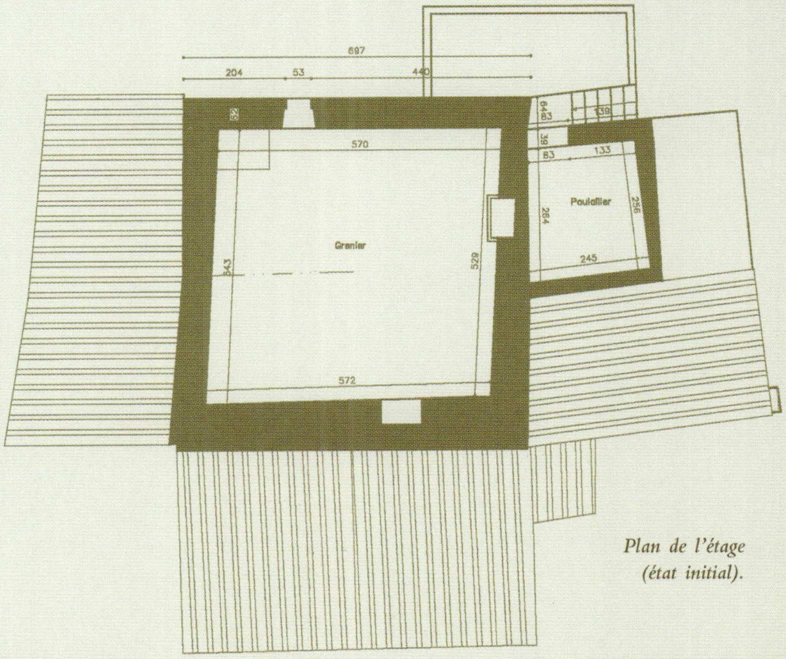

Plan de l'étage (état initial).

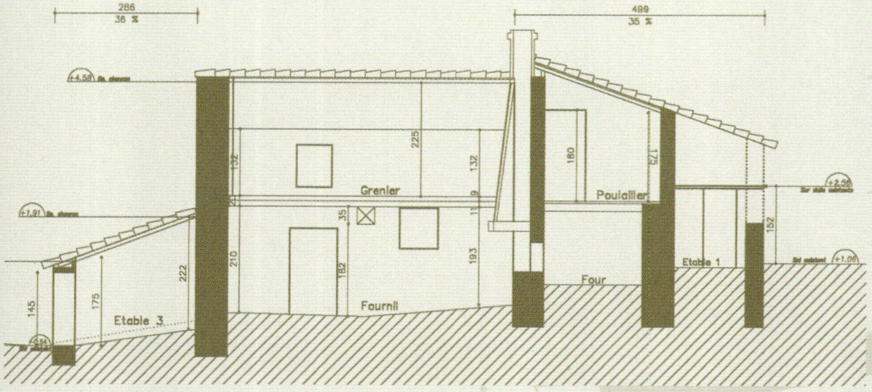

Coupe (état initial).

Ce programme doit nécessairement rester modeste, à la fois pour respecter le caractère du lieu et pour s'inscrire dans une enveloppe financière raisonnable. Il intègre la suppression de trois éléments particulièrement dégradés, le four à pain, l'enceinte maçonnée du poulailler et les sanitaires extérieurs, qui seront déposés dès le début des travaux.

PROJET ARCHITECTURAL

À partir d'éléments juxtaposés sans liaison directe, l'architecte s'est donné pour objectif de créer un espace d'habitation organisé autour de la salle de séjour, la première étape consistant à transformer le fournil en un lieu de distribution qui donne accès aux

Vue intérieure montrant les quatre étais placés dans la chambre pour soutenir la charpente.

L'intérieur du bâtiment s'est progressivement dégradé, à l'exception du sol en brique de la chambre, resté intact. La maçonnerie montre des traces d'humidité. La charpente présente des signes d'affaissement, aussi les poutres maîtresses ont-elles été sommairement étayées. Les réseaux doivent être remis à neuf.

PROGRAMME

Le maître d'ouvrage souhaite ouvrir cette ancienne ferme au tourisme rural en la transformant en un gîte accueillant et confortable.
Le programme comprend la création d'une salle de séjour, d'une cuisine, de deux chambres, d'un vestiaire et de sanitaires. L'implantation du bâtiment permet de modifier l'orientation des espaces intérieurs en privilégiant le côté du jardin potager et non le côté de la cour, comme c'était le cas jusqu'alors.

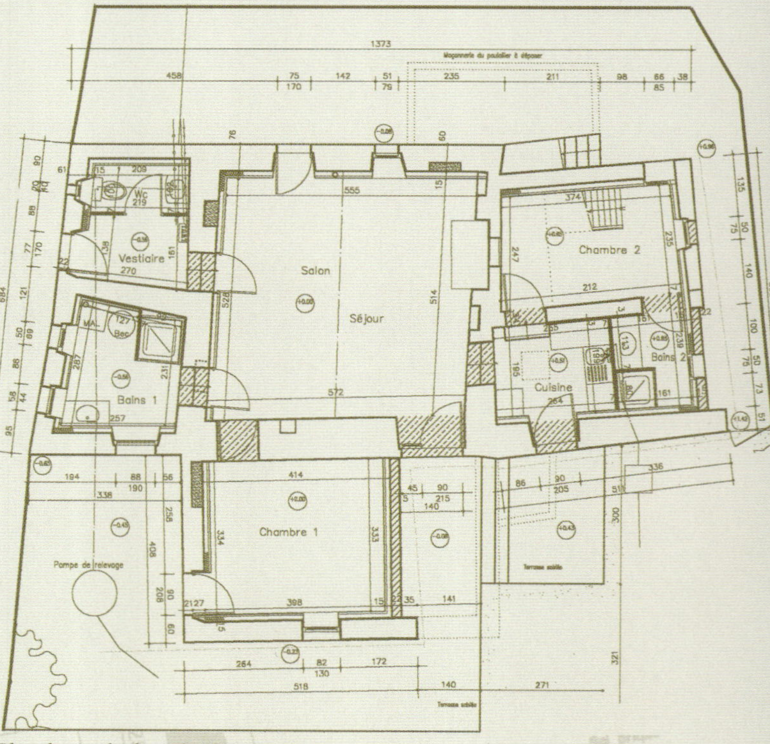

Plan du rez-de-chaussée (état projeté).

CRÉATION D'UNE CIRCULATION INTÉRIEURE

L'intérêt du projet est de mettre en cohérence une série de locaux sans lien entre eux, en donnant à celui qui occupe la partie centrale le rôle de nœud de toutes les circulations intérieures. Ainsi, avec une économie de moyens, sans modifier les volumes extérieurs, sans créer d'extension, on utilise au mieux l'existant pour répondre au programme du maître d'ouvrage.

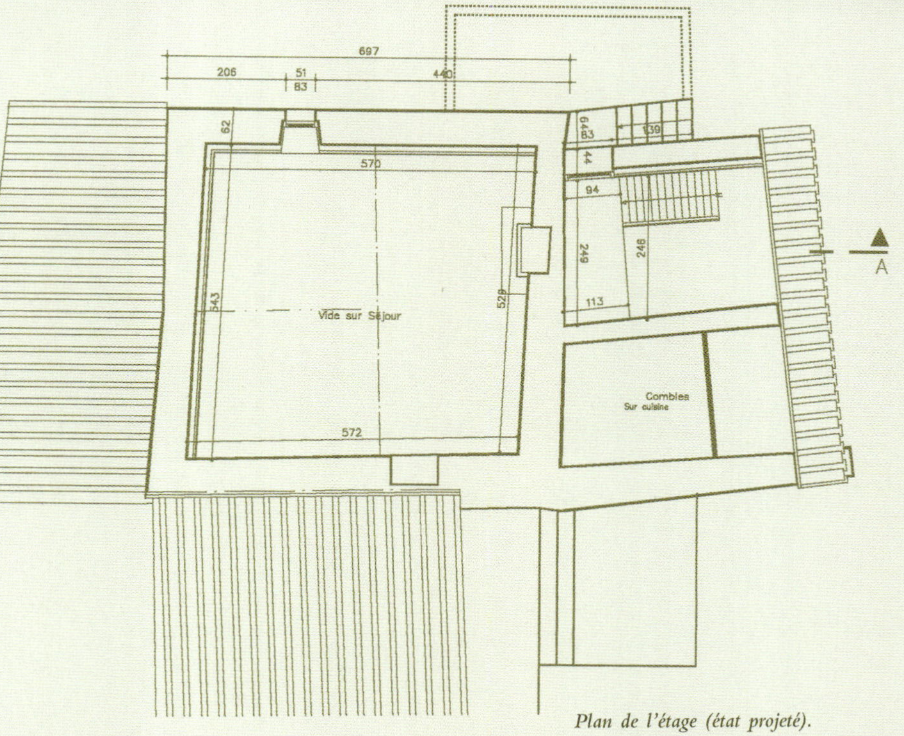

Plan de l'étage (état projeté).

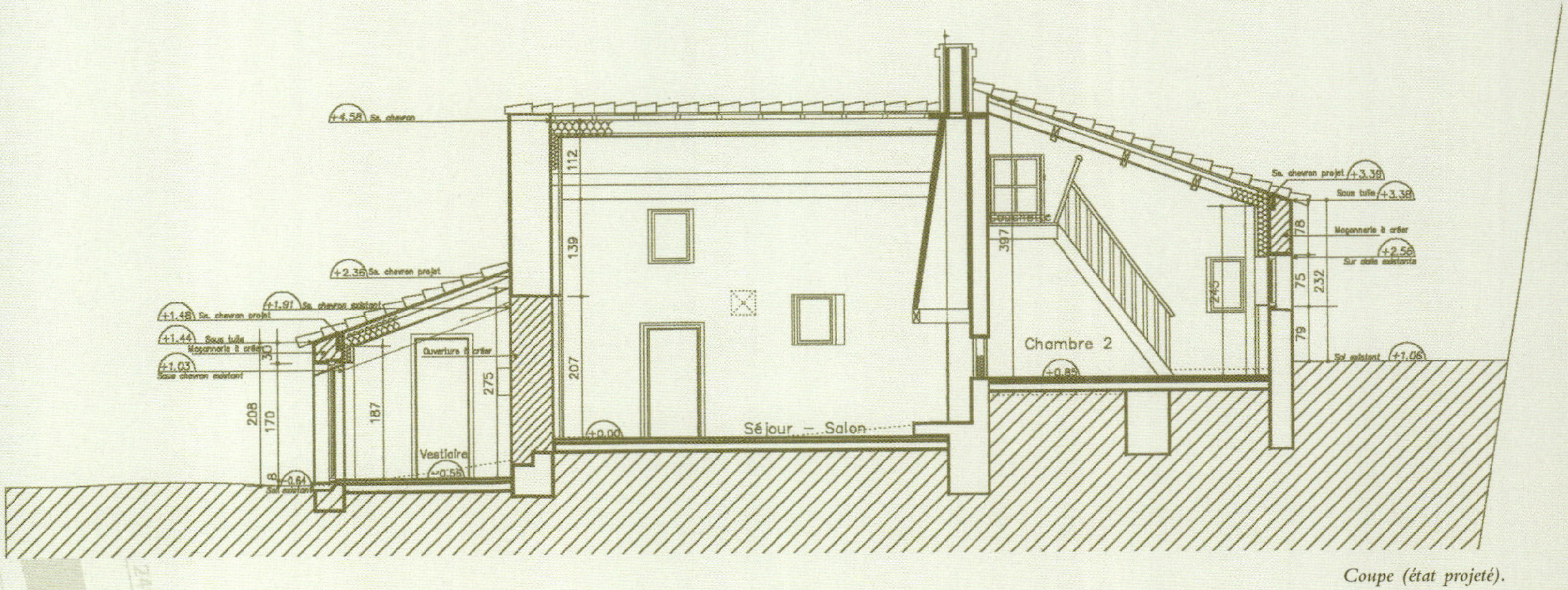

Coupe (état projeté).

Exemple de réhabilitation 09

différentes pièces. Les murs intérieurs seront percés pour faciliter la circulation interne.

L'espace central sera réorganisé sur un seul niveau. La destruction du plafond permettra de dévoiler, sur toute sa hauteur, la hotte en vieilles briques de la cheminée du four. L'ensemble gagnera ainsi en luminosité sans qu'il y ait besoin de créer de nouveaux percements.

La façade est réhabilitée.

Élévation ouest (état projeté).

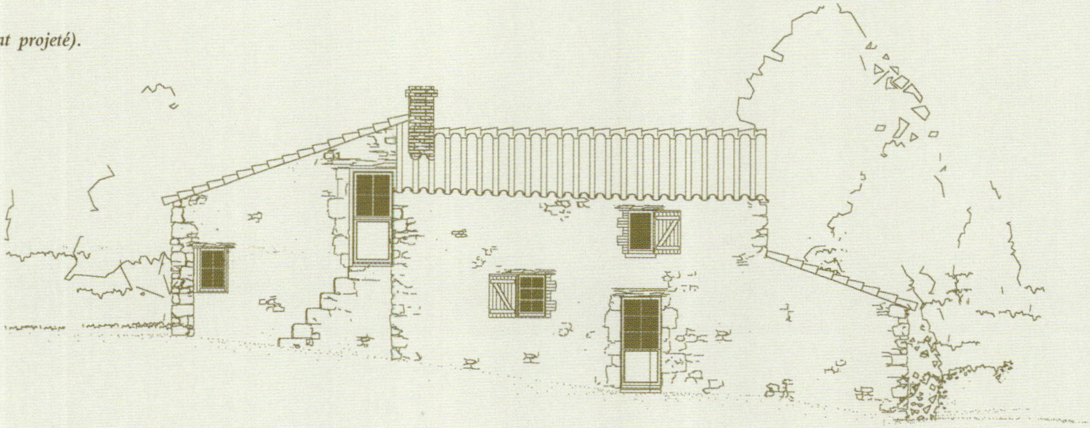

Élévation nord (état projeté).

La maçonnerie des anciennes étables est reprise à l'identique, en moellons hourdés au mortier de chaux. L'intervention s'accompagne de la création d'ouvertures à encadrements de brique.

La couverture est réalisée en tuiles rondes. La maçonnerie est traitée à la chaux, à pierre vue.

CHANTIER

La volonté de l'architecte était, en accord avec le programme, de mettre en valeur l'existant. Pour cela, le réemploi des matériaux et techniques traditionnels s'impose : bois, pierre, terre cuite et chaux. Ces matériaux ont l'avantage d'être à la fois économiques et authentiques. Ainsi, les encadrements d'ouverture n'ont été réalisés avec des jambages de vieilles briques hourdées au mortier de chaux et des linteaux de chêne. L'ensemble a été réhabillé dans les règles de l'art avec un enduit à la chaux aérienne posé à pierre vue.

Maîtres d'ouvrage : M. et Mme Lucas
Maître d'œuvre : Olivier Dugast, architecte DPLG
Entreprise : Godet (démolition, gros œuvre, couverture) ; Raud & Rondard (terrassement) ; Guerry (charpente) ; Hulin (plâtrerie) ; Barreau/Jagueneau (revêtements) ; Ouvrard (électricité, plomberie) ; Remigereau-Grelet (menuiseries intérieures)
Surface utile : 80 m^2
Coût de l'opération : 68 000 € HT hors menuiseries extérieures
Durée des travaux : mai-nov. 2001

Exemple de réhabilitation 10

Un gîte rural de 9 lits en Lomagne

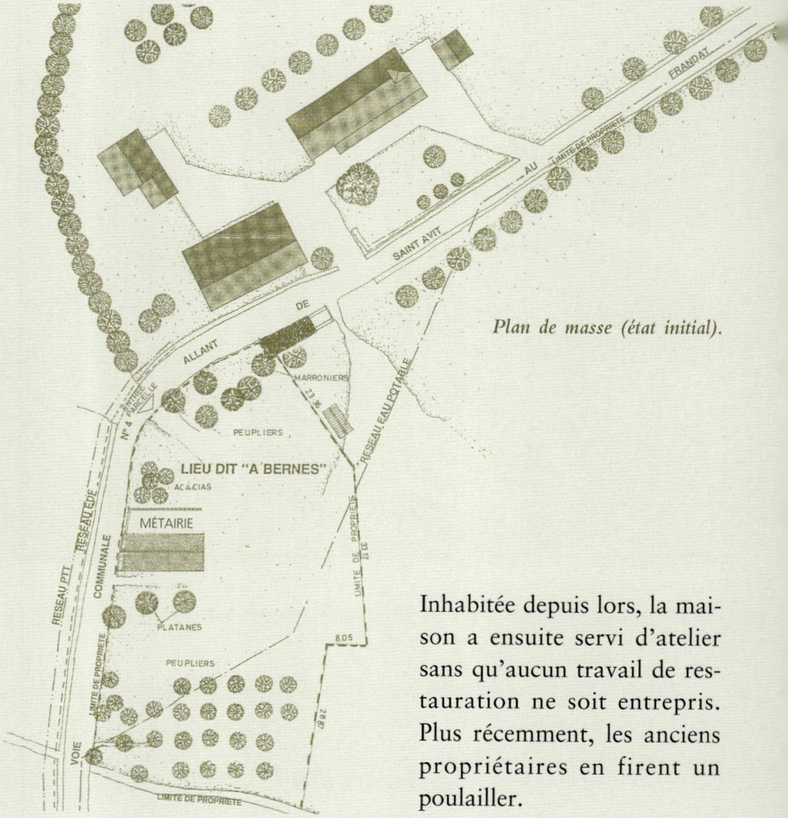

Plan de masse (état initial).

Réhabilitation et extension d'une ancienne métairie gasconne, Saint-Avit-Frandat (Gers)

HISTOIRE ET LOCALISATION DU BÂTIMENT

La bâtisse, située en pays gascon, au creux d'un vallon, est entourée de vergers et de champs. Elle forme avec les bâtiments de la ferme voisine un petit hameau, traversé par une route de campagne.

Au siècle dernier, cette ancienne métairie hébergeait une famille d'ouvriers agricoles chargés de cultiver les champs voisins. Sa typologie est directement liée à sa fonction et au mode de vie rural.

Pendant la Seconde Guerre mondiale, des fours à pain furent aménagés dans le bâtiment à l'usage des habitants des alentours. On peut déplorer la destruction de ces fours dont il ne reste plus trace aujourd'hui.

Inhabitée depuis lors, la maison a ensuite servi d'atelier sans qu'aucun travail de restauration ne soit entrepris. Plus récemment, les anciens propriétaires en firent un poulailler.

La façade sud avant travaux. L'étage est largement ouvert par une loggia en ossature bois qui permettait d'engranger les foins.

La façade est avant travaux. L'appentis, à droite, abritait l'étable.

DESCRIPTION TECHNIQUE ET DIAGNOSTIC

Construite en pierre de la région (calcaire blanc), la maison s'organise autour d'un couloir central qui fait office d'entrée et dessert l'ensemble des pièces de la métairie. Au rez-de-chaussée, on accède à deux pièces de vie, la cuisine et une chambre, orientées plein sud. Au fond du couloir se trouve l'étable, qui est constituée de deux murs de clôture et forme un appentis sur la façade nord. L'étage, presque entièrement ouvert sur la façade sud, était réservé au stockage des foins.

La chambre sur le pignon ouest. Le plancher est constitué de solives reposant sur des poutres engagées dans les murs porteurs.

L'utilisation du bâtiment comme poulailler a détérioré les pièces de bois de la loggia.

Plan du rez-de-chaussée (état initial).

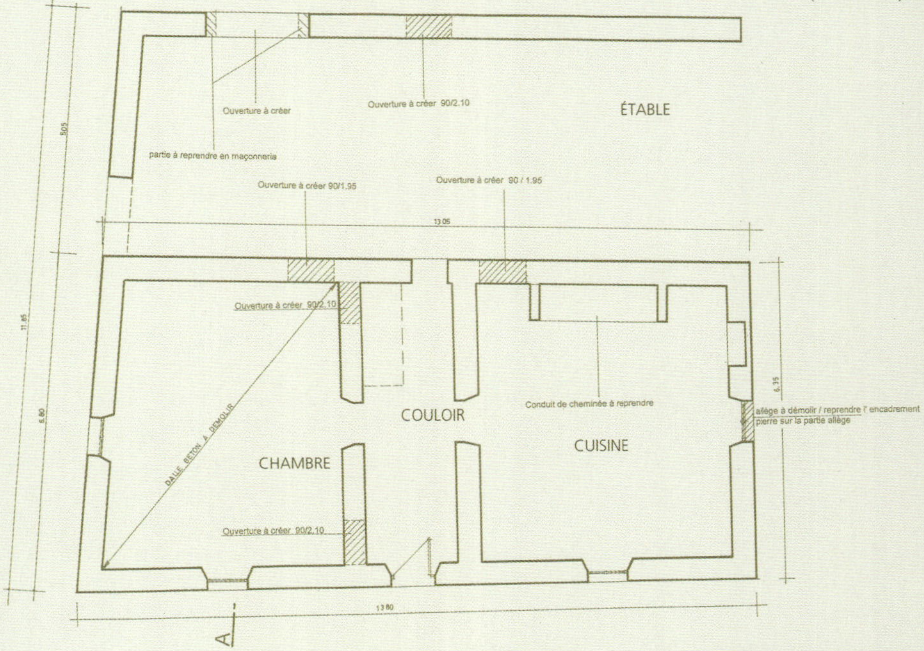

Plan de l'étage (état initial).

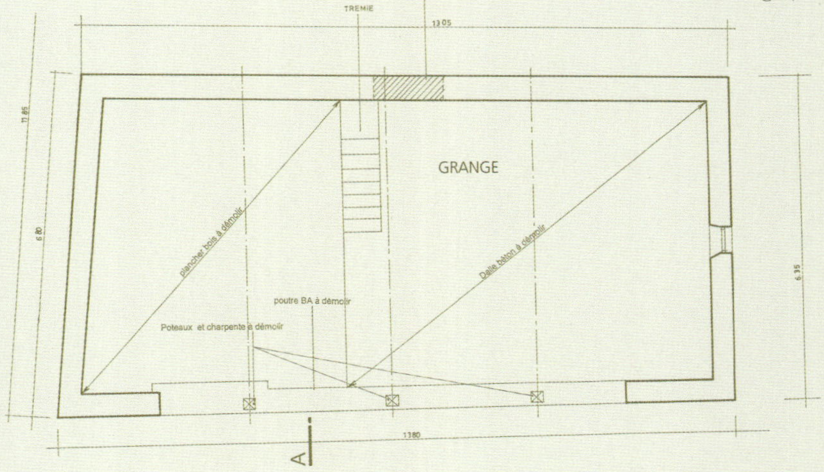

Bien que très mal entretenu, ce bâtiment présente une maçonnerie en bon état ne nécessitant aucune reprise structurelle, malgré la propagation du salpêtre observée par endroits. On ne saurait en dire autant de la toiture. Faite de rapiéçages multiples, elle est dans un état de délabrement avancé et ne peut être conservée. Cependant les tuiles peuvent être récupérées et réutilisées pour la reconstruction.

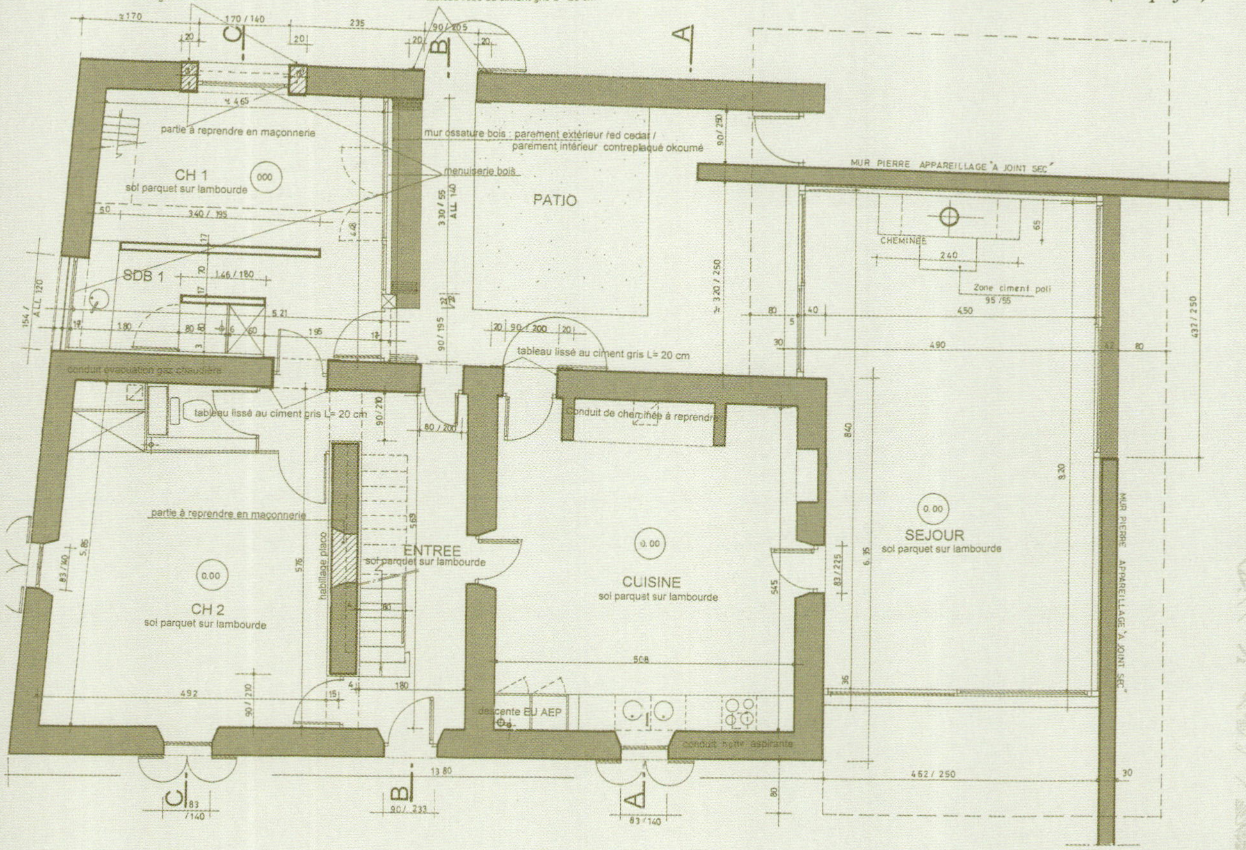

Plan du rez-de-chaussée (état projeté).

Façade nord (état projeté).

Cette maison étant implantée en fond de vallée, sur un terrain humide, la réalisation de nombreux drains pour assainir le sol de la construction est indispensable.

PROGRAMME

Très attaché à cette bâtisse, le maître d'ouvrage veut la sauver de la ruine.

Élaboré en collaboration avec la chambre d'agriculture du Gers (organisme responsable des Gîtes de France au niveau régional), le programme définit la création d'un ensemble permettant d'accueillir neuf personnes, avec réalisation d'une extension pour y abriter un vaste séjour.

PROJET ARCHITECTURAL

Au rez-de-chaussée, l'organisation existante doit subir peu de modifications. Seule l'ancienne étable, en partie reconstruite, recevra une chambre et un patio qui induit un accès à la maison côté nord.

Ce niveau comprendra une entrée, une cuisine, deux chambres, une salle d'eau et un w.-c. L'extension accueillant le séjour sera

APPROCHE CONTEMPORAINE

Le maître d'ouvrage souhaitait une intervention respectueuse des caractéristiques architecturales de la bâtisse, sans tomber dans le pastiche. Tout en tenant compte de la volumétrie et de l'allure générale, le maître d'œuvre ne s'est pas interdit le recours aux matériaux et aux modes constructifs contemporains, établissant un dialogue entre le traitement de l'extension et les parties existantes.
L'emploi de solutions techniques modernes (encadrement en béton, assemblage à joints secs de l'appareillage des murs en pierre de l'extension, murs à ossature en bois) marque l'intervention sur l'ancien sans le dénaturer et contribue même à la lisibilité de sa morphologie originelle.

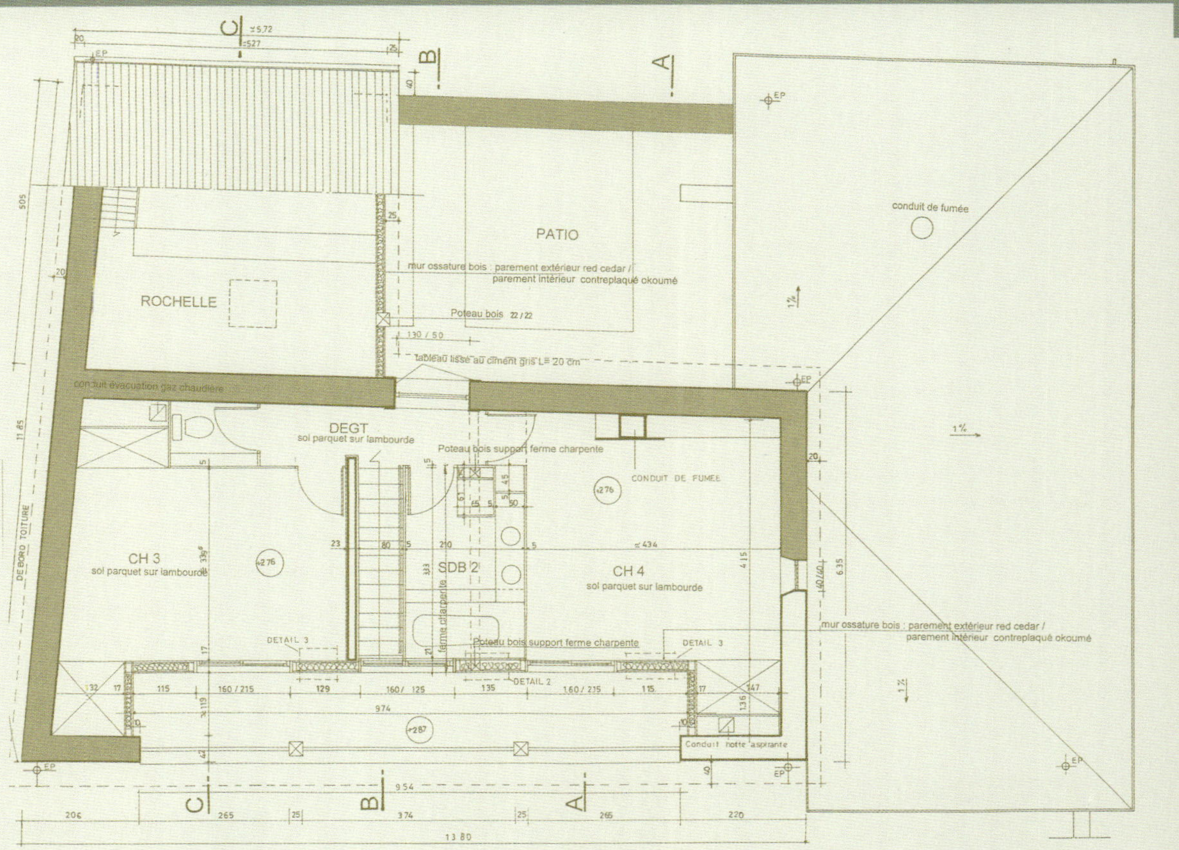

discrète : elle reprendra les proportions d'un appentis. La pièce ouvrira sur le patio par une grande baie coulissante. Un toit-terrasse largement débordant assurera un espace ombragé communiquant avec le patio.
L'étage fera en revanche l'objet d'un complet réaménagement, nécessitant une légère surélévation de la maçonnerie et une reprise entière de la charpente. Il doit accueillir deux grandes chambres, une salle de bains spacieuse,

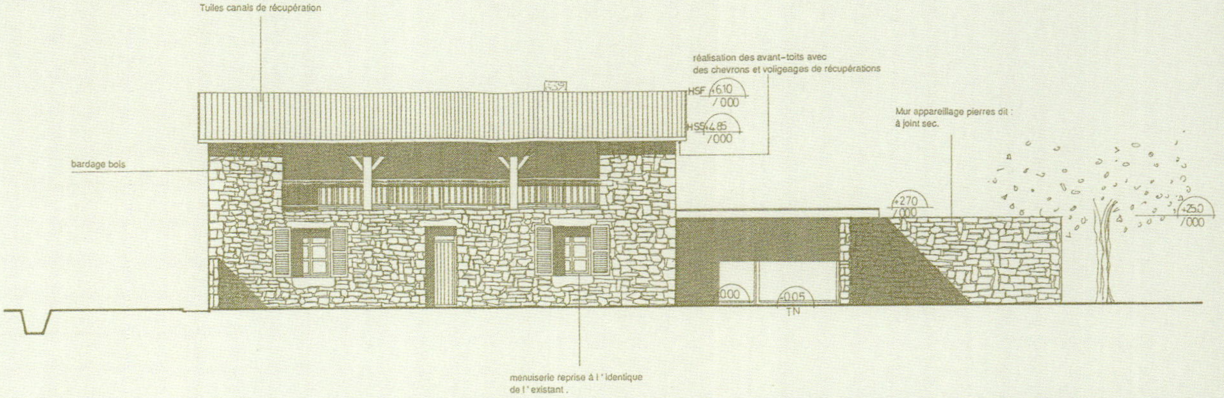

Façade sud (état projeté).

Exemple de réhabilitation 10

un w.-c. et une loggia exploitant l'ouverture existante de la façade sud. Cette extension sera construite en pierre locale avec une mise en œuvre volontairement différente de celle de la tradition.

CHANTIER

Les murs extérieurs sont en *red cedar*, les murs intérieurs en châtaignier. Tous les enduits extérieurs et intérieurs ont été piqués afin de mettre en évidence un appareillage de pierre intéressant. Les joints extérieurs ont été traités avec un enduit grossier, puis sablés pour enlever le surplus.

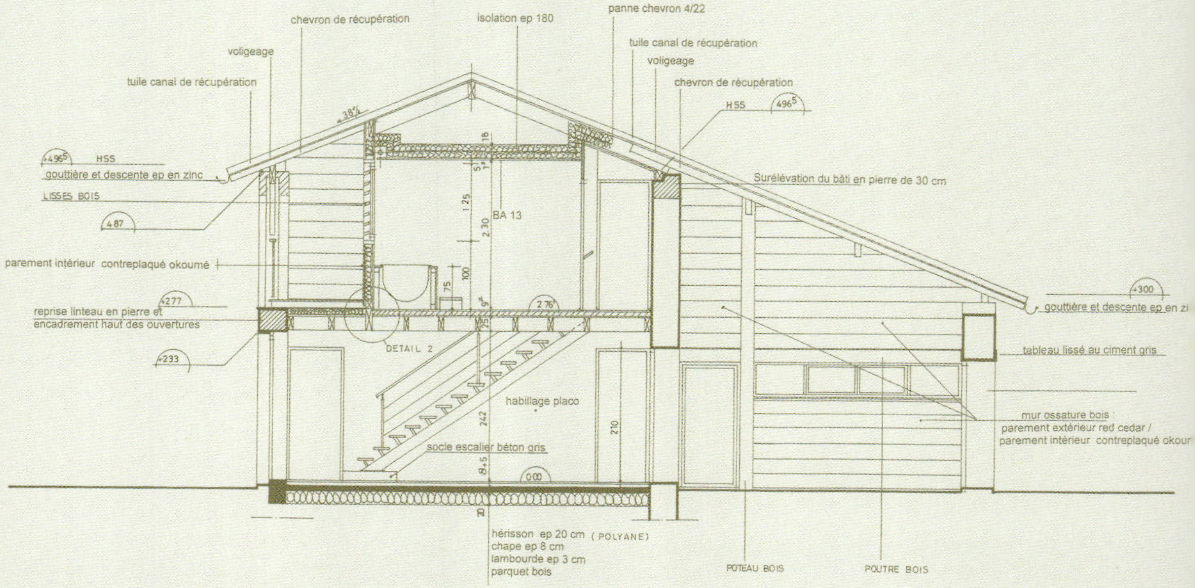

Coupe transversale (état projeté).

La loggia, restituée en bois de red cedar, *constitue une galerie couverte. Des baies coulissantes, insérées dans les murs en ossature bois, donnent accès aux pièces de l'étage.*

Une vue intérieure de la chambre aménagée dans l'étable. Le parement du mur est traité en contreplaqué d'okoumé, un bois rose provenant d'Afrique équatoriale.

Détail technique du toit-terrasse.

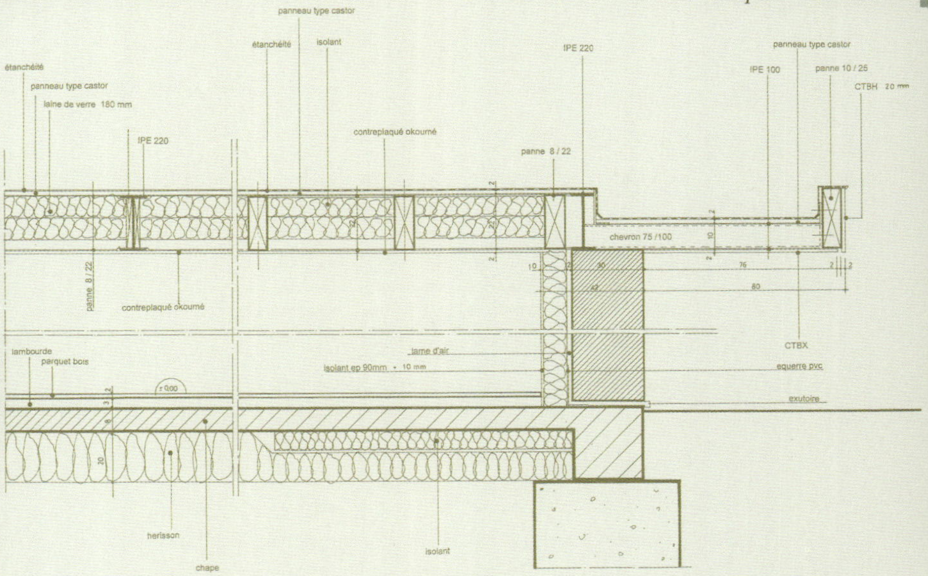

L'extension sud-est, couverte d'un toit-terrasse et comportant deux grandes baies vitrées ouvertes sur le paysage.

Les sols sont en parquet traditionnel (châtaignier). Celui de l'étage a reçu un traitement acoustique en laine de roche. La sous-face du plancher a été réalisée en voliges rabotées sur une face, identiques à celles utilisées en toiture.

L'escalier a été conçu avec des limons en IPE 180 rouillés, des marches en ormeau fixées sur platines métalliques et des mains-courantes en tube acier et câble. L'ameublement et la décoration intérieure, en accord avec le parti pris architectural développé, se sont appuyés sur l'opposition entre l'ancien et le contemporain.

Le séjour offre une vue sur le patio à ciel ouvert et sur l'ossature en bois de l'étable.

Maître d'ouvrage : non communiqué
Maître d'œuvre : Rémi Laboup, architecte DPLG
Entreprises : Candelon bâtiment (maçonnerie) ; Serge Laborie (charpente, bois, zinguerie) ; Gérard Lafiteau (plomberie) ; Gascogne électricité (électricité) ; Charles Tonicello (menuiseries en bois) ; SARL Fontanini (menuiseries en aluminium) ; EMP (étanchéité)
Surface utile : 220 m^2
Coût de l'opération : 107 000 € [700 000 F] TTC (hors pose parquet et Placoplâtre, réalisation escalier, aménagement cuisine et salle de bains, finitions, pris en charge par le maître d'ouvrage)
Année d'exécution : 2000

Exemple de réhabilitation 11

Un gîte rural de 7 lits dans le Marais poitevin

Réhabilitation d'une maison villageoise maraîchine et de ses dépendances, Amuré (Deux-Sèvres)

HISTOIRE ET LOCALISATION DU BÂTIMENT

Le petit village d'Amuré est caractéristique du Marais poitevin, qui a axé son développement sur la valorisation des éléments bâtis ou paysagers. Ainsi la municipalité d'Amuré a décidé d'acquérir une habitation ancienne laissée à l'abandon et promise à démolition, pour y réaliser un gîte rural.
Maison de notaire puis maison d'agriculteur, le bâtiment se situe au cœur du bourg, sous le clocher de l'église romane, jouxtant le cimetière enclos et l'ancienne mairie. De conception modeste, il est néanmoins représentatif de l'architecture paysanne maraîchine. C'est pourquoi le projet communal a été retenu par le SIVU (Syndicat intercommunal à vocation unique) des Grands Travaux du Marais poitevin.

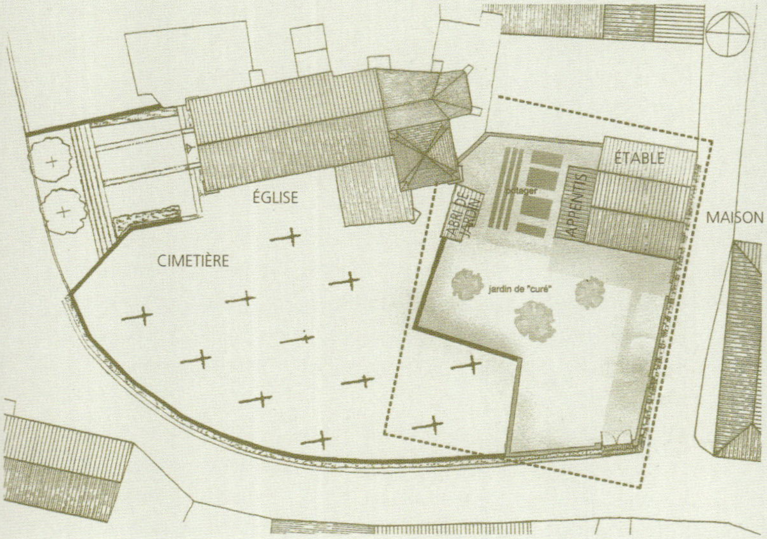

Plan de masse (état initial).

La façade nord du bâtiment principal et les murs de l'étable accolée, avant travaux.

La façade sud avant travaux. L'appentis en brique et tôle flanquant le pignon ouest défigure la maison.

Plan du rez-de-chaussée (état initial).

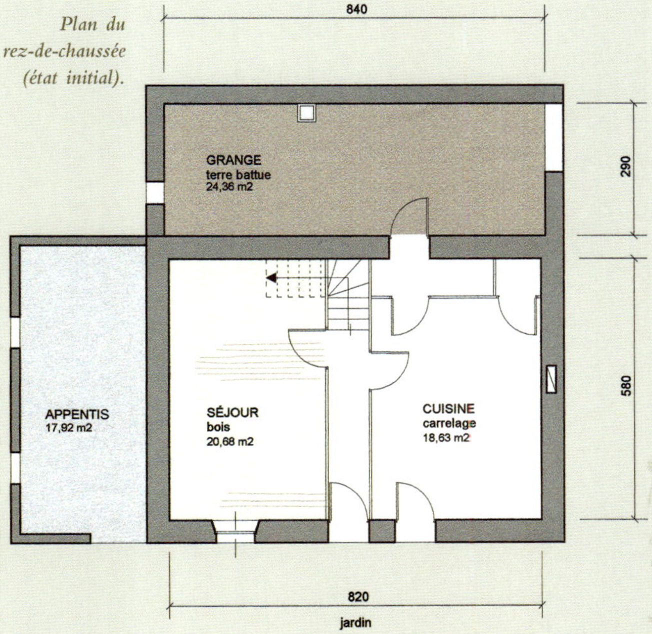

Plan du premier étage (état initial).

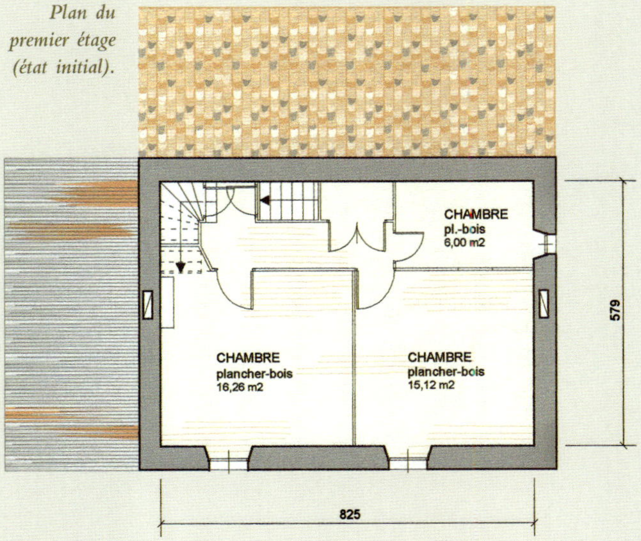

DESCRIPTION TECHNIQUE ET DIAGNOSTIC

Le bâtiment principal est en moellons de pierre calcaire avec des chaînages d'angle et des encadrements de baie en pierre de taille. Il comprend un rez-de-chaussée, un étage et un comble servant de grenier. À la maison sont adossés, du côté pignon, un appentis en brique couvert de tôles ondulées menaçant ruine et, sur le mur arrière, une étable en pierre. Un abri de jardin en pierre et parpaing de béton appuyé au mur du jardin, complète cet ensemble de bâtiments secondaires à fonction agricole. L'ensemble a triste allure : enduits vétustes, menuiseries fatiguées, couverture hors d'usage… L'habitation ne présente pas de désordre majeur, si ce n'est une importante fissure sur la hauteur de la façade arrière. Cette fissure révèle un désordre de la charpente, constituée de troncs de peuplier de 8 m de longueur. Les pannes sont placées de pignon à pignon, sans triangulation occasionnant une poussée trop forte sur la tête des murs gouttereaux. Plusieurs tirants ont déjà dû être posés.

La poussée de la charpente sur les murs a engendré une large fissure freinée par la pose de deux tirants ancrés.

Plan du comble (état initial).

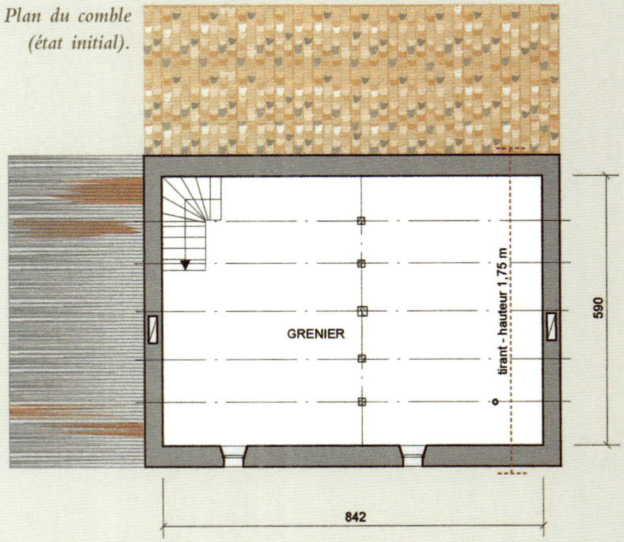

Exemple de réhabilitation 11

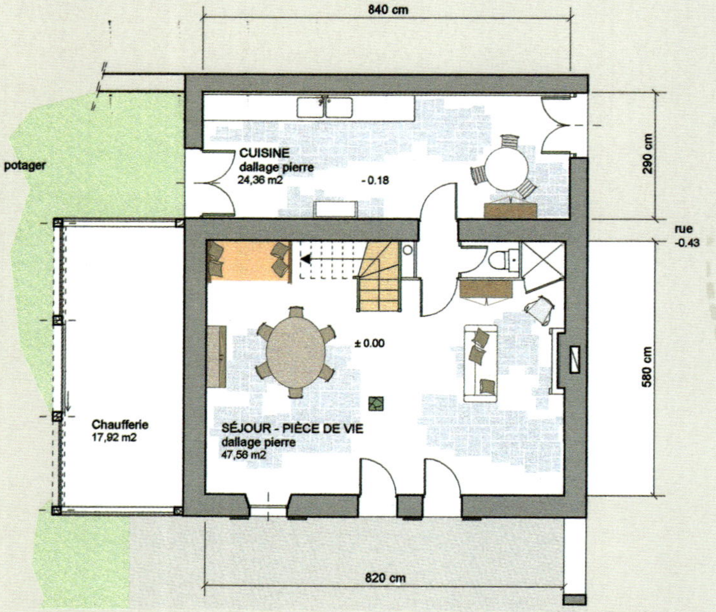

Plan du rez-de-chaussée (état projeté).

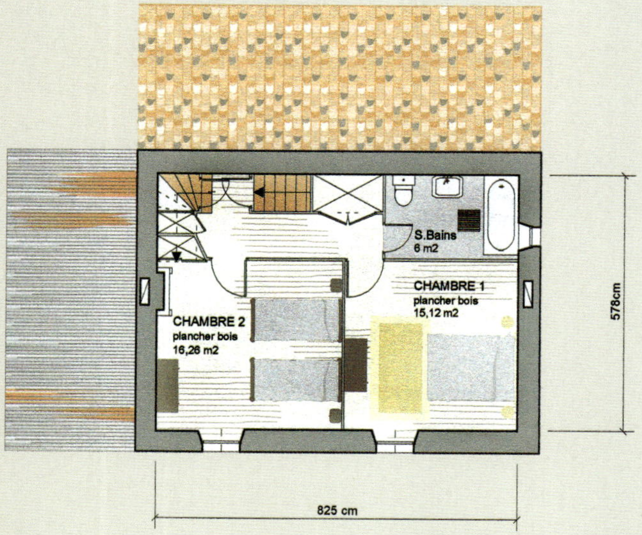

Plan du premier étage (état projeté).

PROGRAMME

La commande de la municipalité prescrit l'aménagement d'un gîte doté de sept couchages et de larges espaces de convivialité. La configuration du bâtiment permet d'englober dans l'organisation générale l'étable et l'appentis, respectivement reconvertis en cuisine et en chaufferie. L'abri de jardin sera également reconverti en cabane à outils à proximité du potager. Les techniques et les matériaux devront être choisis dans un registre proche de la construction existante, c'est-à-dire simple, voire rudimentaire. Le programme préconise enfin un travail très soigné quant à l'ameublement et à la décoration intérieure, en cohérence avec le parti architectural.

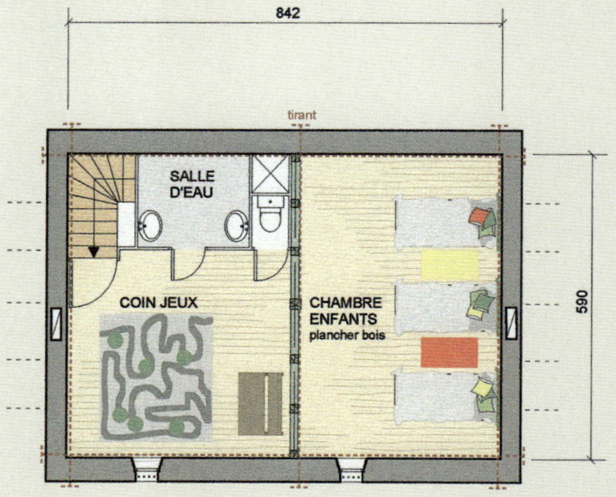

Plan du comble (état projeté).

PROJET ARCHITECTURAL

L'organisation intérieure doit subir quelques adaptations pour répondre au programme. En rez-de-chaussée, le cloisonnement sera démoli pour créer une grande pièce de vie, et une grande baie percée dans le mur de l'étable pour rendre la cuisine plus lumineuse et lui donner un accès côté jardin. À l'étage, deux chambres orientées plein sud et une salle de bains au nord seront aménagées dans le cloisonnement existant. En comble, une salle d'eau sera créée à l'usage du dortoir des enfants. Enfin, un nouvel appentis en bois, remplaçant l'appentis en brique ruiné, recevra la chaufferie.

CHANTIER

On a traité la fissure dans la maçonnerie nord en soulageant les pannes de la charpente par une fausse ferme, en ceinturant les quatre murs porteurs à l'aide de tirants supplémentaires et en effectuant une injection à refus d'un coulis de chaux dans la fente.
Tous les enduits extérieurs au ciment ont été piqués et refaits à la chaux et au sable de rivière. La surépaisseur donnée à l'ancien enduit au niveau du soubassement a été supprimée. Ces interventions ont permis de résoudre en partie les problèmes d'humidité du bâtiment.
Les parois intérieures des murs en pierre ainsi que les cloisons en brique plâtrée ont été chaulées. Quelques moellons calcaires ont été laissés apparents pour varier les effets. Le bois des cloisons a été lasuré et celui de la menuiserie et des plafonds peint.

L'aménagement du comble : la fausse ferme, ajoutée pour soutenir la charpente, sert de séparation à claire-voie entre l'espace de jeux et la chambre d'enfants.

La cuisine est rendue plus lumineuse grâce au percement d'une grande porte-fenêtre ouvrant sur le potager.

TRAITEMENT DU CHAUFFAGE

Le système de chauffage s'inscrit dans une démarche expérimentale visant à défendre un propos écologique de traitement des déchets. Ainsi le maire a-t-il opté pour un chauffage central au bois, facile à approvisionner en copeaux et en déchets de bois issus de l'industrie locale. Il fonctionne grâce à un plancher chauffant à basse température sous dallage en pierre au rez-de-chaussée, et avec des radiateurs à l'étage.

La façade principale réhabilitée. L'ancien appentis de brique a disparu au profit d'un appentis en bois couvert de tuiles, plus discret.

Maîtres d'ouvrage : SIVU des Grands Travaux du Marais poitevin et SCET Ouest, maître d'ouvrage délégué
Maîtres d'œuvre : Geneviève Robert, architecte DPLG ; Josy Vaillant, styliste
Entreprises : Art de bâtir ZA (maçonnerie traditionnelle) ; Barassard (charpente et menuiseries en bois) ; Cagefer Co (couverture, zinguerie, électricité) ; Agence française de chauffage (plomberie, chauffage) ; Debuschère (peinture)
Surface utile : 182 m², plus un jardin de 240 m²
Coût de l'opération : 110 000 € TTC
Durée des travaux : juillet-nov. 1997

Un gîte de caractère en Auvergne

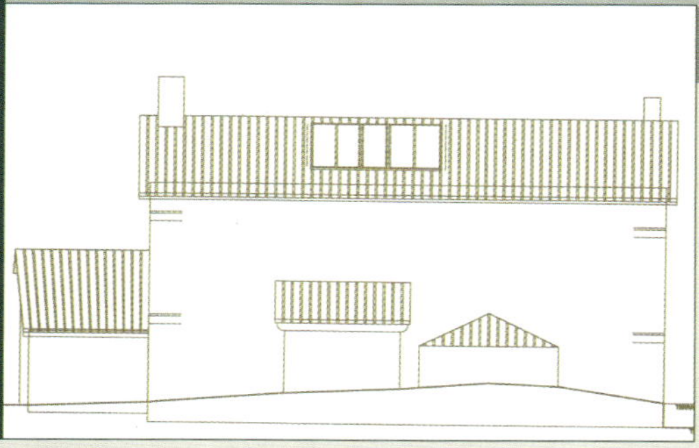

Réhabilitation d'une maison villageoise de la Châtaigneraie auvergnate, Saint-Gérons (Cantal)

L'ensemble formé par la maison, le four et la grange, vu depuis l'ouest.

HISTOIRE ET LOCALISATION DU BÂTIMENT

La commune de Saint-Gérons, située au sud-ouest du Cantal, plus précisément au nord de la Châtaigneraie, occupe un plateau aux formes arrondies dont l'altitude oscille entre 450 et 700 m. Les prairies et cultures structurées par des haies et des massifs forestiers donnent au territoire communal un aspect bocager un peu secret. Le lieu-dit Maurel, qui occupe le point culminant de la commune (660 m d'altitude), y offre l'un des rares points de vue sur les monts du Cantal.

La façade sud avant travaux. Les enduits extérieurs sont très dégradés, ainsi que les menuiseries et les huisseries.

Le pignon ouest avant travaux. Un grand appentis, dont la toiture prolonge celle de la maison, est adossé à la façade nord.

La propriété qui fait l'objet de la réhabilitation est une ancienne ferme traditionnelle, datant pour partie du XVIIe siècle. Elle comprend plusieurs constructions : la maison d'habitation, une grange-étable, une remise, un puits et un petit fournil. Le site concentre les atmosphères typiques de la Châtaigneraie : intimité de la cour et des espaces fermés par des haies, avec des ouvertures sur les paysages lointains formant une alternance de petites, de moyennes et de grandes échelles de vision.
Un vaste espace de 4 300 m^2 (cour, jardin) entoure l'ensemble et l'isole des propriétés voisines. L'accès se fait par la cour. L'habitation est en retrait du chemin communal et éloignée des autres bâtiments. Elle comportait à l'origine deux logements – l'un destiné au propriétaire ou au fermier et l'autre au journalier –, qui ont été réunis.

Façade nord. Le grand appentis est partiellement construit sur le four à pain. La rupture des assemblages de sa charpente a entraîné l'effondrement de la couverture et la désagrégation des maçonneries hourdées à la terre. Le petit appentis à gauche abrite l'ayguière.

DESCRIPTION TECHNIQUE ET DIAGNOSTIC

La maison a une superficie habitable de 210 m^2 répartie sur trois niveaux. Elle conserve les éléments caractéristiques de l'habitat traditionnel de cette région :

- le cantou, cheminée ouverte aux dimensions imposantes, avec une profondeur permettant à plusieurs personnes de s'y asseoir ;
- l'ayguière (qui désigne aussi bien l'évier dans lequel on faisait la vaisselle que la petite pièce voûtée prolongeant la salle commune) ;
- un four à pain intérieur entièrement bâti en granit, y compris la voûte.

On constate le mauvais état général de la maison d'habitation : fléchissement des poutres en partie vermoulues, menuiseries d'ouverture délabrées, traces de salpêtre. Par ailleurs, le bâtiment n'est chauffé que par la cheminée et cuisine et sanitaires sont inadaptés aux besoins actuels.

Le cantou (à gauche), et l'ayguière (à droite). Autour de l'ayguière éclairée par un œil-de-bœuf apparaissent des traces de salpêtre.

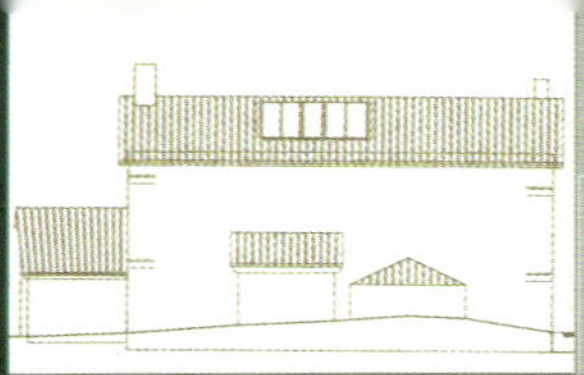

Exemple de réhabilitation 12

PROGRAMME

Le programme vise à adapter le bâti vernaculaire existant aux contraintes et aux modes de vie actuels, dans le cadre de l'aménagement du gîte. Il s'agira de mettre en scène de nombreux éléments de la vie domestique de l'Auvergne traditionnelle présents dans l'ancienne bâtisse, tout en satisfaisant aux exigences modernes de confort et de sécurité.

PROJET ARCHITECTURAL

L'architecte s'oriente vers une « recréation » contemporaine des deux logements anciens en deux maisons reliées par un espace central. Les différences de niveaux entre les planchers seront respectées pour conserver les percements des baies existantes. Pour donner aux espaces intérieurs un éclairage naturel, un « entre-deux-maisons » haut et lumineux sera créé. On y trou-

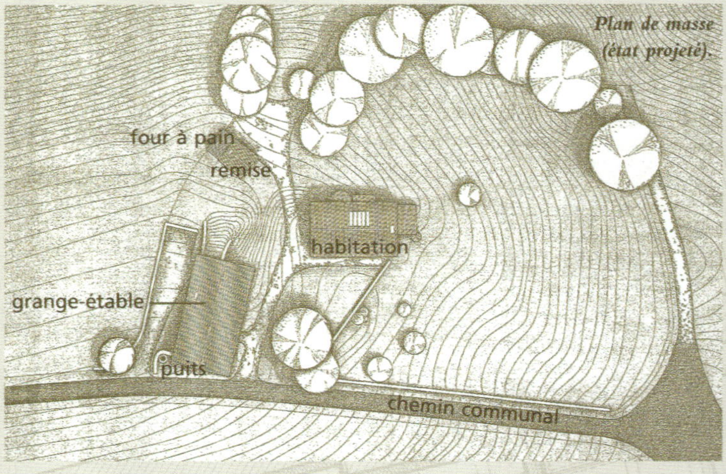

Plan de masse (état projeté).

TRAITEMENT DES PIÈCES DE VIE

Les ouvertures établies entre le salon, l'entrée et les paliers de l'escalier permettent d'établir les relations visuelles entre des espaces contrastés.
La double pièce salle à manger et cuisine attenante est éclairée par deux portes-fenêtres, l'une au sud et l'autre à l'ouest, conçues de telle manière que l'on puisse contrôler la cour où que l'on se trouve dans la pièce.
Par ailleurs, la table de ferme étant située perpendiculairement au pignon percé d'une porte-fenêtre, toutes les personnes attablées partagent la vue sur les prairies ouvertes et le soleil couchant.

vera l'entrée de l'habitation et l'escalier, qui dessert l'ensemble des pièces. Tous deux seront éclairés par une verrière percée en toiture, dont la lumière sera filtrée par des dalles de verre translucides disposées sur une ossature métallique et fermant le volume de l'entre-deux-maisons.

Au rez-de-chaussée, la cuisine-salle à manger avec l'ancien four à pain et sa cheminée et le séjour avec le cantou sont à la fois séparés et liés par le puits de lumière.

La salle à manger et le salon sont desservis depuis l'entrée par des « sas de compression » bas de plafond (210 cm), établissant des effets de seuil et marquant les différences de statut entre les divers espaces. Ces sas donnent l'impression de traverser des murs épais, évoquant la distinction originelle des deux anciens logements. On retrouve à l'étage un sas identique séparant les deux chambres.

Le gîte comprendra aussi, au premier étage, deux chambres et une salle de bains, au deuxième étage, une chambre, une salle d'eau et un dortoir-salle de jeux pour enfants.

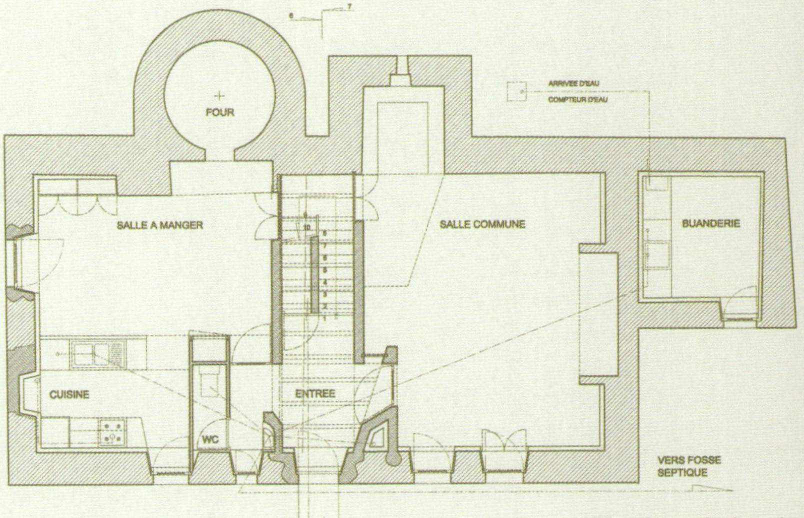

Plan du rez-de-chaussée (état projeté).

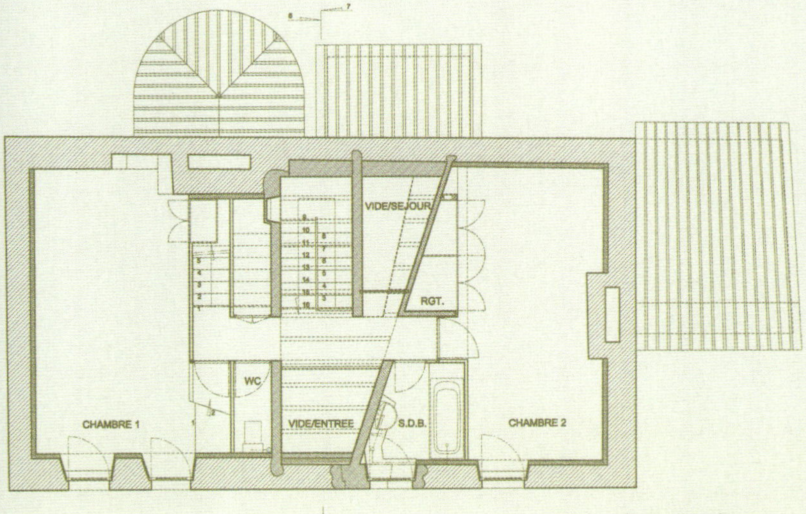

Plan du premier étage (état projeté).

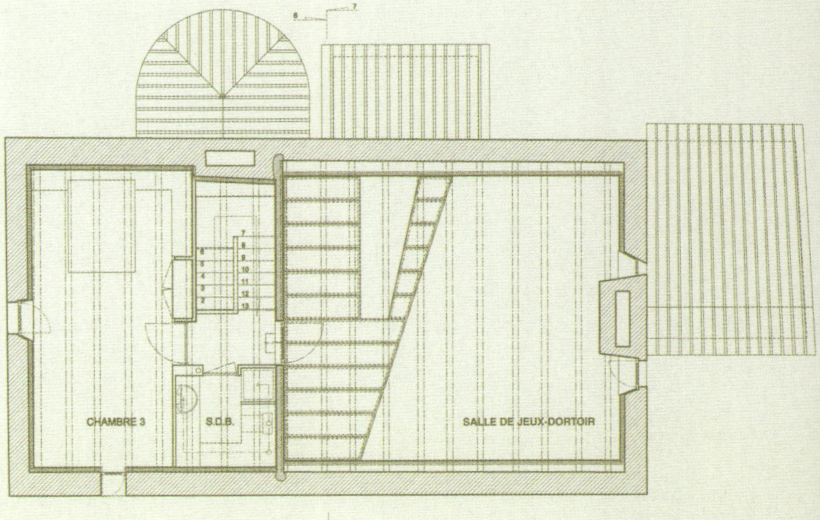

Plan du comble (état projeté).

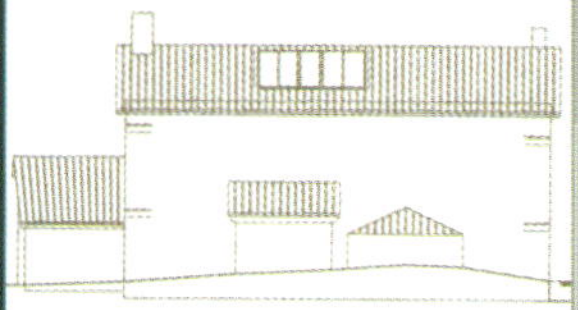

CHANTIER

Les nouveaux planchers de la maison sont en béton. Les cloisons montées en parpaings et recouvertes d'un enduit à la chaux naturelle. Certains murs en maçonnerie traditionnelle sont à pierre vue, tel le mur nord de la maison où on été aménagés l'ayguière et le four à pain. Les autres murs extérieurs du salon et de l'escalier ont été doublés avec une isolation en panneaux semi-rigides et une cloison en terre cuite. Dans les chambres et les salles de bains, les doublages et les cloisons, comprenant une isolation, ont été réalisés en plaques de plâtre montées sur des profils métalliques.

Le sol du rez-de-chaussée a été traité en carreaux de terre cuite de 20 cm × 20 cm.

Les planchers des chambres et des dégagements du premier et du deuxième étage sont en bois : un parquet en châtaignier a été fixé sur des lambourdes posées sur les dalles de béton.

Deux marches permettent de rattraper, dans la chambre, la différence de niveau entre les deux anciens logements. Elles prolongent les marches de l'escalier reliant le premier étage au comble aménagé.

La partie de l'entre-deux maisons occupée par l'escalier. La verrière percée dans la toiture laisse pénétrer la lumière à travers le plancher de dalles translucides jusque dans l'entrée. Photo Normand Achim.

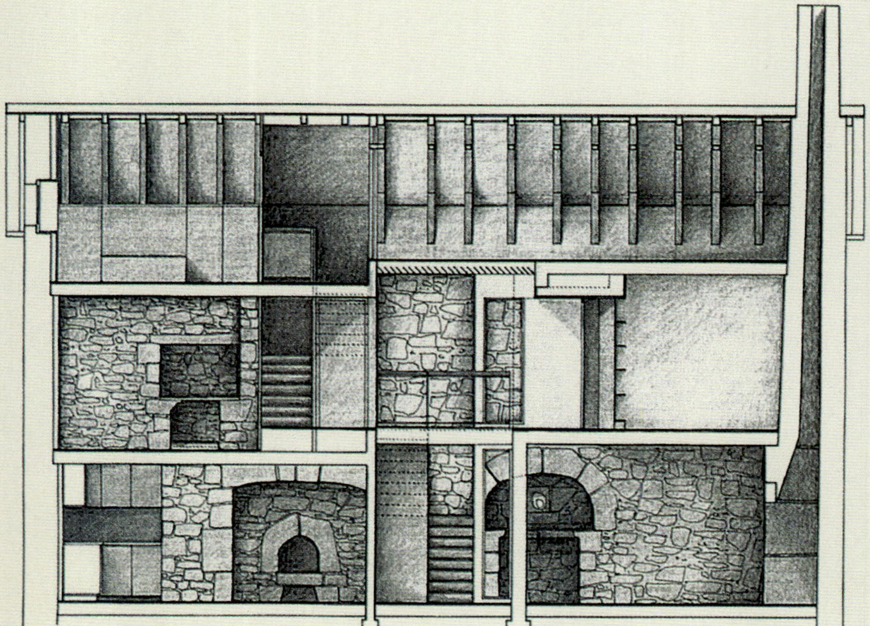

Coupe longitudinale (état projeté).

La salle de jeux-dortoir et son plancher semi-translucide.

Cette disposition est une réinterprétation des escaliers traditionnels de la région, qui étaient souvent fermés par une porte après une amorce de deux ou trois marches. Le chauffage central, au gaz, se fait par le sol au rez-de-chaussée et par des radiateurs au premier et au deuxième étage. La chaufferie-lingerie occupe l'ancien sécadou (séchoir à châtaignes) attenante à la maison en pignon est.

Durant les interventions, toutes les mesures ont été prises pour éviter d'endommager la vigne existante et le rosier grimpant sur la façade sud.

La façade sud. Les murs extérieurs ont été réenduits et laissés à pierre vue. Photo Pierre Soissons.

Le séjour et la salle à manger aménagées. Photo Pierre Soissons.

Les propriétaires ont bénéficié d'aides à la création de gîtes ruraux de caractère. Ainsi des subventions furent accordées par le conseil général du Cantal (7 622 €), le conseil régional d'Auvergne (2 972 €) et la Communauté européenne (18 293 € par le FEOGA).

Maîtres d'ouvrage : M. et Mme Toyre
Maître d'œuvre : Simon Teyssou, architecte DPLG
Entreprises : Escassut (maçonnerie) ; Rampon (couverture) ; Bouysse (charpente, menuiseries de bois) ; Roques (cloisons, doublage, carrelage) ; Costes (serrurerie) ; Ramond (plomberie, sanitaires) ; Lum'élec (électricité) ; Eurodécor (vitrerie)
Surface habitable : 210 m^2
Coût de l'opération : 152 000 € [997 000 F]
Années d'exécution : 1999-2001

Exemple de réhabilitation 13

Un gîte d'étape communal en Bourgogne

Réhabilitation d'une maison villageoise en centre-bourg, Salives (Côte-d'Or)

HISTOIRE ET LOCALISATION DU BÂTIMENT

Située au cœur du village de Salives posé à même la roche, la réhabilitation qui nous occupe ici est celle d'une habitation traditionnelle en pierre, adossée à sa grange, ouverte sur une cour et en retrait de la rue.

Plan de masse (état initial).

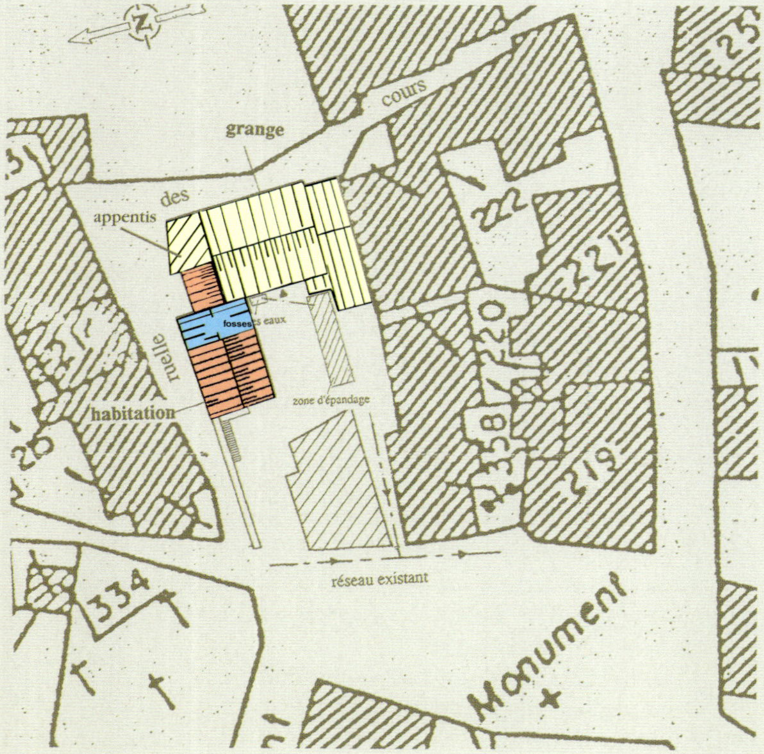

La façade ouest avant travaux. L'angle harpé sud-ouest a été repris au ciment.

Le raccordement du premier cellier au débarras est assuré par un bel arc en pierre sèche. Sur le mur nord (à droite sur la photo), d'anciennes tablettes en pierre sont visibles.

Salives est un secret bien gardé au cœur d'une contrée sauvage où forêts, prairies, rivières forment un contrepoint absolu aux ambiances urbaines. Dans ce cadre naturel, les activités de plein air (randonnée pédestre et équestre, VTT, centre de séminaires) profitent d'un patrimoine architectural de valeur et restauré avec goût : donjon du XIe siècle qui domine le site, remparts et tours aux toits de lave du XVe siècle, église, superbe lavoir sur la source de la Tille.

Le bâtiment à réhabiliter a servi de ferme, d'habitation, de boucherie ; il a été divisé pour loger diverses générations de la famille, puis délaissé. Il semble avoir été plusieurs fois remanié, sur une base du XVIIIe siècle : adjonction du pignon à croupe, appentis accolé au pignon est...

La baie en forme d'ellipse du deuxième cellier, dont l'embrasure a été confortée au fil du temps par l'ajout de pièces de bois et de pierres de récupération cimentées.

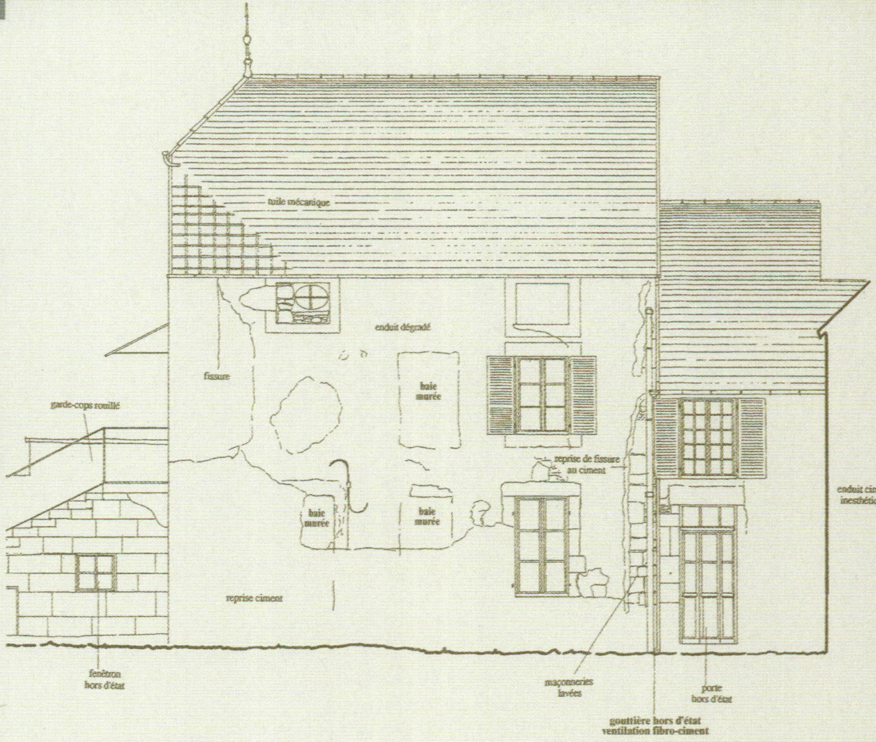

Façade sud sur cour (état initial).

Plan du rez-de-chaussée (état initial).

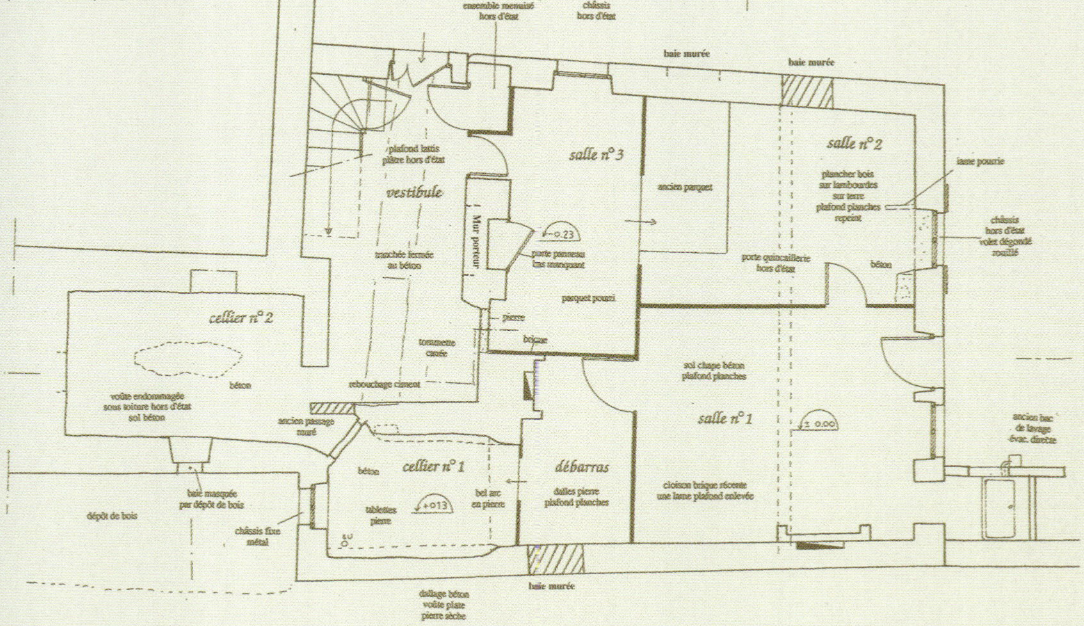

DESCRIPTION TECHNIQUE ET DIAGNOSTIC

La construction fait apparaître de graves désordres, concernant autant la maçonnerie que la couverture et la charpente. L'enduit de la façade principale, notamment, est très dégradé, et l'on peut voir des traces d'humidité en partie basse, à l'endroit des manques. Des éléments intéressants subsistent cependant, qui vont guider le choix du maître d'œuvre vers le respect et la mise en valeur des traces du passé.

Plan du premier étage (état initial).

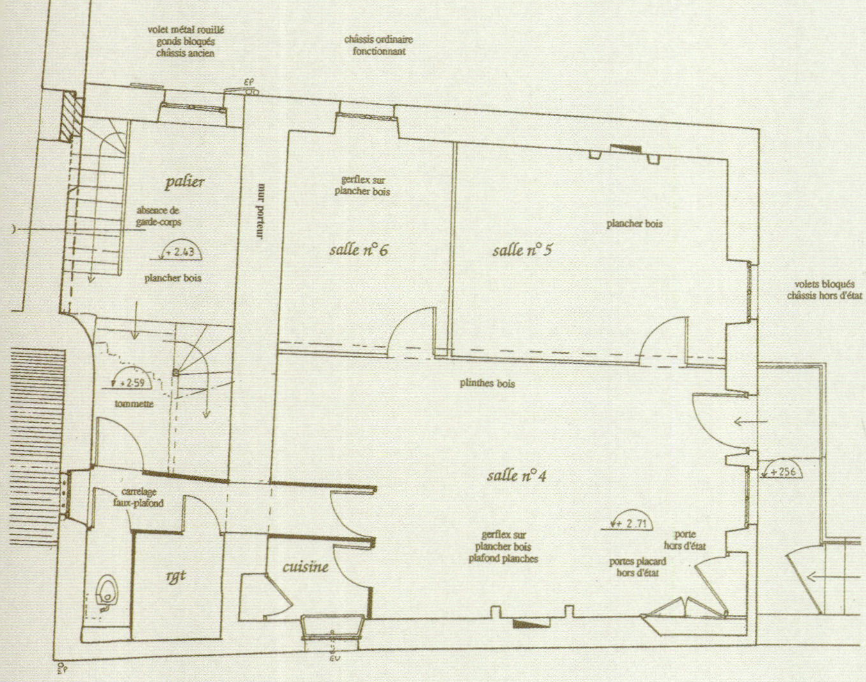

Plan du comble (état initial).

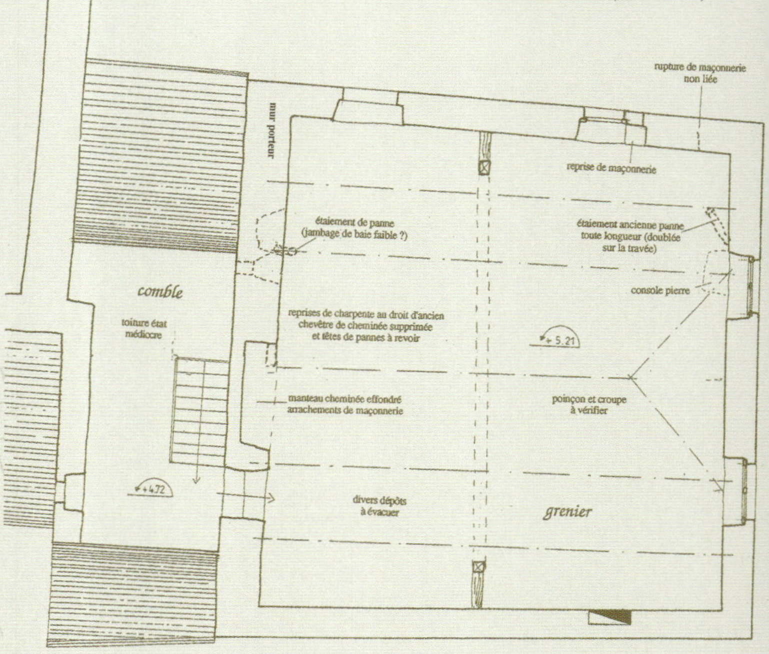

PROGRAMME

La municipalité, en 1995, rachète le bâtiment et l'utilise en atelier pour le cantonnier. En 1999, elle décide d'y aménager un gîte et d'y recevoir les visiteurs qui, de plus en plus nombreux, souhaitent découvrir les ressources magiques de cette « Carcassonne rurale ». Elle opte pour une formule d'hébergement simple et convivial, le gîte d'étape et de séjour, qui favorise les échanges entre les visiteurs de passage et les villageois. Le gîte est aujourd'hui géré par la commune et agréé par les Gîtes de France (3 épis, 19 lits).

PROJET ARCHITECTURAL

Au rez-de-chaussée, la pièce à vivre et l'ancienne chambre seront transformées en salle commune pouvant accueillir jusqu'à 38 personnes, autour d'un grand comptoir de préparation des repas. Une ancienne fromagerie voûtée servira d'annexe. Un hall convivial créé dans l'appentis distribuera une chambre accessible aux personnes handicapées, aménagée dans l'ancien cellier. Le vieil escalier de bois partant du hall sera préservé.

Au premier étage, le palier sera traité en coin de lecture et de détente ; trois chambrées (dix lits) et des sanitaires y seront installés, en reprenant l'essentiel des partitions anciennes.

L'étage sous comble comprendra deux chambrées, dont une grande pièce de cinq lits pour les enfants et une chambre de deux lits avec sanitaires. La charpente restera apparente sur tout l'ensemble.

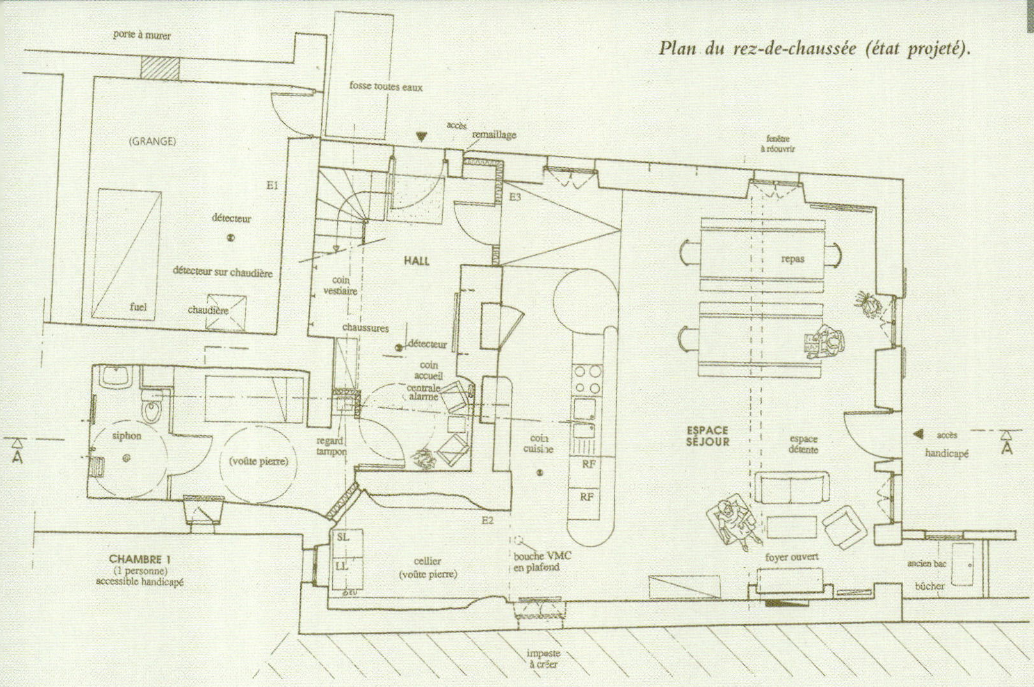

Plan du rez-de-chaussée (état projeté).

LES TRACES DU PASSÉ DANS L'AMÉNAGEMENT INTÉRIEUR

Chaque détail chargé d'histoire retrouve sa place dans l'aménagement contemporain : le respect des principales partitions a permis de préserver les foyers des cheminées dans les chambres ; les vieux planchers de chêne sont toujours présents avec leurs clous de fer forgé ; la pierre d'évier réutilisée, le bac à laver sous l'escalier témoignent de la vie quotidienne du temps passé ; les tablettes de pierre de la fromagerie servent d'étagères ; les petits fenestrons distribués « à la fantaisie » illuminent toujours les gros murs, d'anciennes fenêtres murées ont été réouvertes ; un ancien arc, une bribe de maçonnerie, quelques mètres carrés de tomettes sont autant d'interrogations pour le visiteur attentif.

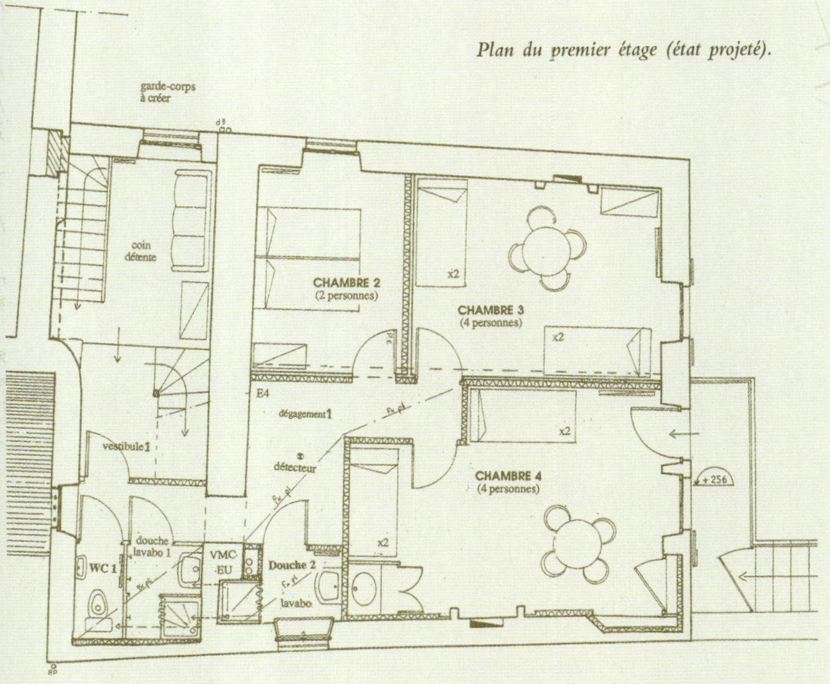

Plan du premier étage (état projeté).

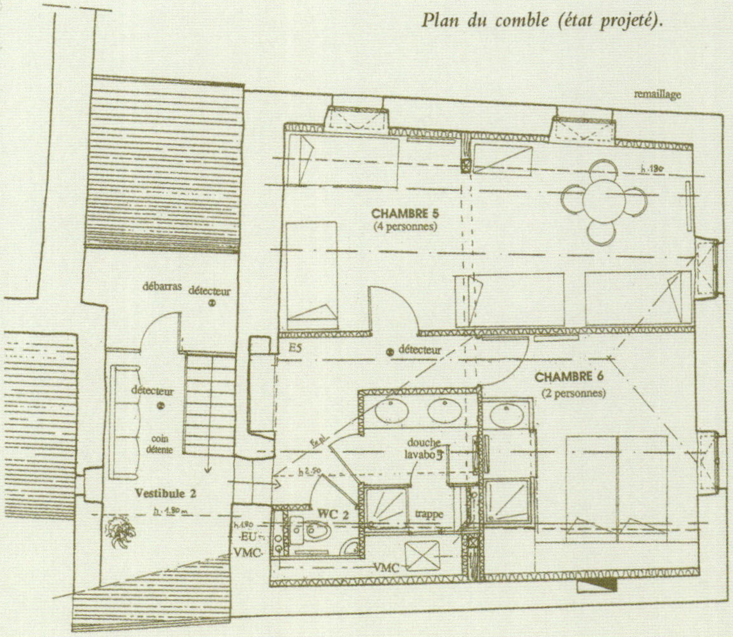

Plan du comble (état projeté).

CHANTIER

Le gros œuvre du bâtiment a dû être globalement assaini : maçonneries renforcées et remaillées à la chaux, enduits extérieurs à la chaux également, bois de charpente remis en état, couverture révisée ou partiellement refaite, surcharges sur voûtes évacuées, renforcement des planchers par poutres et poteaux métalliques ou bois selon portées...
La plupart des anciennes cloisons en maçonnerie de pierre sèche et les plafonds de planchis ont dû être remplacés par des plaques de plâtre résistant au feu. La réglementation incendie a imposé des portes pleines certifiées, des ferme-portes, des dispositifs de sécurité qui ont été mis en place avec simplicité et discrétion.
L'installation électrique a été globalement refaite et un chauffage central au fioul installé. Un assainissement provisoire a été agencé dans l'attente du tout-à-l'égout dont la création est imminente.

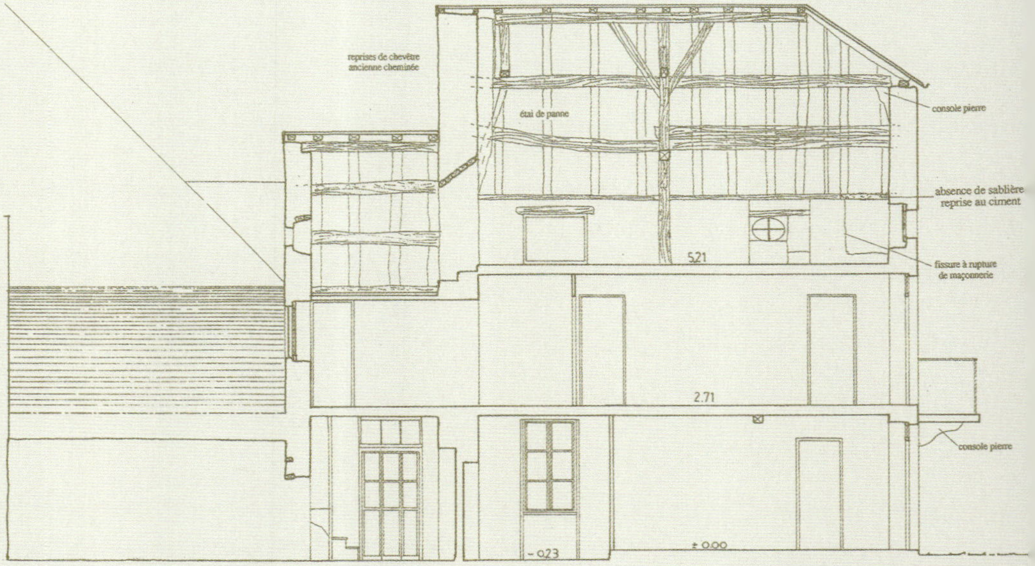

Coupe longitudinale (état projeté).

Les canalisations électriques utilisent d'anciens conduits. L'arc en pierre ouvrant sur l'ancien cellier, avant l'installation du coin cuisine, sera valorisé.

La façade principale en chantier, avant l'application de l'enduit.

Détail de la façade principale. Les éléments décoratifs ont été restitués : marquise, ferronnerie, ventaux à carreaux.

Le comble réaménagé.

Le chantier a été long et difficile (16 mois). Chaque partie du bâtiment, très dégradé, a demandé une attention permanente. Quand les matériaux d'origine n'ont pas pu être préservés, on a privilégié des produits simples : pierre de la Côte d'Or (Magny-Lambert) pour les sols du rez-de-chaussée ; enduits intérieurs à la chaux et badigeons d'ocre ; plancher en pin du Nord dans le comble ; vasques encastrées dans une table de pierre de la Côte d'Or et pieds d'acier dans les salles d'eau ; comptoir économique en médium soigneusement dessiné et tables en chêne de Salives pour la grande salle.

Le grand comptoir de la cuisine et l'espace séjour.

Maître d'ouvrage : Commune de Salives
Maître d'œuvre : Dominique Jouffroy, architecte DPLG et DESHCMA, architecte du patrimoine, urbaniste et Bernard Metzger, plasticien coloriste.
Entreprises : RADP (maçonnerie, sols de pierre) ; Gerriet (charpente) ; Romain & Pierre (couverture) ; Millière (menuiseries, serrurerie) ; Legeley (cloisons, doublages) ; Blajkcori (peinture) ; Bailly (finition des sols) ; Verdier (électricité) ; Galand (plomberie)
Surface habitable : 258 m^2
Coût de l'opération : 214 000 € [1,4 MF] TTC
Années d'exécution : 2000 et 2001

Exemple de réhabilitation 14

Un ensemble hôtelier en Angoumois

Réhabilitation et extension d'une ancienne tannerie, Saint-Germain-de-Confolens (Charente)

Les bâtiments à restaurer, visibles à l'arrière-plan, s'insèrent dans un environnement bâti et paysager préservé.

HISTOIRE ET LOCALISATION DU BÂTIMENT

La maison des tanneurs est située en Charente, à l'extrémité nord du bourg de Saint-Germain-de-Confolens. Elle est constituée d'un ensemble de trois corps de bâtiments contigus. Le terrain est délimité par l'Issoire au nord, par la Vienne à l'ouest et par le chemin départemental 952 à l'est. Le bâtiment se trouve à proximité du château et de l'église, inscrits à l'Inventaire supplémentaire des monuments historiques. Il fait partie d'une séquence du bâti remarquable situé le long de la rue principale du bourg.

Les parties les plus anciennes de l'édifice peuvent être datées du XVe siècle et présentent un grand intérêt historique et architectural. Cet ensemble méritait une restauration de qualité.

- *Partie aujourd'hui disparue du bâtiment du rue*
- *Bâtiment sur rue transformé en grange (XVe-XVIIe siècle)*
- *Bâtiment central (XVIIe-XVIIIe siècle)*
- *Tannerie et séchoir (XIXe siècle)*

SAINT-GERMAIN-DE-CONFOLENS

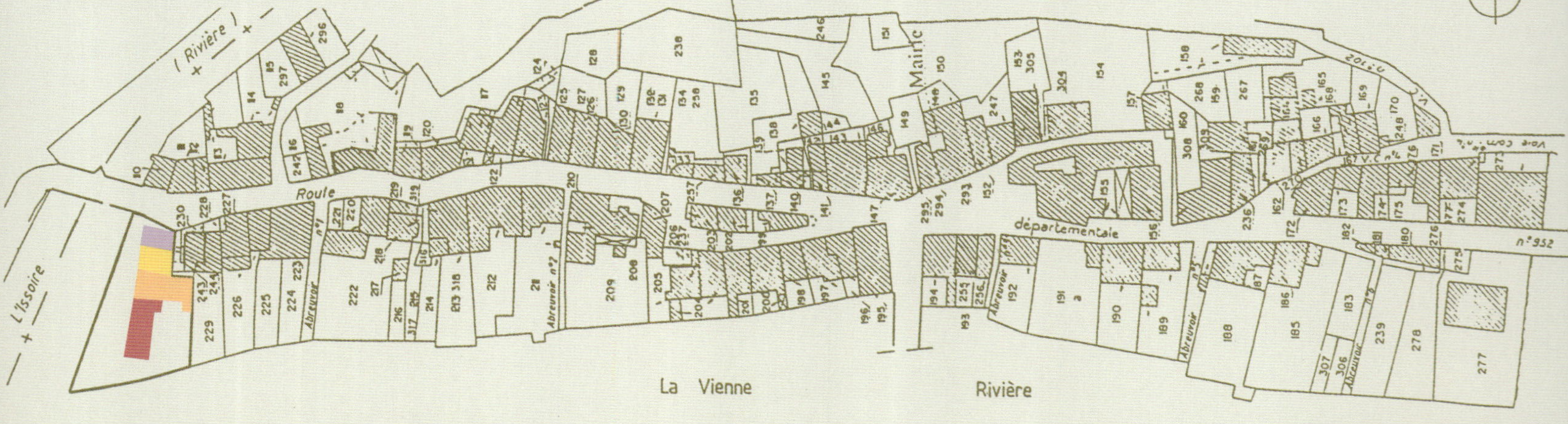

Plan de masse (état nitial).

DESCRIPTION TECHNIQUE ET DIAGNOSTIC

Bâtiment sur rue

C'est dans ce bâtiment sur rue que l'on trouve les détails architecturaux les plus remarquables de la maison des Tanneurs : une cheminée pouvant être datée du XVe siècle, les baies du premier étage avec des piédroits et linteaux chanfreinés, un banc en pierre situé dans l'ébrasement, et d'anciens éviers. Cet ensemble, dont la datation exacte est difficile (XVe-XVIIe siècle), était très dégradé.

Après la démolition de la partie est, les façades nord et sud avaient perdu leur stabilité, n'étant plus liées par le pignon est mais uniquement par un mur de refend. Les consolidations par tirants métalliques ont provisoirement arrêté le mouvement des façades. Cependant, les infiltrations importantes au niveau des couvertures, en très mauvais état, ont affaibli progressivement maçonneries et charpente. L'intérieur du bâtiment, initialement habité, a été transformé en grange. Le plancher intermédiaire en bois est très abîmé.

Les façades des bâtiments sur l'Issoire. L'écartement des façades nord et sud du bâtiment le plus ancien a été contenu par la pose de plusieurs tirants, dont les ancres sont visibles au niveau de l'ancien refend devenu pignon.

Bâtiment central

Le bâtiment central, lié au précédent du côté est, était encore récemment une habitation. Construit après le premier (au XVIIe ou XVIIIe siècle), il a subi plusieurs transformations. Les détails architecturaux, moins intéressants, se résument à quelques menuiseries du XIXe siècle et aux planchers charentais en chêne. Cette partie, bien que vétuste, a été entretenue et présente moins de désordres importants.

Les façades des bâtiments sur jardin. La maçonnerie du bâtiment central présente des désordres, bloqués grâce à la pose de tirants et au colmatage d'une large fissure sur l'angle sud-est avec un enduit au ciment.

Bâtiment ouest

La tannerie proprement dite et son séchoir occupaient ce bâtiment daté de la première moitié du XIXe siècle, composé de deux niveaux de construction : maçonnerie de moellons en partie basse (occupée par les cuves de tannage) et mur de colombage, lié à la charpente, au-dessus. Les maçonneries du niveau inférieur sont fissurées et localement disloquées. Le mur en colombage présente plusieurs désordres et son remplissage de torchis a disparu en grande partie, surtout sur la façade sud. La charpente présente elle aussi des désordres dus aux infiltrations. Enfin, la couverture en tuiles rondes est très dégradée.

La restauration des façades du bâtiment ouest implique la restitution partielle de l'ossature en bois.

PROGRAMME

L'intervention sur la maison des tanneurs s'inscrit dans un vaste projet mis en œuvre par la Communauté de communes du Confolentais en partenariat avec des communes d'Espagne et du Portugal, qui vise la création d'une hôtellerie éclatée dans divers bâtiments du bourg de Saint-Germain-de-Confolens. La réhabilitation comprend l'aménagement d'un ensemble hôtelier constitué de plusieurs chambres, salle de réunion, salles d'exposition et pièces annexes. Les trois niveaux devront être accessibles aux personnes handicapées.

PROJET ARCHITECTURAL

Sur les trois niveaux, à l'extrémité est, la partie anciennement démolie sera remplacée par un volume aménagé pour l'accueil de tous les visiteurs et la circulation entre les différents étages. Un ascenseur hydraulique assurera l'accès aux personnes handicapées.

Les espaces en rez-de-jardin seront réservés à l'organisation d'expositions, et aux locaux techniques indispensables. Les aménagements comprennent la création d'une place de parking du côté rue et d'un escalier descendant du parvis jusqu'au bord de la Vienne, la

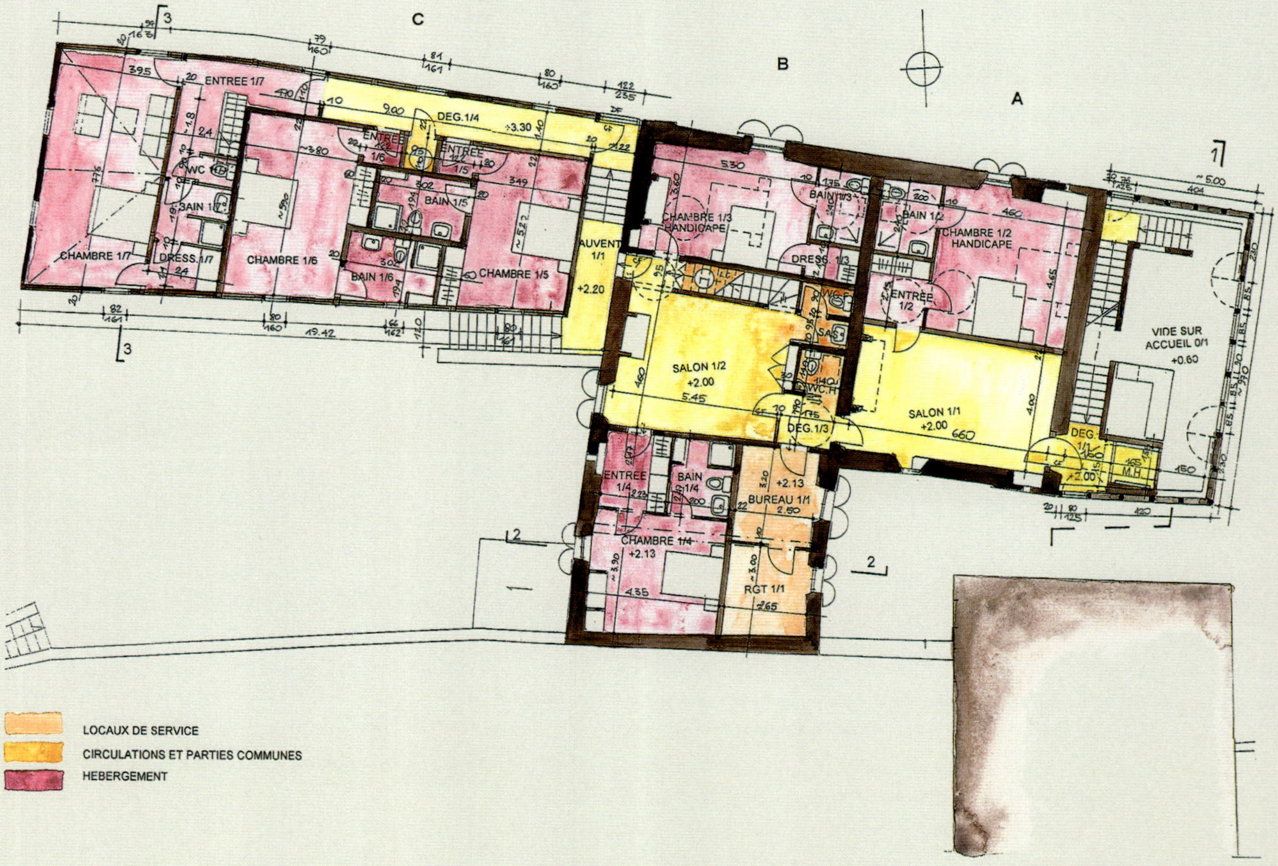

Plan du premier étage (état projeté).

reconstruction du mur de soutènement renforçant la berge de la Vienne, enfin l'aménagement paysager du jardin. La circulation dans l'axe rue-cour-jardin sera rendue possible par la création d'un passage dans le bâtiment central.

Les deux niveaux supérieurs seront consacrés à l'accueil hôtelier, partagé entre des chambres équipées de sanitaires individuels et des salles de réunion.

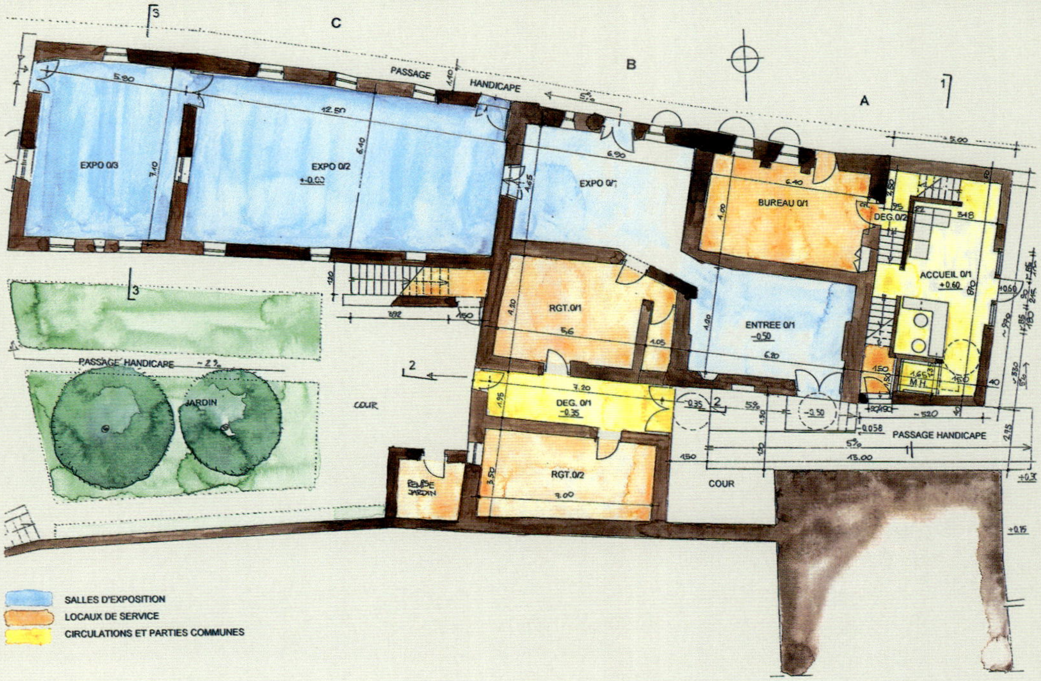

Plan du rez-de-jardin (état projeté).

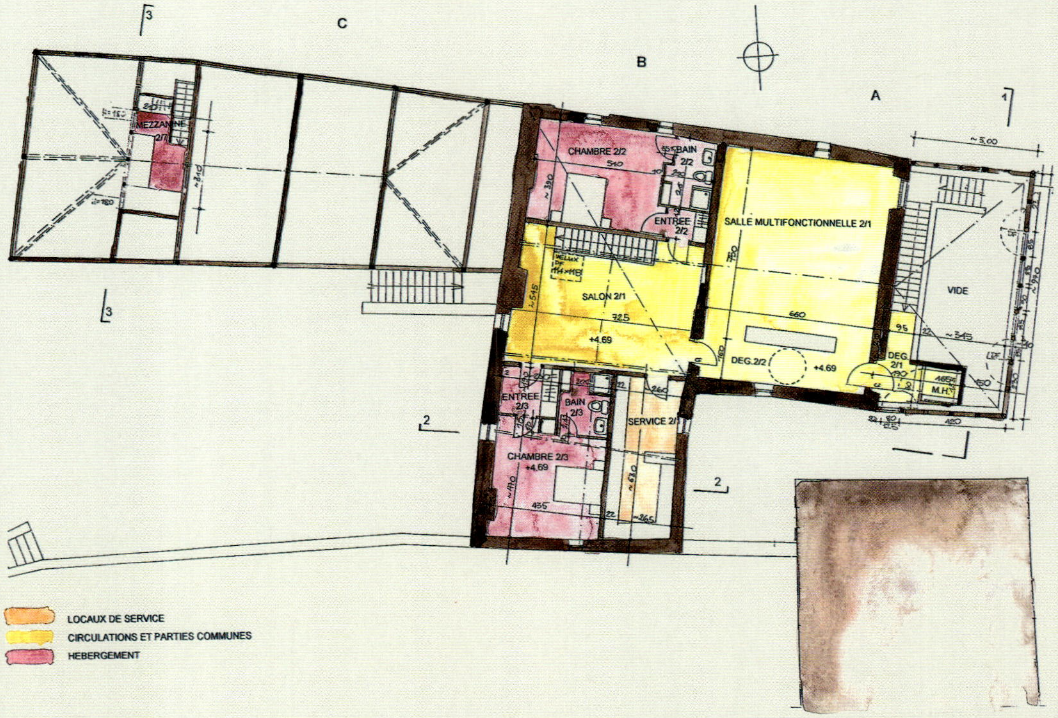

Tous les équipements techniques seront mis en œuvre selon les réglementations en vigueur.

L'extension construite à l'extrémité est doit reprendre le langage des pans-de-bois sur un premier niveau en maçonnerie, à l'exemple de l'ancienne tannerie. La typologie de la maison des tanneurs sera ainsi conservée, si ce n'est la mise en place résolument contemporaine d'une large surface vitrée sur toute la hauteur du bâtiment côté rue.

Plan du deuxième étage (état projeté).

TRAITEMENT DES PLANCHERS

Afin de renforcer le plancher bas du deuxième étage du bâtiment A, au droit de la salle multifonctionnelle, l'entreprise Sylvabat a mis au point la technique d'un plancher traditionnel en bois collaborant avec une dalle en béton au moyen de connecteurs spéciaux et ancré dans les murs périphériques. Pour assurer à la fois l'isolation acoustique, une meilleure résistance et le passage des installations électriques, un double plancher avec vide technique a été employé sur l'ensemble du chantier. Il est associé à une barrière coupe-feu en plaques de plâtre traitées, incorporées dans l'épaisseur du plancher.

CHANTIER

En intérieur, les charpentes et ossatures en bois ont été ou restaurées ou restituées. En extérieur, les façades en pierres et en moellons ont été confortées au moyen d'ouvrages en béton armé (ceinture haute) et grâce à l'injection de coulis de chaux pour la consolidation interne. Elles ont ensuite été reprises en fonction des supports (enduit plein ou à pierre vue).

Chantier de l'étage du bâtiment ouest. Cette vue montre les éléments d'ossature réutilisables et la sous-face du double plancher en bois.

Façades et coupes (état projeté).

Les façades à pans-de-bois ont été également restaurées (restitution partielle et restauration de l'ossature en bois, restitution complète du remplissage en torchis). L'étanchéité entre l'ossature en bois et les panneaux de torchis a été réalisée avec des matériaux modernes.

Les menuiseries extérieures en bois ont été pour partie restaurées, pour partie créées sur le modèle des anciennes.

Quant aux couvertures en tuiles rondes anciennes, elles ont été reprises à l'identique avec une pose brouillée, et les scellements exécutés au mortier de chaux. Toutes les évacuations des eaux pluviales ont été réalisées en cuivre afin d'assurer la pérennité et l'harmonie des couleurs et des patines.

Le projet, outre le financement apporté par la Communauté de communes du Confolentais (15 %) a bénéficié d'aides européennes (50 % du financement), régionales (20 %) et départementales (15 %).

Le bâtiment a retrouvé son volume d'autrefois ; les façades s'alignent sur l'Issoire et la rue. Une large baie verticale éclaire cet espace d'accueil et de circulation.

L'un des espaces exposition en rez-de-jardin.

Maître d'ouvrage : Communauté de communes du Confolentais
Maîtres d'œuvre : Pawel Lepkowski, architecte DPLG et DESHCMA ; Joanna Furgalska, architecte collaboratrice
Entreprises : Dagand (confortement, plancher) ; Sylvabat (plancher) ; Vignaud (charpente, couverture) ; Saleix (maçonnerie) ; Desroches (gouttières et descentes en cuivre)
Surface habitable : 825 m^2
Coût de l'opération : 811 160 €
Durée des travaux : 2001-2004

Exemple de réhabilitation 15

Des chambres d'hôtes, une auberge et une habitation en Haute-Savoie

Réhabilitation d'un chalet d'alpage et de son mazot, Le Grand-Bornand (Haute-Savoie)

HISTOIRE ET LOCALISATION DU BÂTIMENT

Située au fond de la vallée du Bouchet, au pied de la chaîne des Aravis, cette ferme bornandine est installée dans un chalet qui date des XVIIIe et XIXe siècles. Maison agricole d'habitat permanent jusqu'au début du XXe siècle, elle servit ensuite de chalet d'alpage six mois par an.
En 1993, les propriétaires actuels acquirent la ferme, une annexe sans valeur architecturale et un mazot (petit grenier) entourés de 4,6 ha de terres agricoles. Situé à 1 200 m d'altitude, l'ensemble est caractéristique de la vallée, où l'habitat plutôt dispersé est parfois regroupé en hameaux sis en des lieux choisis pour la présence de sources et la facilité de leur accès. Dans un environnement préservé, où cohabitent tourisme et agriculture, chamois, chevreuils, marmottes et aigles royaux vivent encore à portée de vue.

DESCRIPTION TECHNIQUE ET DIAGNOSTIC

Le bâtiment principal forme à peu près un carré de 13 m de côté sur trois niveaux. Ses ouvertures sont petites et peu nombreuses.
Le socle de la ferme est en pierres calcaires locales, hourdées au mortier de chaux. Il abrite la cave, le cellier, l'écurie (anciennement appelée étrable) et les étables réservées au petit bétail.
La *ruche* posée sur le socle, astucieuse construction primitive de madriers empilés et encastrés à mi-bois dans cette région où l'épicéa est abondant, constitue la partie principale du chalet. Au niveau inférieur, elle abrite les pièces d'habitation et de fabrication du fromage ainsi que le troupeau d'une dizaine de vaches. Plusieurs galeries et balcons chauffés par le soleil intense de montagne servent d'accès abrités et de pièces extérieures.

La façade sud-ouest avant travaux. Les matériaux utilisés sont typiques de l'architecture de montagne : bois et pierre. De la tôle a été posée en couverture au début du XXe siècle.

Plan de masse (état projeté).

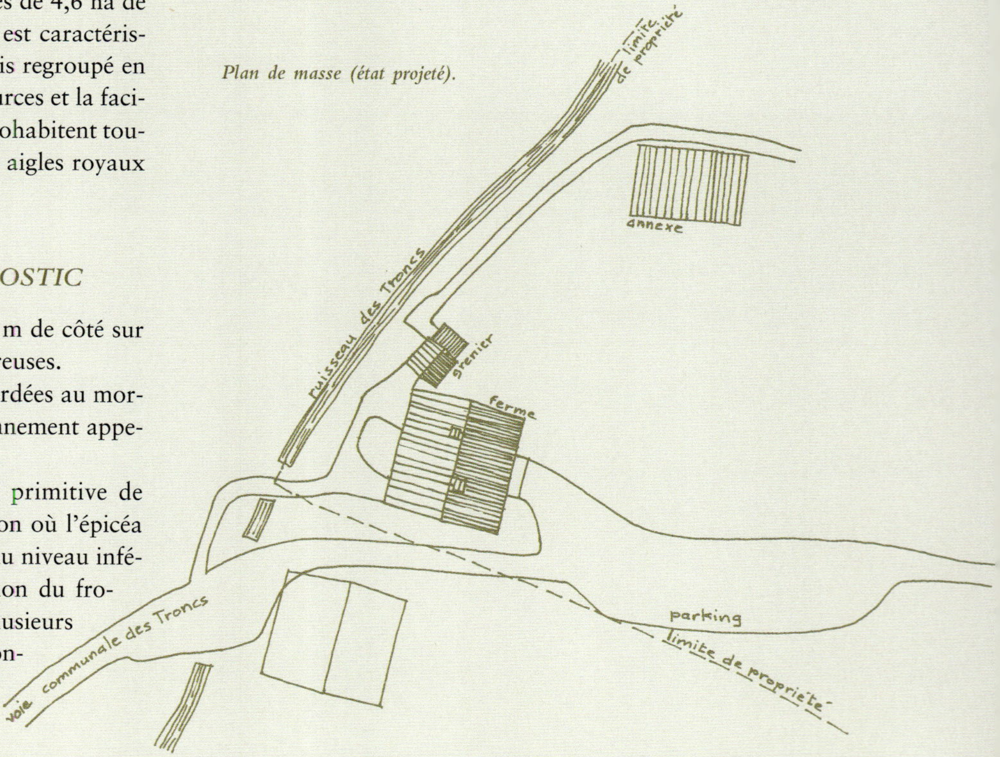

La grange située au niveau supérieur, énorme volume ventilé de 400 m^3, est destinée au séchage et au stockage du fourrage pour l'hiver. Chacun des niveaux est accessible de plain-pied sans communication intérieure, à l'exception d'une trappe d'accès à la cave du bas. Les murs en pierre, épais de 50 à 60 cm, sont en bon état et ne nécessitent pas de reprises particulières. La maçonnerie de moellons du pignon sud-est a été recouverte d'un enduit, détérioré par endroits. La structure en bois a souffert d'un mauvais entretien de la couverture pendant quelques décennies. Aussi quelques poteaux et madriers doivent-ils être remplacés. La toiture traditionnelle en ancelles, grandes tuiles d'épicéa fendues à la hache, a été remplacée par de la tôle.
La construction du mazot est identique à celle du bâtiment principal : la ruche en bois repose sur un socle en pierre.

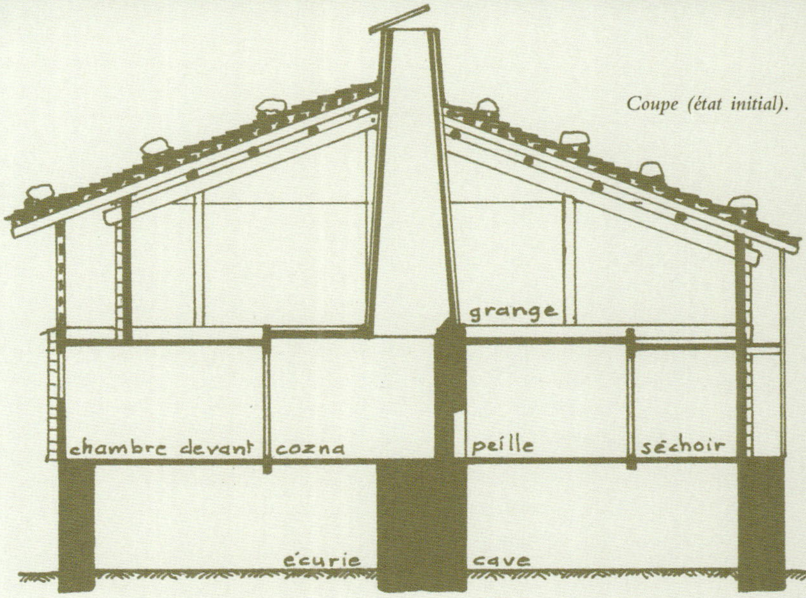

Coupe (état initial).

Plan du rez-de-chaussée (état initial).

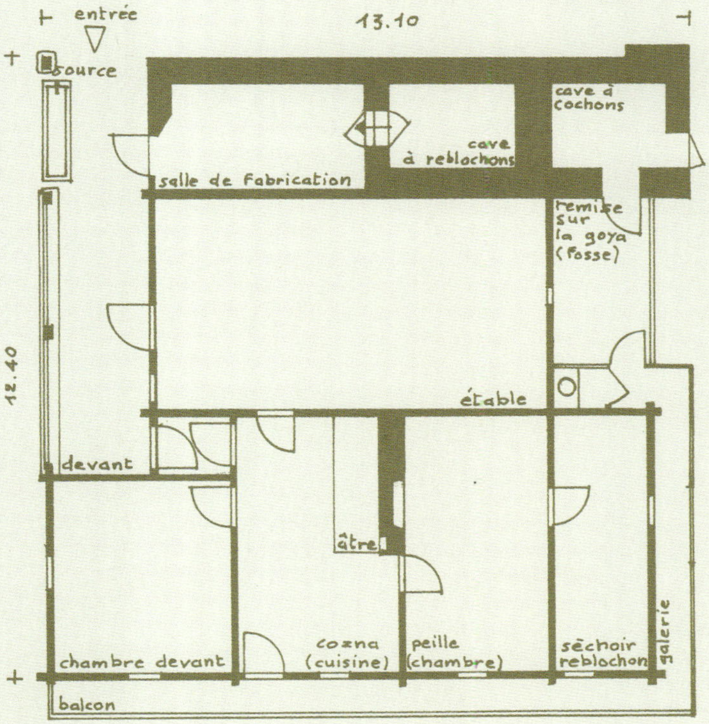

Plan du premier étage (état initial).

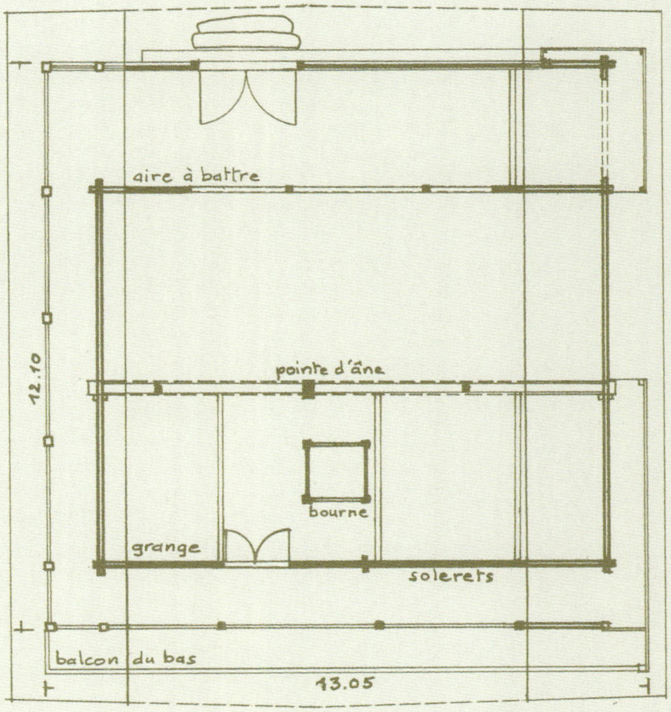

Exemple de réhabilitation 15

Façade sud-ouest et grenier (en fond) après travaux.

PROGRAMME

Les propriétaires actuels ont acquis la ferme dans le dessein d'y installer leur habitation, un restaurant et des chambres d'hôtes. L'objectif poursuivi consiste à mettre en place un mode de vie familial où travail, occupations quotidiennes et loisirs seraient regroupés en un même lieu.

Disposant d'environ 300 m^2 de surface habitable, annexes comprises, le propriétaire, architecte et concepteur de son propre projet, décide d'affecter 110 m^2 à son logement. Le restaurant et ses annexes doivent occuper une centaine de mètres carrés et le restant est à aménager pour recevoir des hôtes, activité complémentaire du restaurant.

État initial de la maçonnerie. La dégradation de l'enduit du socle est due à l'eau de ruissellement en l'absence d'un débord de toiture suffisant.

COUVERTURE EN BOIS

Sur ce type de chalet, les débords de toiture sur les quatre côtés sont considérables : ils dépassent généralement de 1,50 m. Dans une région où les précipitations, pluie ou neige, sont abondantes, ces débords protègent les façades et permettent de circuler à l'abri autour du bâtiment. La pente du toit est habituellement de 25°. Ici, les chevrons raccourcis de la charpente n'assurent pas un débord de toit suffisant. Les travaux vont donc consister à remplacer la charpente afin de rétablir les débords, et à faire disparaître la couverture en tôle au profit de tavaillons en *red cedar*, plus petits, plus pratiques et plus économiques que les ancelles.

PROJET ARCHITECTURAL

Le fil conducteur de cette intervention est la préservation de l'architecture traditionnelle, particulièrement pour les pièces de l'ancienne habitation. Les matériaux visibles, tant à l'intérieur qu'à l'extérieur, seront le verre, la pierre – jamais de parement –, le vieux bois, exceptionnellement le bardage d'épicéa neuf car les planches vieillissent très rapidement. Les ouvertures existantes seront conservées.

Le bâtiment principal

Le restaurant occupera l'étage anciennement dédié à l'habitation, car son caractère et son authenticité sont précieux. Une circulation verticale privative doit être créée sur trois niveaux permettant une liaison annexes-restaurant-logement. La chambre d'hôte, baptisée « L'étrable », aménagée dans l'ancienne écurie, bénéficie d'un accès extérieur indépendant afin de protéger l'intimité des propriétaires. L'organisation en « cul-de-sac » des pièces sera neutralisée par la création d'un accès circulaire dont le concept sera reproduit au niveau habitation privée.

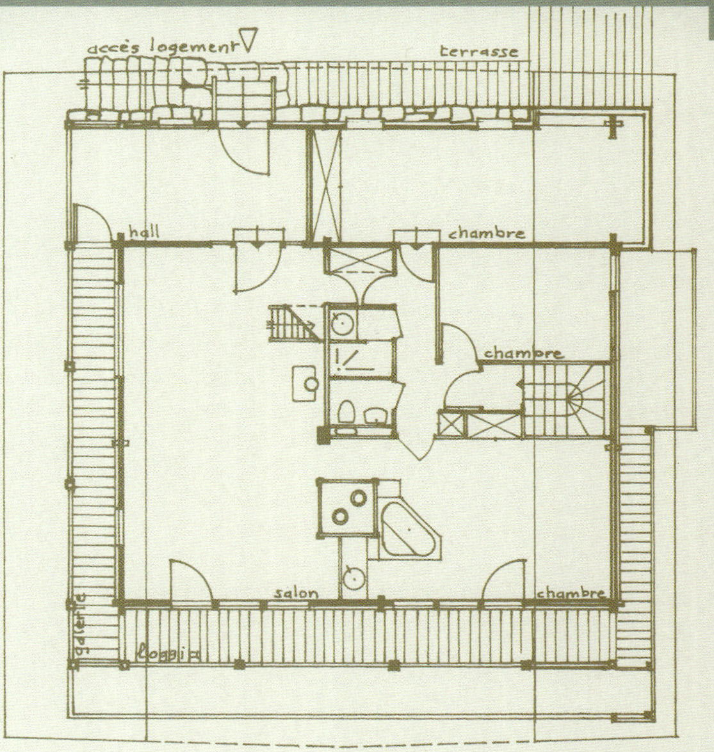

Plan du premier étage (état projeté).

Plan du rez-de-chaussée (état projeté).

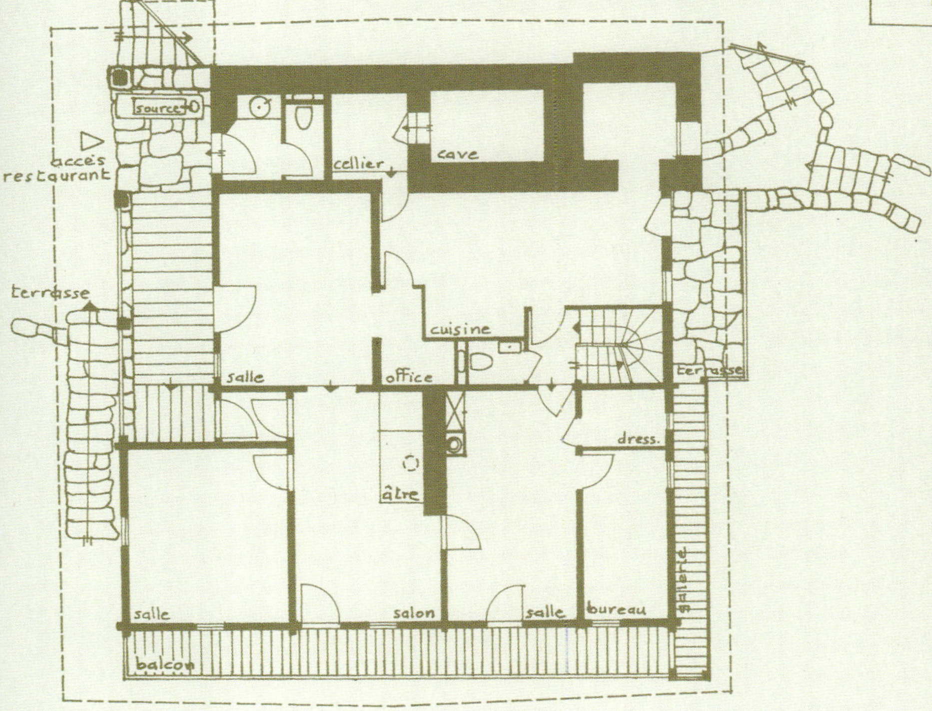

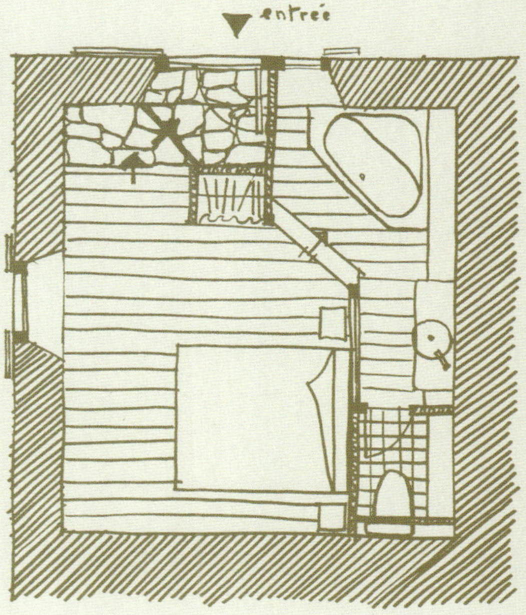

Chambre L'étrable

Exemple de réhabilitation 15

Le plancher principal sera entièrement démonté et les plateaux épais en épicéa seront réutilisés pour différents usages. Un nouveau plancher, constitué d'une dalle en béton formant chaînage du socle en pierre, sera réalisé pour mieux remplir sa fonction dans les aménagements futurs.

Le logement sera traité de manière plus contemporaine, le beau volume de l'ancienne grange offrant une importante liberté d'expression. Une grande pièce à vivre occupera les deux tiers du volume, tout à la fois salon, chambre des parents et salle de bains. Les surfaces vitrées seront importantes, mais leur impact visuel de l'extérieur demeurera faible car elles seront presque toutes en retrait par rapport à la façade.

Sur les quatre façades, à chaque niveau, des accès de plain-pied, des terrasses, des loggias et des balcons offriront une grande variété d'espaces privés ou publics.

Le mazot

Initialement situé dans le prolongement du bâtiment principal, le grenier sera entièrement démonté et remonté à l'identique à proximité pour accueillir une chambre d'hôte.

Plan de la chambre d'hôtes créée dans le mazot (état projeté).

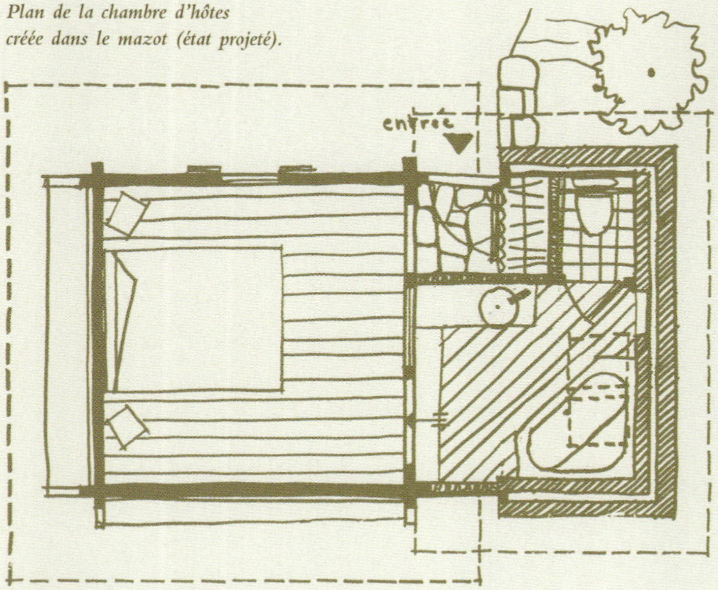

Reprise du plancher entre le socle et la ruche avec une dalle de béton remplaçant le plancher en bois défaillant et servant d'assise au balcon.

La chambre baptisée « le grenier ».

Vue du « grenier » réhabilité.

La chambre d'hôtes « L'étrable ».

Vue du premier étage, réhabilité en habitation confortable à l'usage des propriétaires.

CHANTIER

La réalisation de l'ensemble s'est étalée sur neuf ans, avec une phase principale de gros travaux effectués au cours des huit premiers mois : création des réseaux enterrés et de l'alimentation en eau depuis la source, remplacement des planchers, réparation de la structure en bois, pose d'une partie des menuiseries extérieures, installation du chauffage au fioul, électricité et plomberie, repose de parquets épais à lames larges, cuisine.

Par la suite se sont succédé des travaux d'amélioration, d'aménagement intérieur, de remplacement d'éléments dégradés.

Enfin, la végétation existante a été peu modifiée et seules des essences locales ont été plantées ; les espaces entretenus ont été limités afin de garder le caractère naturel du lieu.

La ferme réhabilitée. Les abords immédiats de la ferme comportent un potager, des allées caillouteuses et quelques plantes vivaces d'agrément.

Maîtres d'ouvrage : M. et Mme Charbonnier
Maître d'œuvre : Jean-François Charbonnier, architecte DPLG
Entreprises : Marcel Bastard Rosset (maçonnerie) ; Denis Perrillat Bottonet (charpente, couverture, menuiseries) ; Lionel et Pierre-Anthoine Milhomme (plomberie, chauffage) ; sans compter la participation active du maître d'ouvrage
Surface habitable : 300 m^2
Coût de l'opération : 460 000 € TTC (approximation tenant compte de la participation du maître d'ouvrage aux travaux)
Achat : 130 000 € [853 000 F] hors frais notaire
Durée des travaux : 1993-2002

Partie III

Bureaux, ateliers

Relativement rares sont encore, en France, les réhabilitations de bâtiments agricoles en bureaux d'entreprise ou en commerce. L'isolement fréquent de ces édifices au milieu des champs ou, à l'inverse, leur intégration à des ensembles de constructions contiguës au sein d'une cour de ferme rendent parfois délicat un fonctionnement tourné vers l'accueil de clients. Plus aisée est la reconversion quand le bâtiment est situé en cœur de village.

À l'opposé, les avantages de ce type d'intervention sont nombreux, à commencer par l'existence de volumes importants, ou la présence de dégagements en devant de maison permettant les livraisons et le stationnement des véhicules. Beaucoup de programmes intègrent ainsi locaux d'habitation et locaux professionnels solutionnant du même coup une double exigence.

Les caractéristiques architecturales des bâtiments ruraux réaffectés peuvent, de leur côté, valoriser les nouvelles activités prévues et leur conférer, en quelque sorte, un rôle d'enseigne où peut s'affirmer, à livre ouvert, tout un catalogue de compétences, celles-là mêmes dont on cherche à convaincre le client. Le propos est vérifié chez des architectes, des décorateurs, des artisans d'art qui ont joué le jeu de la réhabilitation de bâtiments ruraux pour installer bureaux, show-room ou agence.

En privilégiant la valorisation du statut primitif de l'édifice, tout en rendant lisible sa nouvelle affectation économique, les maîtres d'ouvrage retrouvent le bon sens qui a souvent prévalu dans les réorientations successives jalonnant la vie des constructions rurales : les traces d'usages variés marquent ainsi fréquemment des bâtiments agricoles transformés, en leur temps, en ateliers artisanaux ou en commerces villageois.

Les trois projets qui suivent montrent bien que la longue histoire des édifices qui se sont prêtés à la réhabilitation absorbe sans problème les nouvelles affectations, ici un atelier de peintre, une agence d'architecture, des bureaux.

Exemple de réhabilitation 16

Un atelier d'artiste en pays d'Othe

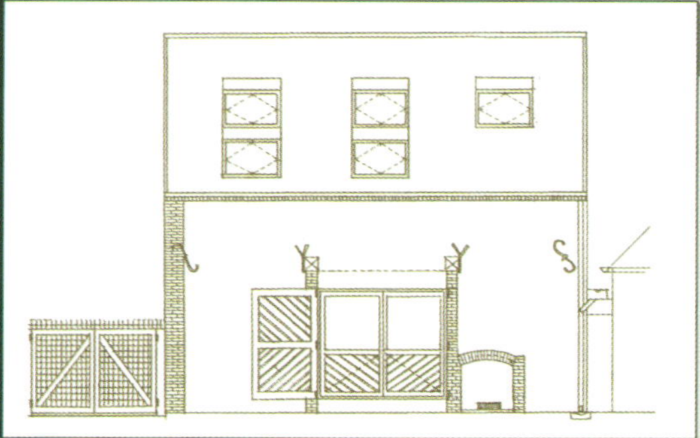

Réhabilitation d'une grange typique de la vallée de l'Yonne, Dixmont (Yonne)

La grange avant transformations (façade sud).

HISTOIRE ET LOCALISATION DU BÂTIMENT

Située en bordure des champs et du hameau de La Tuilerie en lisière de la forêt d'Othe, sur la commune de Dixmont (proche de Joigny), la grange, qui date du début du XIXe siècle, est restée l'annexe d'une ferme jusque dans les années 1960. Elle est implantée perpendiculairement au corps de ferme principal. Sa façade sud donne sur un ancien verger de taille modeste (environ 370 m^2) vraisemblablement planté de pommiers à l'origine, le pays d'Othe étant réputé pour son cidre ; sa façade nord est en alignement sur la rue des Mares.

Cette grange est un bâtiment typique de la région. Sa taille d'environ 9 × 10 m est toutefois modeste, des bâtiments similaires ayant ici des proportions allant jusqu'à 10 × 20 m. Laissée à l'abandon pendant de nombreuses années, elle fut rachetée par des Parisiens qui, après avoir refait la toiture et condamné la porte charretière principale de la façade nord, renoncèrent à l'aménager devant l'ampleur des travaux.

Sur la façade sud, une porte centrale ouvre sur la grange, imposant volume servant au remisage de charrettes ; à droite une baie plus basse donne sur l'ancienne étable, qui occupait une des travées du bâtiment. Le comble à surcroît permettait de disposer au second niveau d'un vaste espace de stockage pour la paille et le fourrage. Le bâtiment abrite pour partie une petite cave voûtée dont l'accès indépendant donnait sur la rue.

La grange est construite en rognons de silex hourdés de terre, extraits sur place. Les jambages des baies sont en brique produite localement. Le nom donné au hameau atteste en effet de la présence de petites briqueteries et tuileries utilisant les ressources du sous-sol.

La toiture à deux versants, d'une pente de 45°, est couverte de tuiles plates de Bourgogne neuves. Celles-ci présentent l'avantage, par rapport aux tuiles de récupération, de ne pas être gélives et poreuses, ce qui évite de refaire le lattis de la couverture tous les vingt à vingt-cinq ans, comme c'est bien souvent le cas.

DESCRIPTION TECHNIQUE ET DIAGNOSTIC

La baie principale a été occultée à l'aide de parpaings après la dégradation du linteau de bois.

Un mouvement des fondations, lié à une ancienne infiltration d'eau pluviale, a entraîné un désordre à l'un des angles du bâtiment. La mise en place de tirants au niveau des deux pignons, en complément de ceux qui étaient déjà en place au droit des deux fermes, a permis de résoudre le problème.

Il paraît indispensable de canaliser, outre les eaux s'égouttant du toit, celles provenant du champ voisin et du bâtiment riverain avec création de cunettes. En effet, situées en contrebas, la parcelle et la grange risquent, en cas de pluies prolongées, de se retrouver inondées du fait de l'imperméabilité du terrain. De plus, les fondations étant peu profondes, toute négligence à ce niveau risque de créer très rapidement des dommages importants à la construction.

PROGRAMME

Les besoins exprimés par le maître d'ouvrage sont rapidement identifiés. Il s'agit de lui proposer un espace de travail fonctionnel, sans aucune ostentation, parfaitement adapté à la particularité de sa production artistique. La diversité des œuvres de l'artiste nécessite un vaste espace lumineux adapté aux différentes techniques utilisées.

PROJET ARCHITECTURAL

La simplicité du programme induisait un projet s'intégrant avec discrétion dans le bâtiment initial avec ses formes frustes. Il se définit dans une large mesure à partir de l'orientation plein nord d'une des façades, et la possibilité d'y ouvrir en toiture des baies apportant un éclairage zénithal, idéal pour la création artistique, sans avoir à défigurer la façade principale au sud.

Une mezzanine sera créée et dévolue au travail horizontal à l'aquarelle ; elle permettra en outre d'offrir une vue d'ensemble sur l'atelier, dont le dégagement au sol autorisera la production d'œuvres de grand format. La charpente, en bon état, fera l'objet d'une reprise au niveau du versant nord pour servir d'appui à la mezzanine. Sous la mezzanine seront aménagés les espaces de service et de repos, ainsi qu'un accès direct indépendant à la cave.

Une porte nouvellement percée en façade sud ouvrira sur le vestiaire, par lequel on accédera aux sanitaires ou à l'atelier. La porte basse existante sera surélevée pour faciliter l'accès et apporter plus de luminosité à l'atelier. Sur la façade nord, la baie charretière sera remplacée par une baie vitrée à deux battants, protégée par deux volets extérieurs.

L'objectif du projet est également de renforcer la présence des matériaux naturels ou de leur trouver des substituts compatibles. Le plancher en lames larges de châtaignier du Périgord, posé sur lambourdes flottantes pour le confort du travail de l'artiste, sera ainsi huilé et ciré avec des produits naturels. L'ensemble du volume et la charpente laissée apparente seront peints en blanc avec une peinture naturelle.

Coupe transversale (état existant).

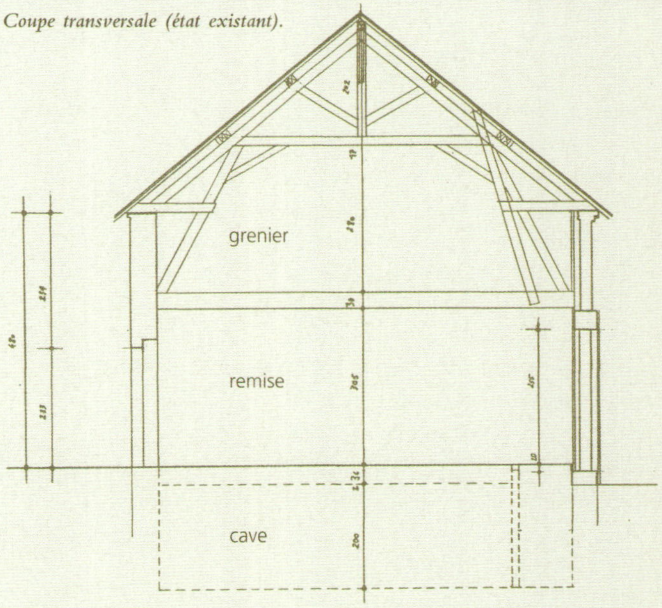

Plan de l'état existant.

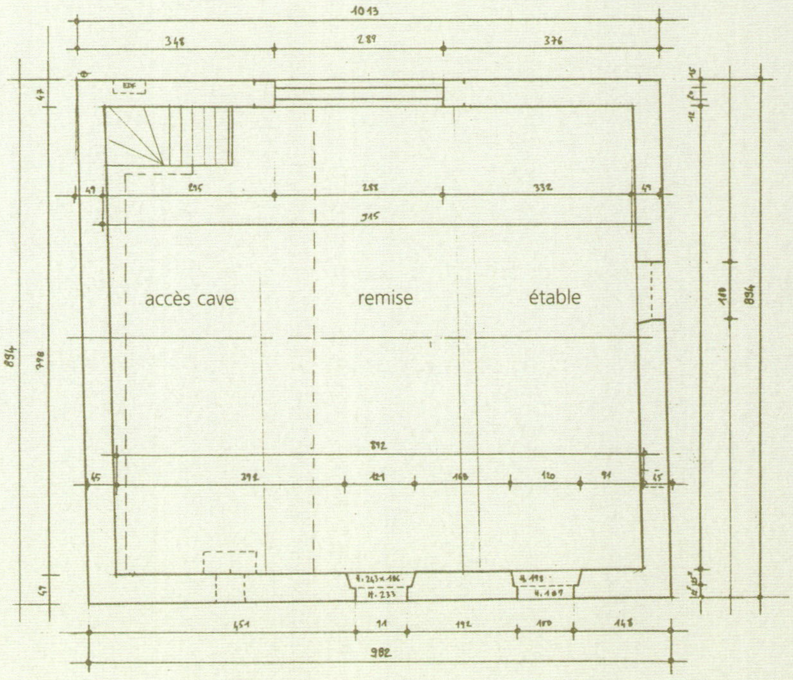

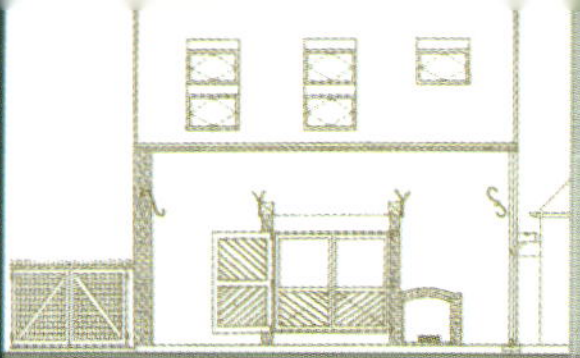

SOLUTION DE CHAUFFAGE D'UN VOLUME UNIQUE

Le chauffage est assuré par un poêle à bois en fonte cerclé de laiton de 13 kW pouvant chauffer jusqu'à 350 m^3, dont le système de combustion sur cendres avec admission d'air par le haut en fait un excellent moyen de chauffage par rayonnement bien réparti, consommant peu de bois, produisant peu de cendres, admettant toutes les essences de bois. Le poêle est posé sur un pentagone réalisé en bois habillé de zinc prépatiné afin de l'isoler du parquet. Le conduit, en inox double paroi, contribue également au chauffage de l'espace de grande hauteur.

L'isolation a été particulièrement soignée avec des performances équivalentes à celles qui sont nécessaires à un chauffage électrique.

CHANTIER

Le chantier s'est déroulé sur douze mois avec le concours de nombreuses entreprises. Deux mois d'interruption ont été mis à profit pour permettre le séchage des murs et du dallage avant d'entreprendre les travaux de second œuvre.

Les murs en silex hourdés de terre sont fragiles ; il est difficile d'y percer de nouvelles ouvertures, du fait de leur manque de cohésion. La modification de la façade sud a nécessité les précautions d'usage que maîtrisent bien les maçons locaux habitués à ce type de construction. On a rouvert la baie principale en prenant soin de recaler les appuis de charpente de part et d'autre

Coupe transversale (état projeté).

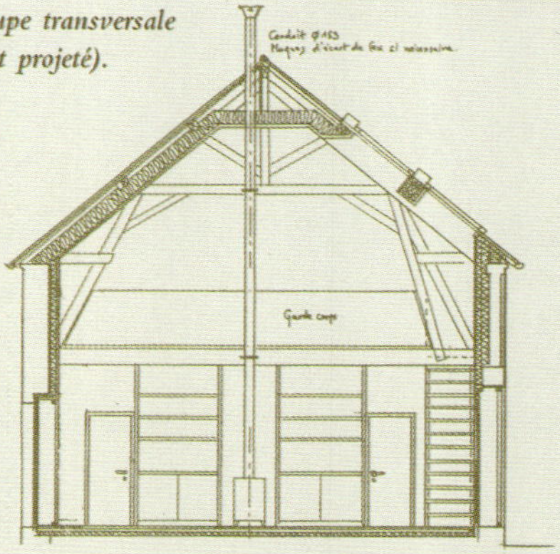

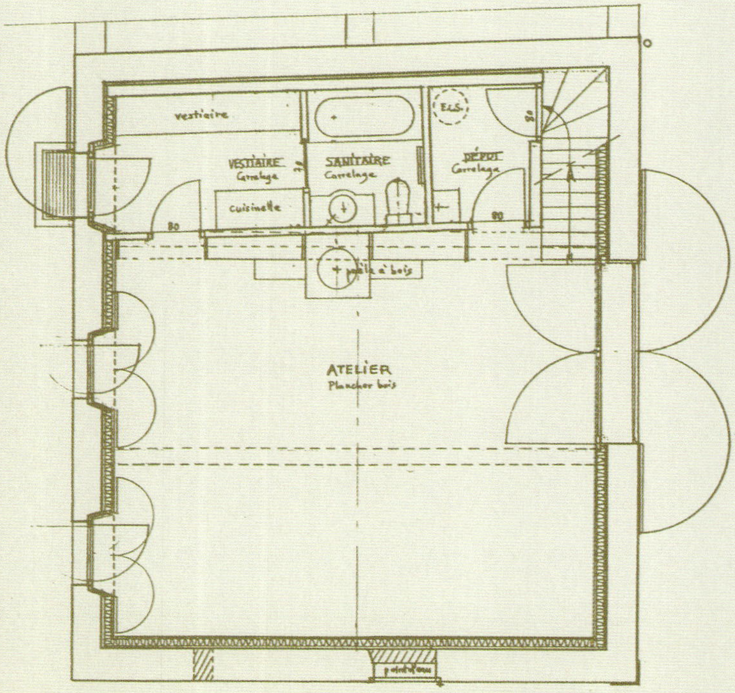

Plan du rez-de-chaussée (état projeté).

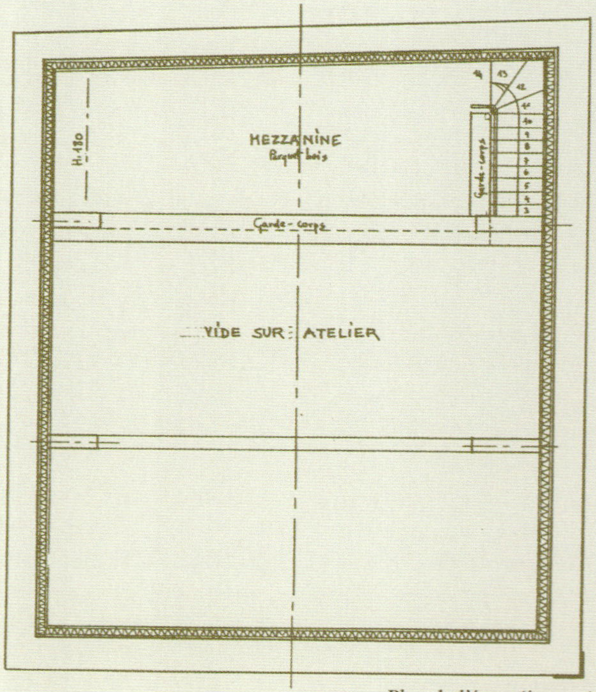

Plan de l'étage (état projeté).

et de reconstituer un linteau en béton armé. L'entreprise de gros œuvre a réalisé le plancher sur isolant, le carrelage des pièces humides, les cloisons et doublages en béton cellulaire, l'ensemble des enduits intérieurs et extérieurs à la chaux aérienne, les réseaux et l'assainissement autonome.
L'entreprise de couverture a posé la zinguerie et cinq fenêtres de toit (1,40 m × 1,34 m) isolantes de grand confort avec vitrages faiblement émissifs et volets roulants motorisés.
L'entreprise de menuiserie a exécuté l'ensemble des menuiseries extérieures, y compris les volets de grande dimension de l'ancienne porte de grange traités en lames disposées en losanges concentriques en bois exotique Framire.
À l'intérieur, les travaux ont compris l'ensemble des doublages isolants en plaques de plâtre de grande dimension, ainsi que le solivage de la mezzanine, son escalier d'accès en bois massif avec son garde-corps formant une bibliothèque sur mesure, et le parquet. L'ensemble des travaux de peinture et de finition des planchers ont été réalisés avec des produits écologiques conformes à l'éthique environnementale de l'architecte.

L'intervention de l'architecte respecte la mémoire des lieux et apparaît notamment au niveau des encadrements de baies. Les jambages existants restent en briques et les parties nouvelles sont traitées en enduit. En détail, les volets en bois de l'ancienne baie charretière de la façade nord.

Jean-Paul Agosti dans son atelier.

Maître d'ouvrage : Jean-Paul Agosti, artiste peintre
Maître d'œuvre : Michel Dusolle, architecte DPLG
Entreprises : EMETP (gros œuvre) ; Baillat (plomberie) ; Clerc (menuiseries intérieures et extérieures) ; Joigneau (électricité) ; Fontaine (couverture) ; SIP (peinture)
Surface utile : 67 m²
Coût de l'opération : 111 000 € [730 000 F]
Année d'exécution : 2000

Exemple de réhabilitation 17

Une agence d'architecte et une habitation en haut Dauphiné

Réhabilitation d'une ferme désaffectée d'un hameau montagnard, Puy-Sanières (Hautes-Alpes)

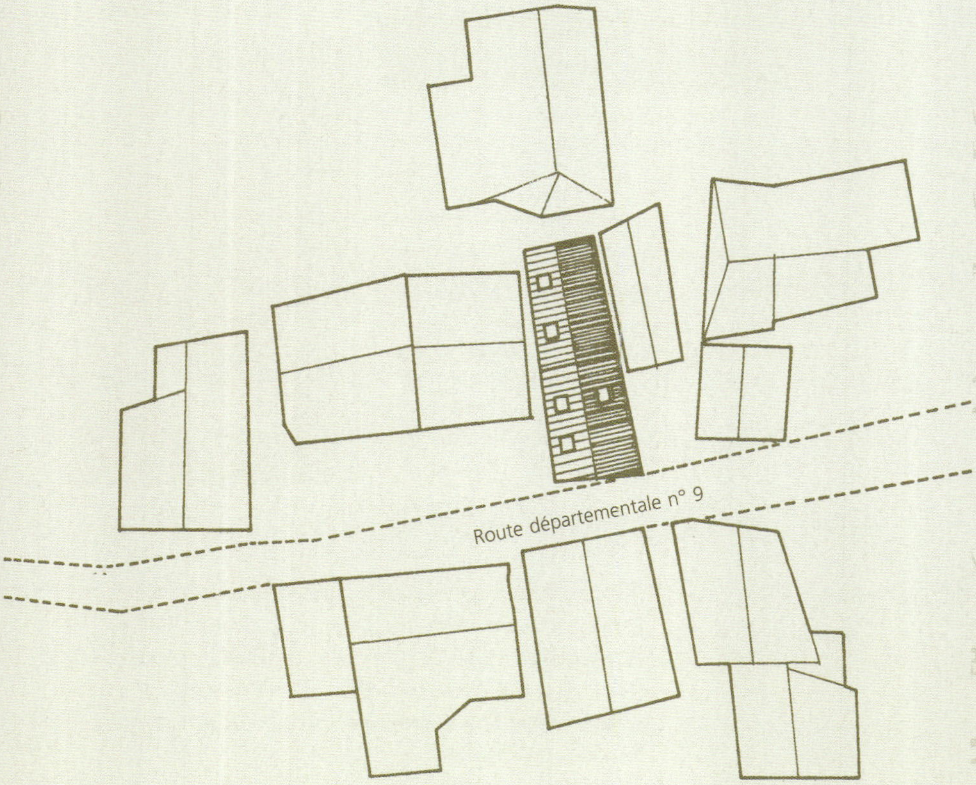

Plan de masse (état projeté).

HISTOIRE ET LOCALISATION DU BÂTIMENT

Puy-Sanières est un groupe de villages surplombant le lac de Serre-Ponçon, la plus grande retenue artificielle d'Europe. La ferme concernée par le projet se trouve au cœur du hameau densément peuplé des Bouteils, situé sur un petit plateau s'appuyant sur les contreforts du mont Guillaume, à l'orée du parc national des Écrins. Le bâtiment date du XVIIIe siècle. Il n'a plus été habité, après la mort de son propriétaire, depuis la Seconde Guerre mondiale. L'héritière a fait reprendre la toiture en 1962 mais la ferme est restée vacante jusqu'en 1999, date de sa vente et du début des travaux de réhabilitation.

Le bâtiment existant ne représente qu'une partie d'un ensemble plus large organisé autour d'une cour, disparu depuis longtemps. Il forme un volume trapézoïdal implanté perpendiculairement à la pente et comptait initialement deux niveaux, composés chacun de quatre voûtes d'arêtes reposant sur un pilier central. Les bêtes étaient autrefois abritées au niveau de la rue. À l'étage, deux chambres et une cuisine étaient réservées à la vie domestique. La plus grande partie de l'espace était donc à usage agricole, bêtes au rez-de-chaussée et fourrages dans la grange surmontant l'habitation. De plus, la conservation des céréales dans l'une des deux chambres empiétait sur cet espace.

À l'extérieur, un perron ouvert sur le sud permettait de se tenir à l'abri de la neige et des intempéries et de se chauffer au soleil. Au-dessus, un grand balcon en mélèze également protégé des intempéries servait à faire sécher les céréales et à amener les produits agricoles à maturation durant les hivers rigoureux.

DESCRIPTION TECHNIQUE ET DIAGNOSTIC

Au cours des siècles, cette ferme a subi différentes transformations, lisibles dans sa structure par la trace de baies, au sud, à l'est et à l'ouest, aujourd'hui comblées.

Le niveau de la grange a vraisemblablement été surélevé pour accueillir un espace d'habitation indépendant et séparé des bêtes. Cette modification transparaît dans le comblement d'une ouverture principale au sud qui servait alors d'entrée de grange. Par ailleurs, les voûtes d'arêtes s'appuient sur les piliers du niveau inférieur, indépendamment des murs préexistants.

Au nord de la partie habitation, une cave voûtée en berceau est adossée et partiellement enterrée dans la pente de la montagne. Elle servait à la conservation des aliments.

La grange couvre la totalité de la surface de la maison d'origine. Elle est séquencée régulièrement par des fermes triangulées traditionnelles sur lesquelles se sont succédé les matériaux de couverture des plus rudimentaires (chaume, ardoise d'une carrière locale) aux plus élaborés (tôle ondulée puis tôle prélaquée). Dans l'espace sud de la grange, la charpente doit être déposée. En effet, le mauvais état sanitaire des bois vient s'ajouter à l'encombrement des entraits, qui ne permettent pas d'exploiter l'espace pour une habitation. L'état du balcon en mélèze exige également une restauration. L'ossature primaire de la charpente de la partie nord mérite en revanche d'être conservée.

Le mur pignon nord (de même que la cheminée en pierre) menace ruine. Il devra être déposé et remplacé. Dans les parties enterrées du bâtiment, où des infiltrations d'eau sont visibles, des drains devront être posés. Les murs des élévations sont faits de deux parements de pierres prélevées sur le site sans tri rigoureux, à l'inverse des voûtes d'arêtes ou en berceau édifiées avec des matériaux sélectionnés. L'ensemble est hourdé à la chaux. Les enduits des façades emploient les terres prélevées sur le site, mélangées à des chaux cuites dans les fours locaux.

PROGRAMME

Le programme de la réhabilitation comportait la réalisation d'une maison d'habitation privilégiant de larges espaces de vie et le maximum de lumière, tout en conservant la lisibilité du bâtiment d'origine. Un bureau permettant de réunir une dizaine de personnes était également demandé.

La partie voûtée du niveau 1 initialement à usage d'habitation et de grenier à grains. L'appareillage nécessite une reprise.

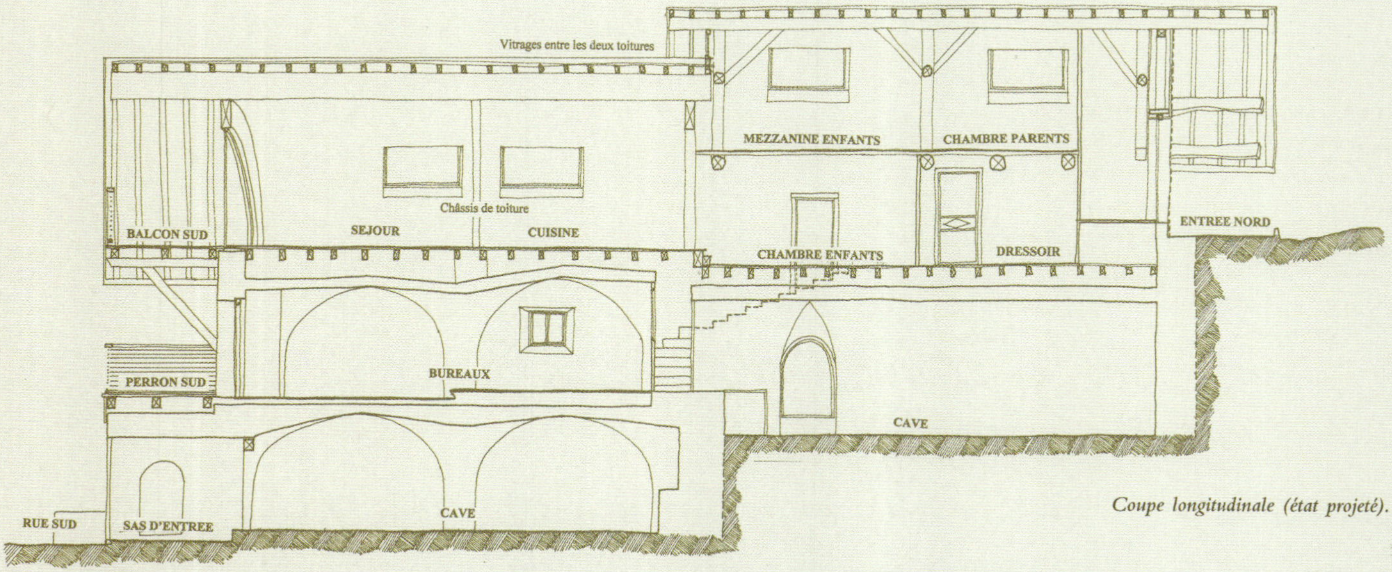

Coupe longitudinale (état projeté).

PROJET ARCHITECTURAL

Le projet architectural prévoit que la maison d'habitation occupe le niveau le plus élevé du bâtiment, la grange, qui apporte le plus de possibilités d'éclairage naturel. Le bureau occupera l'étage inférieur, sous les voûtes d'arêtes. Ces deux espaces distincts déterminent une « boîte en bois » pour la partie habitation, avec une expression architecturale contemporaine mais respectant les volumes et les matériaux d'origine, et une « boîte en pierre » issue de la restauration du niveau bas, pour ce qui concerne le bureau.

Les deux entrées, l'une en façade sud, l'autre en façade nord préservent l'autonomie des espaces à usage professionnel et privé, réunis dans un même bâtiment.

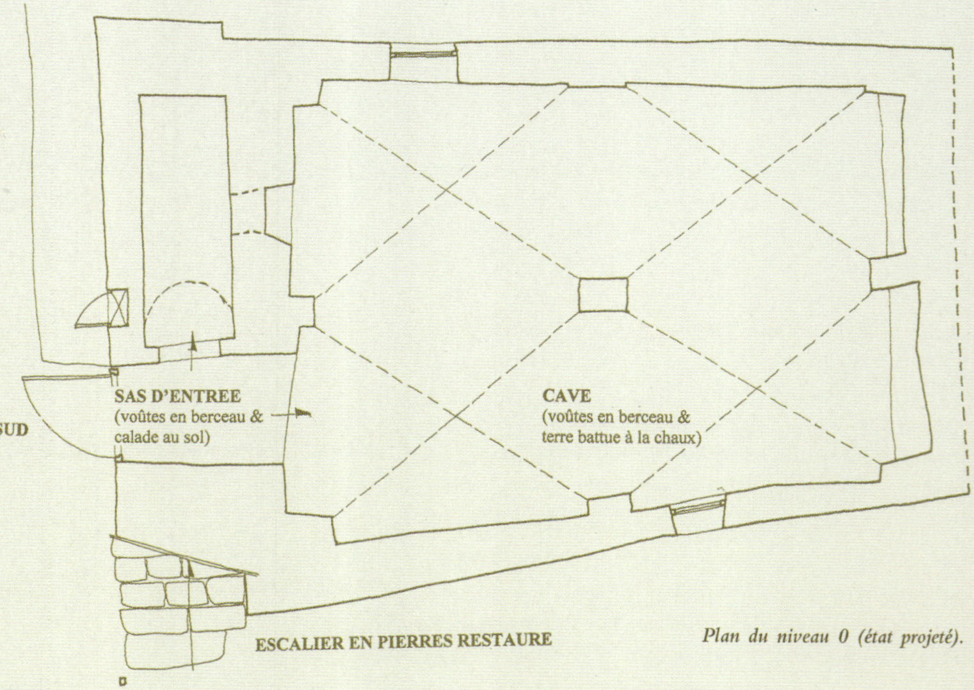

Plan du niveau 0 (état projeté).

Plan du niveau 1 (état projeté).

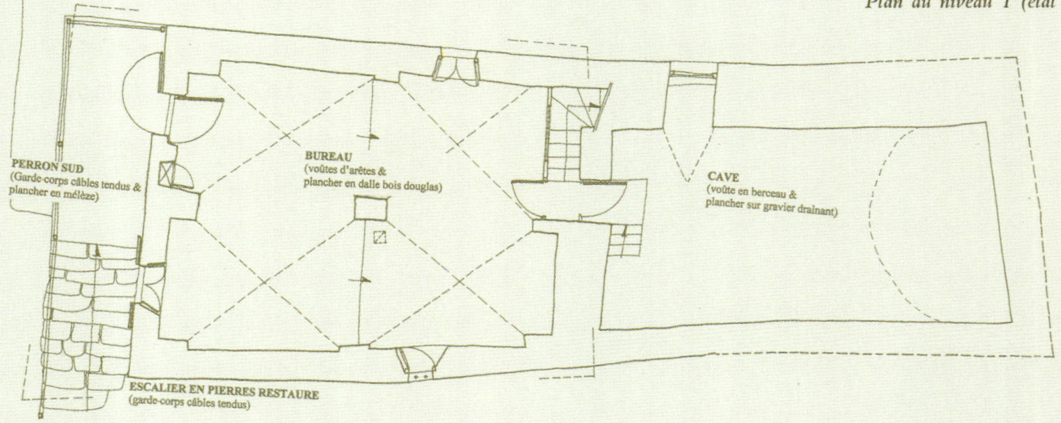

Plan du niveau 2 (état projeté).

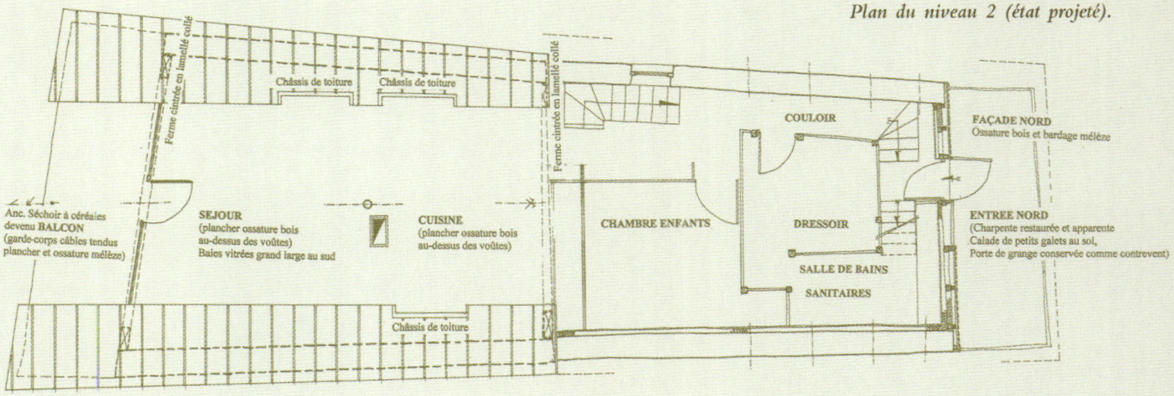

L'aménagement de l'espace réservé à l'habitation est déterminé par la différence de hauteur de toiture, due au dénivelé du terrain. Dans la partie sud, aménagée sur un seul niveau, la réfection complète de la charpente permettra un traitement contemporain, non cloisonné, de la vaste salle de séjour-cuisine. La partie nord offrant une grande hauteur sous charpente sera découpée en deux étages.

Dans l'espace de l'ancienne habitation dévolu au bureau, la volonté architecturale est de dégager les espaces et de restaurer les voûtes et les baies à l'identique.

La cave semi-enterrée restera accessible par un sas d'entrée donnant sur la rue. Un sol en gravier drainant facilitera l'écoulement naturel de l'eau.

Plan du niveau 3, mezzanine (état projeté).

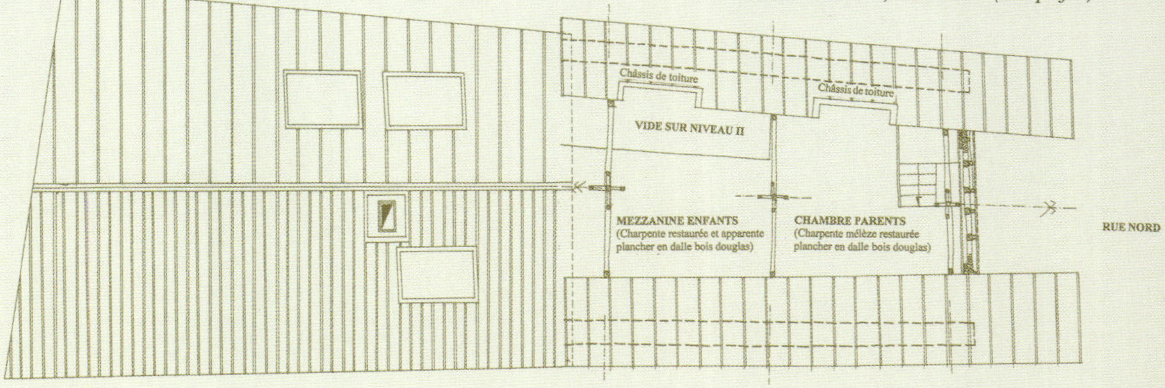

La communication verticale, qui n'existait pas dans le bâtiment d'origine, sera réalisée dans l'épaisseur du mur de refend, entre les voûtes d'arêtes et la voûte en berceau. Pour préserver le bâtiment, les planchers reposeront sur les murs périphériques, en aucun cas sur les voûtes.

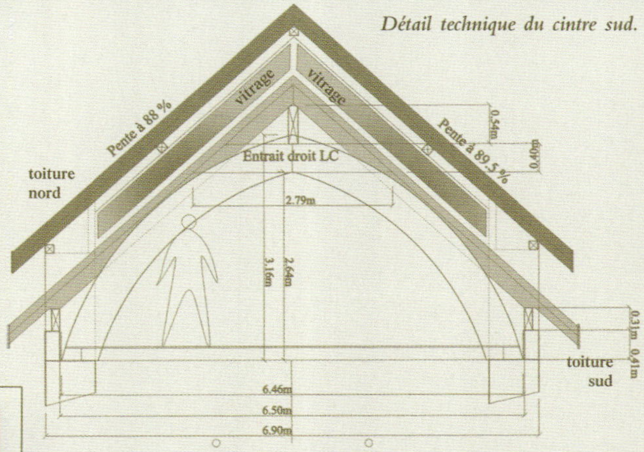

Détail technique du cintre sud.

TRAITEMENT DE LA CHARPENTE

La volonté architecturale est d'exploiter le volume de la grange d'un seul tenant, de dilater les espaces et de valoriser les apports de lumière naturelle. Pour cela, le choix d'une charpente sans ferme intermédiaire a été privilégié. Les chevrons s'appuient sur une panne de 8 m, en lamellé-collé, reposant sur deux arcs cintrés formant ferme. La lumière est donnée par cinq grands châssis sur le toit et par une baie comprise dans tout l'espace de l'arc cintré de la ferme sud. Cette dernière ouverture donne sur le grand balcon dont le garde-corps sera fait en câble, pour laisser libre la vue sur la montagne.
Dans la partie nord de la grange, l'ossature primaire de la charpente sera conservée.

Les fermes traditionnelles reposent sur les maçonneries des murs gouttereaux. Elles seront conservées dans la partie nord.

La façade sud en travaux. L'ancien balcon en mélèze est restitué à l'identique dans le prolongement de la charpente entièrement reprise dans la partie sur rue du bâtiment. Sous l'escalier, une petite pièce voûtée en berceau donne accès au rez-de-chaussée. La maçonnerie de ce volume doit être entièrement reprise.

L'angle sud-ouest de la femre réhabilitée. Le balcon sud est porté par trois larges consoles ; il est engravé et scellé dans le chaînage périphérique.

L'espace séjour prolongé par le balcon ouvrant largement sur la vallée. Le sol de l'espace intérieur est traité en bois de douglas, tandis que l'ossature et le plancher du balcon sont en mélèze.

CHANTIER

Au niveau de la rue, l'escalier donnant accès au bureau a été restauré à l'identique, et le perron ouvert au sud a été repris en bois, avec un garde-corps en câble semblable au balcon de l'étage supérieur. Ces éléments viennent souligner le contraste entre les différents matériaux et accentuer la profondeur de la façade.
La cheminée a été remplacée par des conduits en inox, et l'emplacement stratégique des foyers a pu être préservé. Le mur pignon nord en pierre a été remplacé par une ossature bois. Enfin la porte d'entrée de la grange a pu être préservée et réutilisée.

L'espace voûté du premier étage est réhabilité en bureaux chauffés par des radiateurs d'acier à basse température.

Maîtres d'ouvrage : M. et Mme Garin
Maître d'œuvre : Sylvestre Garin, architecte DPLG et DESHCMA
Entreprises : Blanc & Arcade 10/2000 (maçonnerie) ; SB Charpente (charpente, couverture) ; Aillaud (chauffage, plomberie) ; Delorme & Dezest (menuiseries) ; Vialle (électricité)
Surface utile : 140 m^2
Coût de l'opération : 124 000 € [813 000 F] TTC
Année d'exécution : 2000

Exemple de réhabilitation 18

Réhabilitation de la grange d'un domaine agricole dans une vallée cantalienne, Ladinhac (Cantal)

Un ensemble de bureaux en Auvergn

HISTOIRE ET LOCALISATION DU BÂTIMENT

La grange de cet exemple appartient au domaine des Cazottes, situé en moyenne montagne, entre le nord de l'Aveyron et le sud du Cantal, sur la commune de Ladinhac. Les propriétaires, installés dans le Cantal depuis 1996, possèdent 65 ha, au fond d'une petite vallée de la Châtaigneraie cantalienne.
Le site accueille neuf bâtisses, dont trois aménagées en logements meublés de tourisme. La grange est le premier bâtiment que l'on aperçoit en arrivant sur le domaine. Datée de 1860, elle a été

Façade est (état existant).

Façade ouest (état existant).

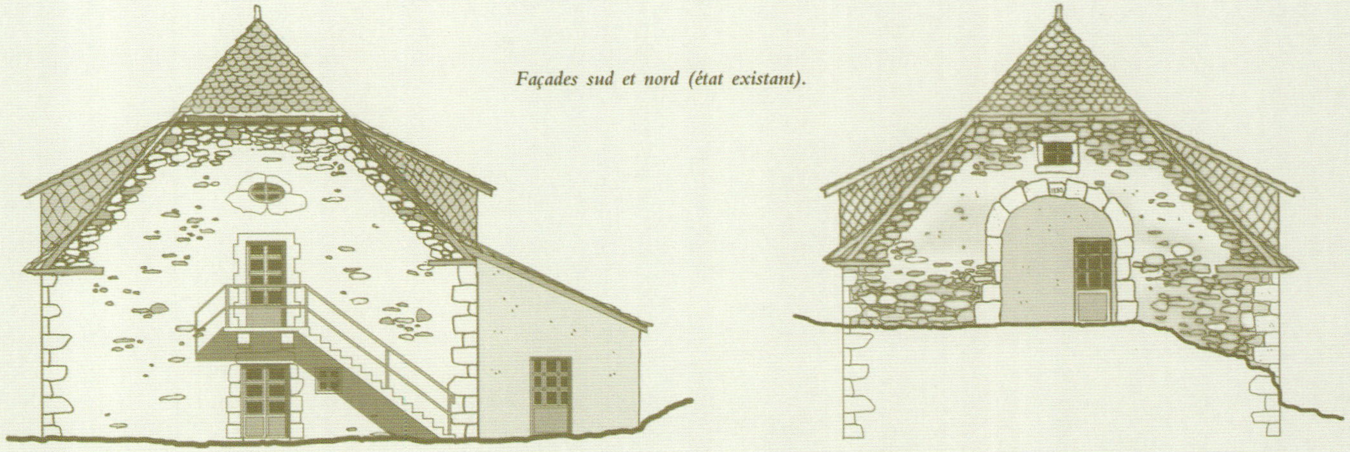

Façades sud et nord (état existant).

réhabilitée dans les années 1960 quand la ville de Montfermeil (Seine-Saint-Denis), alors propriétaire, y installa une colonie de vacances. Pour assurer l'accueil des enfants et des moniteurs, la grange avait alors subi d'importantes transformations architecturales.

DESCRIPTION TECHNIQUE ET DIAGNOSTIC

Actuellement, on peut décrypter deux écritures qui s'entremêlent. La première montre la grange dans son état d'origine : un plan de 10 × 30 m au sol, parallèle aux courbes de niveau. Le volume s'ancre dans la pente, les ouvertures sont petites, en particulier sur les façades nord et ouest exposées aux intempéries. Sur les façades sud et est, de belles arches en granit marquent les entrées. Au sud, un dénivelé fournit un accès direct à l'étage, où le fourrage était entreposé. L'arc de la porte a été partiellement bouché avec des moellons de schiste. Le large volume intérieur est libéré grâce à un système de fermes à entrait retroussé, caractéristiques de la région. À l'est, l'entrée se fait au rez-de-chaussée, où se trouvent les bêtes. Le plancher est relativement bas. Les matériaux de la maçonnerie sont le schiste pour les murs, le granit pour les chaînages d'angle et les encadrements d'ouverture ou des baies. La toiture, couverte de lauzes en écailles, est marquée par des coyaux et des croupes permettant de rejeter la pluie loin des murs.
La deuxième écriture, qui se superpose à la première, correspond à l'époque de la réhabilitation effectuée dans les années 1960. Le volume global a été conservé. Cependant de larges lucarnes rampantes ont été créées pour éclairer l'étage ; les ouvertures d'origine ont été élargies, d'autres percées. À l'intérieur, le sol a été carrelé et les murs ont été entièrement enduits. Les matériaux qui témoignent de cette transformation sont le béton pour les linteaux, et la brique pour les jambages des fenêtres.
Sur le mur gouttereau ouest, un appentis est accolé dans le prolongement du pignon nord.

Les ouvertures sur la façade est.

Exemple de réhabilitation 18

Plan de masse (état projeté). L'édifice et ses abords seront traités comme un ensemble indépendant du reste de la propriété.

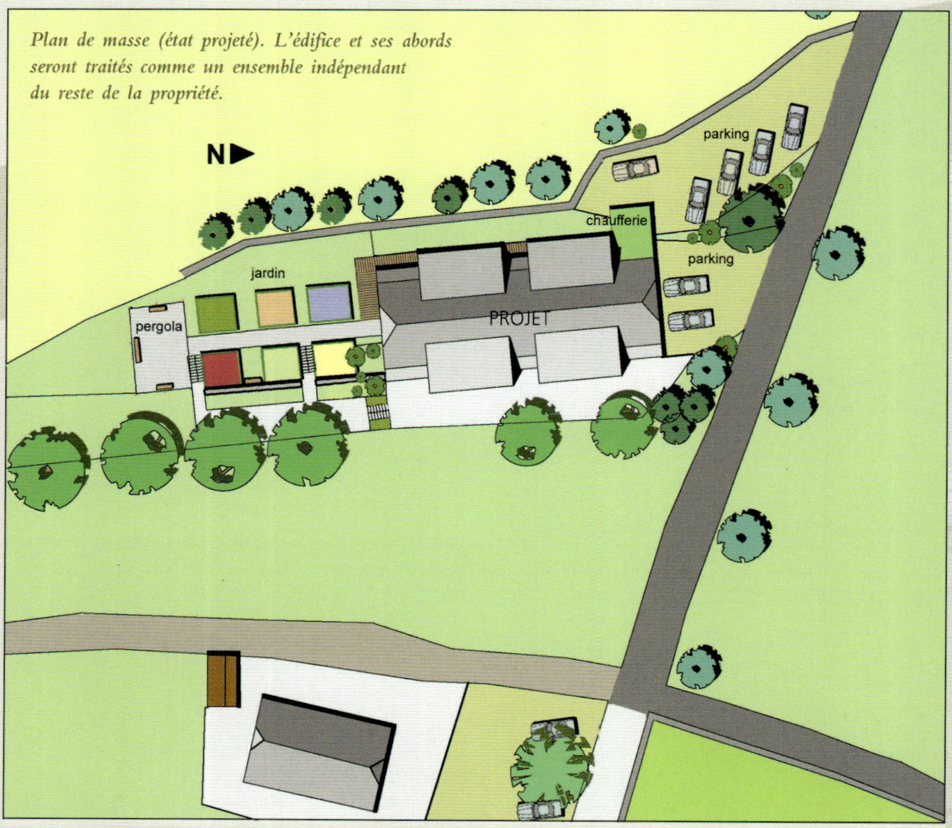

PROGRAMME

Les propriétaires actuels ont déjà aménagé des gîtes dans trois bâtiments – l'ancien moulin, l'ancien pressoir à cidre et le sécadou (séchoir à châtaignes) – et des chambres d'hôtes dans leur maison principale.

Souhaitant par ailleurs prolonger une activité agricole tournée vers l'élevage d'ovins et de caprins, ils envisagent de créer une ferme pédagogique, mais le lieu se révèle inapproprié à une telle démarche : l'aménagement des accès serait particulièrement onéreux et préjuciable à la qualité du site. Ils décident alors d'élaborer un programme s'inscrivant dans une volonté de sauvegarde de l'environnement et de redynamisation d'un monde rural en pleine mutation. L'idée de la création d'un pôle HQE (Haute qualité environnementale), moteur d'une dynamique entre différents partenaires tels qu'architectes, artisans et ingénieurs, est arrêtée. La propriétaire, chromobiologue[1], désire en effet compléter son activité en travaillant avec d'autres professions de la construction. Elle souhaite donner un caractère résolument contemporain à la réhabilitation, préconisant notamment l'utilisation de larges baies vitrées. Dans ce contexte, la situation particulière du bâtiment, qui ne bénéficie d'aucune protection, végétale ou bâtie, à proximité, a orienté tout naturellement le parti pris bioclimatique des architectes.

Par ailleurs, le programme répond à une volonté des collectivités territoriales de créer des emplois en zone « défavorisée », cette région du Cantal bénéficiant de la PAT (Prime d'aménagement du territoire), qui complète les nombreuses subventions départementales ou régionales.

Coupe transversale sur terrain (état projeté).

1 La chromobiologie est l'étude des effets physiologiques de la couleur sur les êtres vivants, en particulier sur l'être humain.

PROJET ARCHITECTURAL

Sur le plan architectural, la volonté des architectes est de préserver les deux écritures précédemment exposées et de développer un autre style respectueux du passé du bâtiment, mais également d'orienter le projet vers une démarche environnementale et innovante.
Le bâtiment se doit d'être l'empreinte de l'originalité du programme. Ainsi, les architectes ont choisi de travailler sur la lumière et son rôle dans la couleur. La volonté d'apporter la lumière, avec la création de grandes lucarnes, qui présida à l'ancienne réhabilitation de la grange, sera gardée, voire mise en valeur par eux. Leur parti pris est de prolonger jusqu'au sol ces quatre lucarnes, pour les transformer en d'immenses *bow-windows*. Tout en augmentant l'apport de lumière, ces éléments jouent un rôle de sas (voir l'encadré page suivante).

Plan du rez-de-chaussée (état projeté).

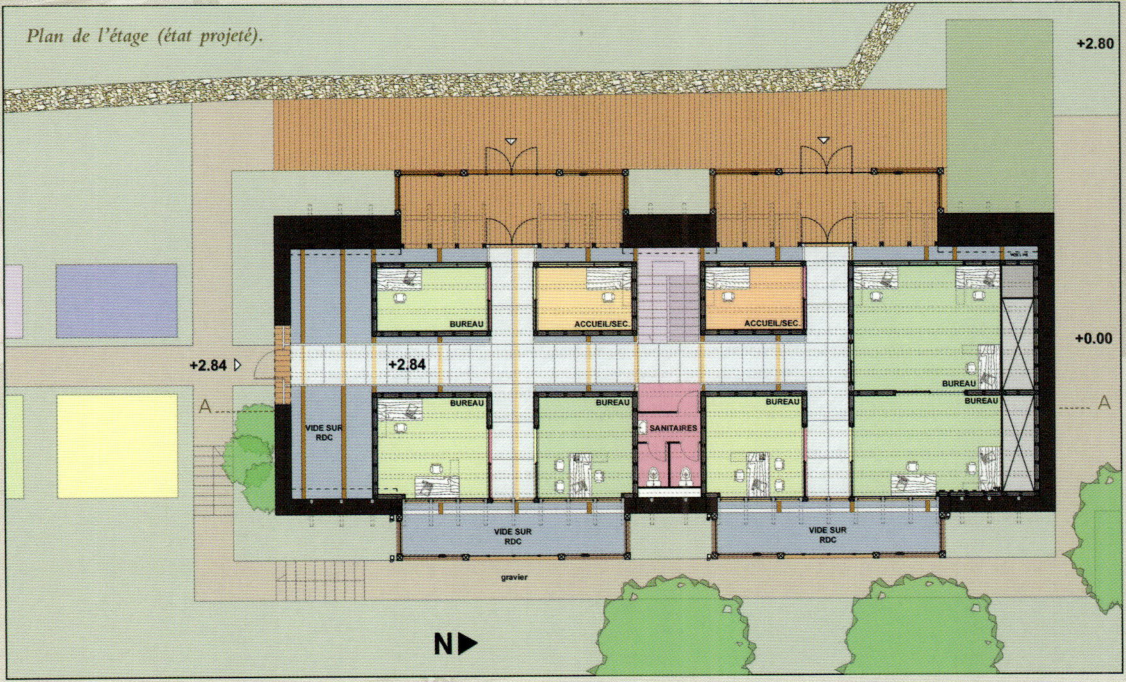

Plan de l'étage (état projeté).

TRAITEMENT DU CONFORT THERMIQUE

Durant l'hiver, les *bow-windows* formant sas, fermés, permettront de réchauffer l'air, comme le ferait une serre, avant de le rejeter dans le bâtiment. Ceci n'est cependant pas suffisant, compte tenu des rigueurs du climat hivernal. Afin de favoriser le confort thermique des bureaux situés à l'étage, ceux-ci seront conçus comme des « boîtes » chauffées par une chaudière à bois, indépendamment du volume global du bâtiment. En été, les sas, ouverts, auront un rôle inverse et participeront à la ventilation générale du bâtiment : les « boîtes » s'ouvrent généreusement et permettent à l'air de circuler aisément. Le rez-de-chaussée sera également chauffé ou ventilé de manière autonome.

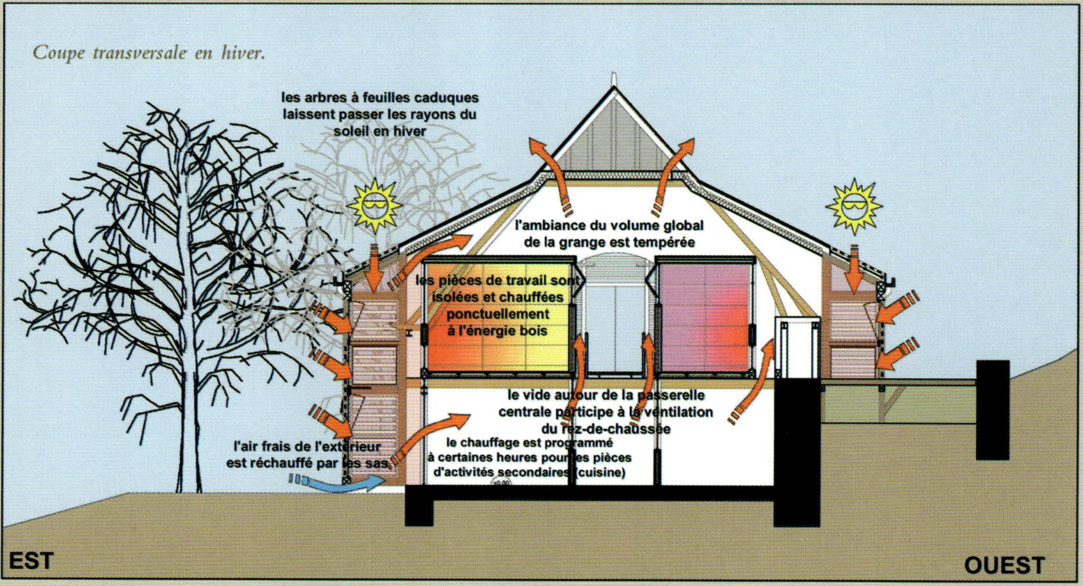

Coupe transversale en hiver.

Coupe longitudinale (AA) en été.

Façade ouest (état projeté). Les lucarnes rampantes seront aménagées en oriels à ossatures de bois (menuiseries et pare-soleil).

L'appentis accolé au mur ouest sera conservé pour recevoir la chaufferie. Le volume de la grange sera traité comme un grand espace ouvert sur deux niveaux : en façade est, on accédera par les deux oriels au rez-de-chaussée consacré à l'accueil du public et aux espaces collectifs. Au premier étage, une passerelle transparente desservira des bureaux conçus comme des cellules autonomes. De l'époque originelle du bâtiment, on doit retrouver certains traits : ainsi, toutes les ouvertures percées lors de la première réhabilitation seront rebouchées avec des moellons de schiste. Au sud, au contraire, l'ancienne porte charretière, débarrassée de son remplissage de schiste, sera entièrement vitrée et comportera en son centre une porte. La combinaison du bois et du verre correspond aux structures des oriels. Les jouées des lucarnes seront maçonnées en pierres de schiste. À l'intérieur, le parti est d'ôter l'enduit pour remettre à nu la pierre. De même, le carrelage sera remplacé par des mosaïques de lauzes.

Façade sud (état projeté).

Maîtres d'ouvrage : Nathalie et Philippe Stuttgen
Maîtres d'œuvre : Agnès Lancestremère et Anthony Girard, architectes DPLG
Entreprises : non communiqué
Surface habitable : 576 m^2
Coût estimatif de l'opération : 381 000 € [2,5 MF] TTC
Année d'exécution : en projet

Partie IV

Logements locatifs

La puissance sociale et économique de certaines exploitations agricoles, d'origine nobiliaire, ecclésiastique ou bourgeoise, a laissé dans les paysages ruraux français des ensembles bâtis qui, par leur volumétrie et la richesse du traitement architectural, échappent au statut ordinaire de bâti paysan. Restant malgré tout des fermes, dont les bâtiments s'ordonnent le plus souvent autour d'une vaste cour, ces constructions expriment pourtant, à leur échelle, toutes les contraintes liées à une économie agricole. Et les analyses et réflexions menées à leur propos ne sont pas différentes de celles qui concernent des édifices ruraux modestes. Cependant, les surfaces utilisables, la plupart du temps considérables, les destinent principalement à des programmes de réhabilitation intégrant l'usage collectif des lieux.

Propriété d'individus privés ou de collectivités publiques, ces grandes fermes sont, aujourd'hui, volontiers reconverties en logements locatifs, résolvant ainsi le problème de la pénurie de logements, notamment sociaux, qui affecte de nombreuses communes rurales ou des petits centres urbains. Avec, de plus, l'avantage de pouvoir donner à certains bâtiments de ces ensembles des fonctions culturelles ou administratives liées à la présence de résidents nombreux.

Des fermes plus modestes peuvent aussi se prêter à cette affectation locative, le programme se réduisant alors à loger deux ou trois familles ou à accueillir quelques studios d'étudiants. Certaines communes, à la périphérie des grands centres urbains, ont compris les avantages qu'elles pouvaient tirer de ces résidences éclatées pour rajeunir une population vieillissante et préserver les commerces locaux, et se portent volontiers acquéreurs des fermes désaffectées. Elles font de la préservation des caractères patrimoniaux des édifices reconvertis un argument supplémentaire pour fidéliser leurs locataires. Avec d'autres attentes, des propriétaires privés ont, de plus en plus fréquemment, une approche identique.

Exemple de réhabilitation 19

Un ensemble locatif de 7 logements en Franche-Comté

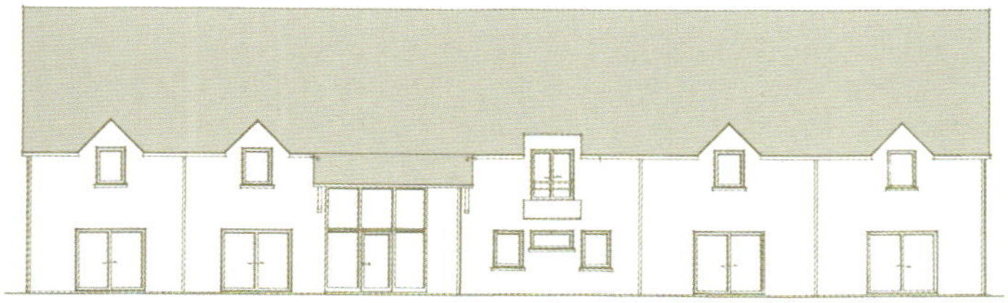

Réhabilitation d'une grande ferme à l'entrée d'un village de plaine, Petit-Noir (Jura)

HISTOIRE ET LOCALISATION DU BÂTIMENT

Surnommé « ferme Poulet » pour une raison que l'on peut deviner, le bâtiment date de la deuxième moitié du XIXe siècle. Il se situe sur la commune de Petit-Noir, dans le nord du Jura, au carrefour des départements de la Saône-et-Loire et de la Côte-d'Or. La proximité de la Bresse compose un paysage de plaine à l'habitat dispersé.

Après des années d'abandon, la commune de 975 habitants a acquis la ferme, vaste parallélépipède de 32 m de longueur sur 10 m de largeur. À l'origine, elle présentait un rez-de-chaussée avec une habitation (sur environ 10 m de longueur), une étable, une bergerie, un petit atelier, une grange et un étage entièrement dévolu au stockage du foin.

La façade est avant travaux. Dans ce bâtiment volumineux se côtoyaient les pièces à vivre, les étables et la grange, surmontées d'un vaste fenil.

DESCRIPTION TECHNIQUE ET DIAGNOSTIC

Le bâtiment, en pierre calcaire tendre, est couvert d'un toit de tuiles à deux versants, refait une cinquantaine d'années auparavant, qui présente un débord important porté par des consoles en bois. Les fermes et les pannes en sapin de la charpente sont en assez bon état. Un abri à cochons, de construction récente, dénature entièrement la façade arrière du bâtiment et doit être démoli.

La façade ouest avant travaux. Le large débord de la couverture protège les maçonneries et les portes charretières.

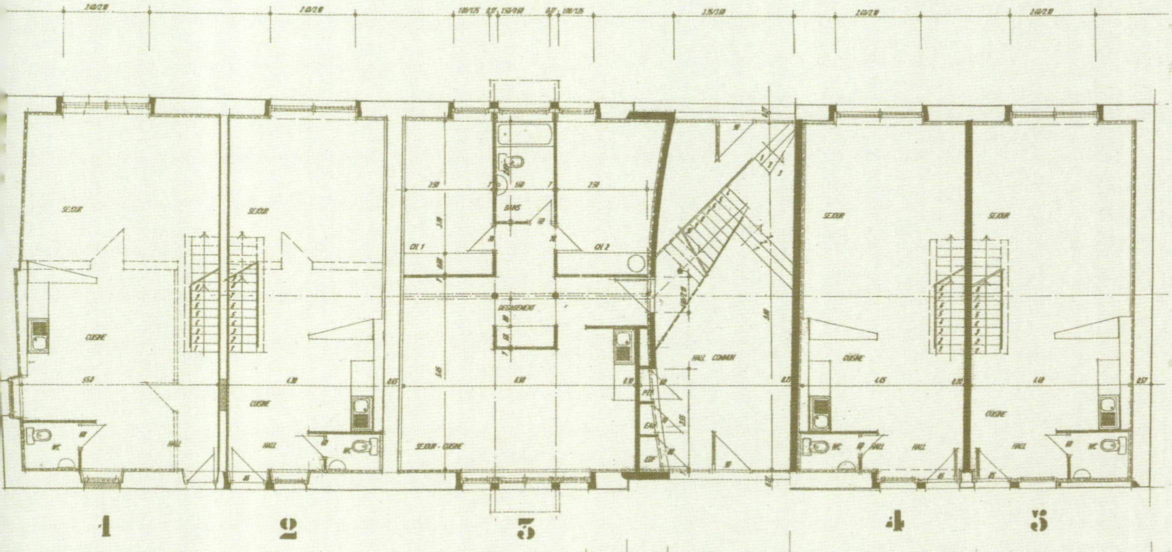

Plan du rez-de-chaussée (état projeté).

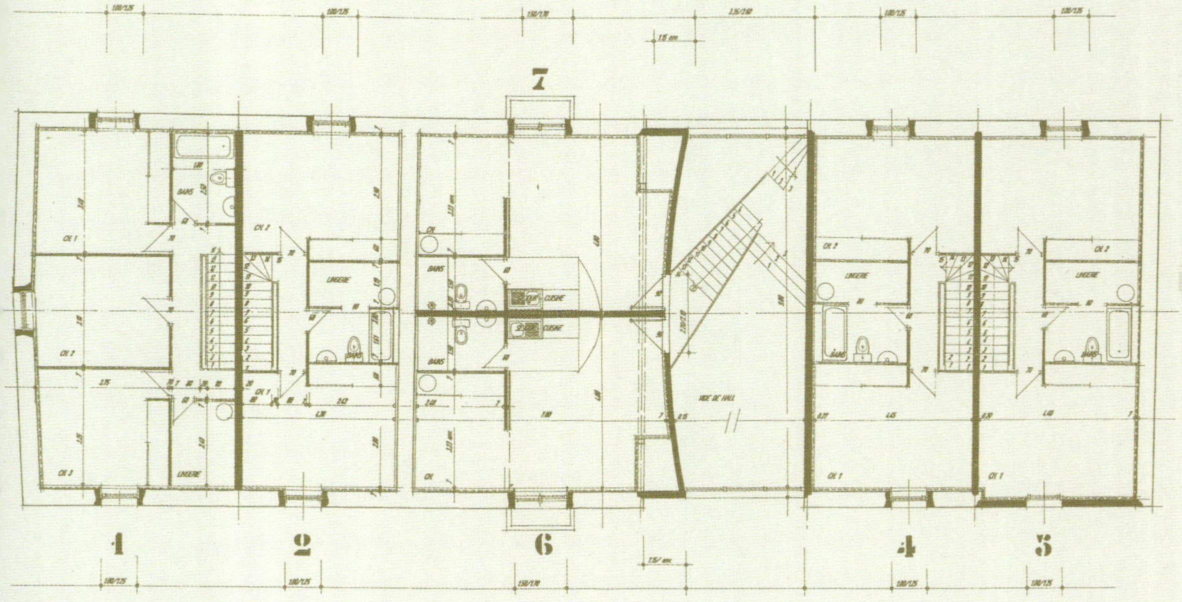

Plan du premier étage (état projeté).

PROGRAMME

La commune a fait l'acquisition de la ferme avec l'intention de la transformer en logements. La situation du bâtiment à l'entrée du village est en effet idéale pour de futurs habitants. Un lotissement est prévu à proximité.

PROJET ARCHITECTURAL

Sans contraintes particulières pour définir le profil des logements à réaliser dans la « ferme Poulet », l'architecte tient à panacher les volumes dans l'optique d'accueillir des locataires variés : familles, couples, célibataires. Cette mixité des occupants doit permettre de recréer une véritable ambiance de quartier dans les sept logements réalisés (tous loués sur plan et maquette bien avant le début des travaux de réhabilitation).
L'ensemble comprendra quatre appartements en duplex, un de plain-pied au rez-de-chaussée et deux studios à l'étage.

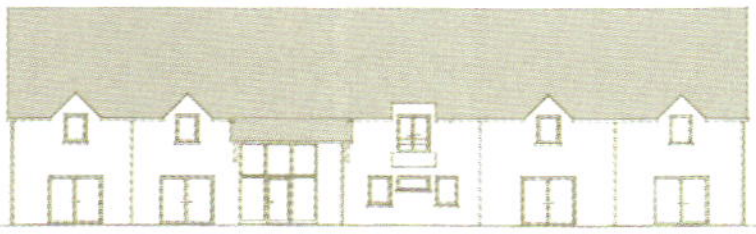

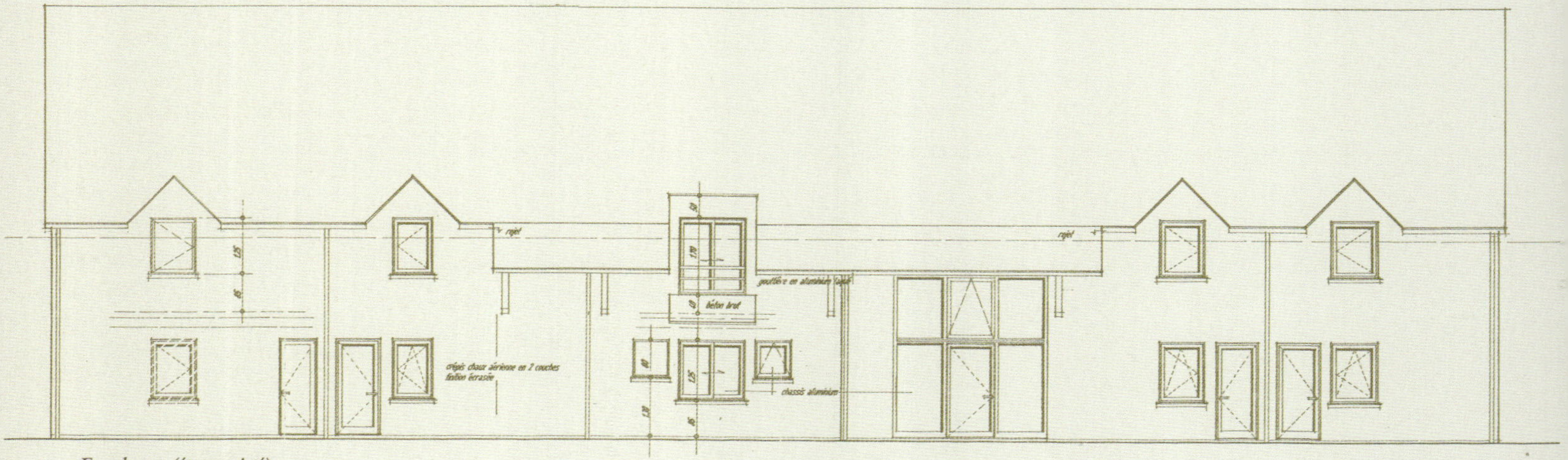

Façade est (état projeté).

Le rythme des fermes de la charpente ancienne sert de base à l'organisation générale des logements. Les débords de toiture seront préservés au maximum puisqu'ils sont l'élément typique principal permettant de conserver au bâtiment son caractère ancien et agricole.

Les fenêtres créées à l'étage seront agencées sur la façade dans le même souci de préserver l'identité de la ferme. La façade est se présentera comme une succession de maisons avec pignon sur cour, l'organisation intérieure étant rendue visible par la création de quatre lucarnes à deux pans.

Au centre du bâtiment, un espace commun doit être aménagé sur toute la hauteur. Ce hall donnera accès aux studios du premier étage, à l'appartement de plain-pied, aux gaines de service et aux boîtes aux lettres. Son entrée vitrée sera soulignée par un auvent.

TRAITEMENT DES OUVERTURES

La transparence maximale du bâtiment obtenu notamment par l'aménagement du hall d'entrée coupe l'horizontalité de l'ensemble.

La modernisation de la façade s'est opérée à partir de la répartition des ouvertures (entrée et fenêtres) de l'ancienne habitation. Les nouveaux percements, respectueux de l'esprit originel, ont été entièrement vitrés et soulignés de menuiseries en aluminium coloré.

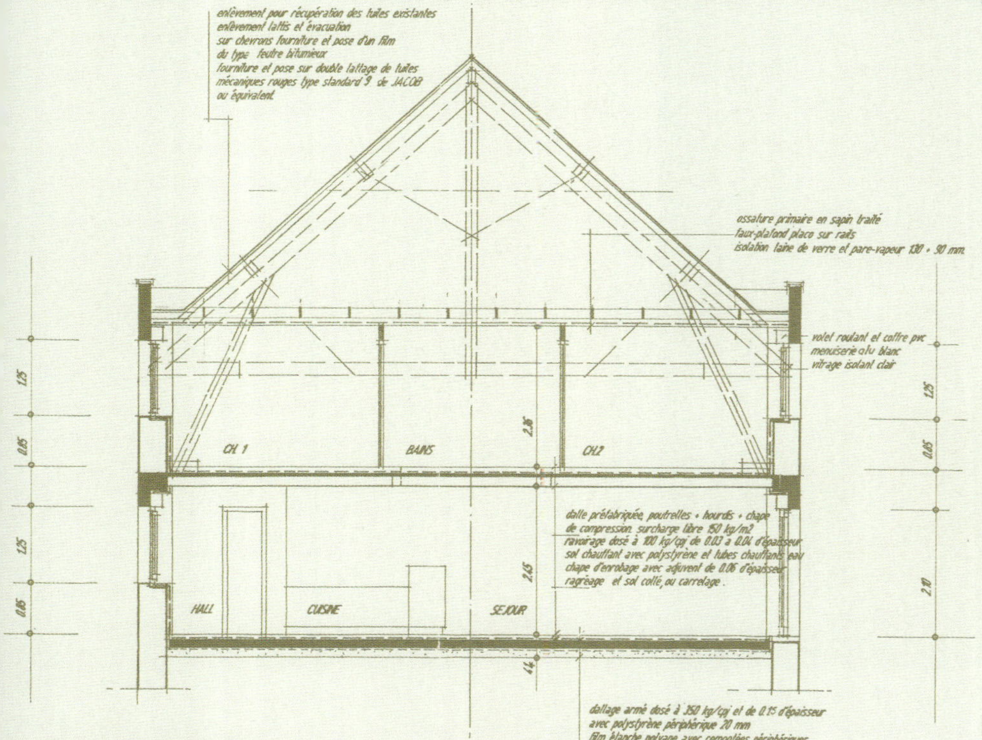

Coupe transversale sur T4.

CHANTIER

Après exécution des refends au droit des fermes et coulage des dalles, la toiture a été entièrement reprise avec chevrons et tuiles. Des poutrelles préfabriquées et des hourdis en béton ont été mis en œuvre.

Les sols ont été carrelés au rez-de-chaussée des logements et traités en tapis de pierres coulés colorés pour les escaliers, les dégagements des étages et les halls.

Les logements disposent de chaudières électriques individuelles et du chauffage au sol par circulation d'eau à basse température.

Maître d'ouvrage : Commune de Petit-Noir
Maître d'œuvre : Jean-Luc Dufour, architecte DESA
Entreprises : Da Silva Rufino (maçonnerie) ; Les Bâtisseurs réunis (charpente, couverture) ; Batibois (zinguerie en aluminium) ; Ducrot (menuiseries, serrurerie) ; Peguillet (menuiseries intérieures) ; Nunes (électricité) ; Bonglet (plâtrerie, doublages, cloisons, peinture, papiers peints) ; Frappat (plomberie, sanitaires, chauffage) ; C2C Carrelage (chape) ; Primatesta (sols scellés, faïence) ; Philippon (sols scellés)
Surface habitable : 480 m^2
Coût de l'opération : 350 000 € HT (honoraires compris)
Année d'exécution : 2001 (janv. - nov.)

La façade ouest. La partie centrale vient rompre avec le rythme des extrémités du bâtiment.

Exemple de réhabilitation 20

Un ensemble locatif de 3 logements en Alsace

HISTOIRE ET LOCALISATION DU BÂTIMENT

Le bâtiment est implanté dans le centre du village de Truchtersheim, dans le Kochersberg, au nord de l'Alsace. Issue d'un découpage foncier, cette ancienne grange-étable, d'une dimension de 30 m sur 6 m, a été reconstruite au début du XXe siècle sur les anciennes fondations. Elle abritait des animaux au rez-de-chaussée et servait d'entrepôt pour le fourrage à l'étage. Le corps de ferme est organisé autour d'une cour centrale.

Réhabilitation d'une grange-étable située en centre-bourg, Truchtersheim (Bas-Rhin)

Plan de masse (état initial).

L'entrée de la cour. Seule l'aile ouest (à droite) est concernée par la réhabilitation.

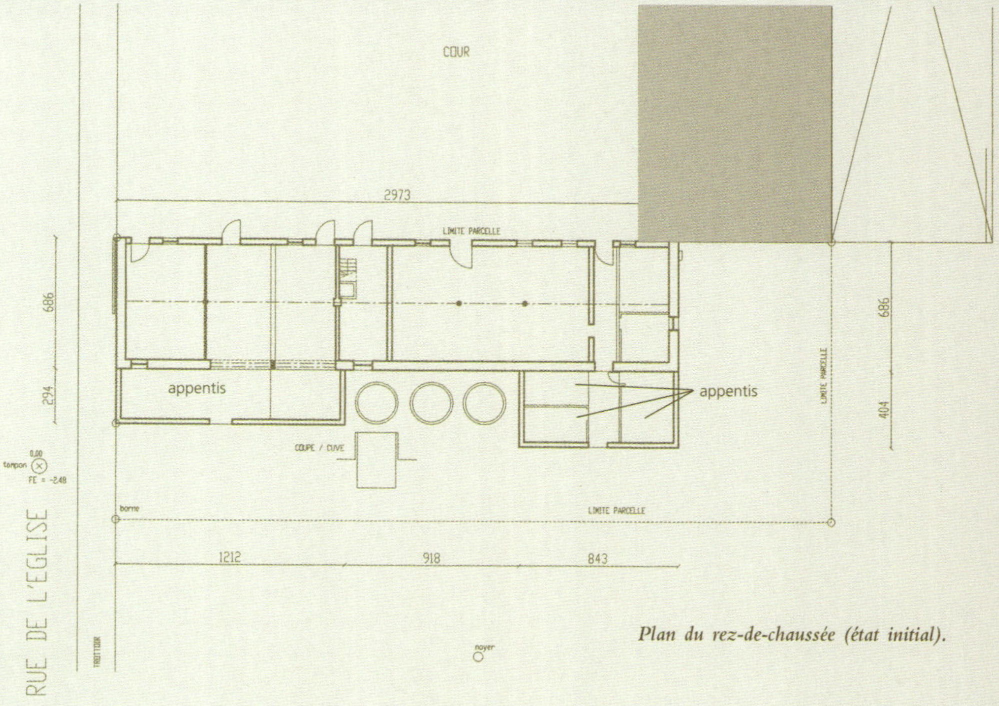

Plan du rez-de-chaussée (état initial).

DESCRIPTION TECHNIQUE ET DIAGNOSTIC

À l'exception de la façade est, l'état général du bâtiment est satisfaisant. Cette construction « à Kniestocq », ou comble à surcroît, est typique de l'architecture alsacienne. Elle présente d'un côté un auvent sur console, de l'autre un léger débord. La couverture en tuiles mécaniques est récente.
La grange, très cloisonnée, comporte plusieurs accès directs sur la cour. Deux petits appentis sont accolés au mur sud et encadrent trois cuves semi-enterrées.

Vue intérieure du premier étage, sous comble, montrant, sous la ferme triangulée, l'un des éléments spécifiques du comble à surcroît, la jambe-de-force.

PROGRAMME

Le maître d'ouvrage propriétaire de cette dépendance lance un concours rémunéré entre trois architectes pour voir quelles possibilités de réhabilitation en trois logements locatifs offre le bâtiment. Chaque logement à réaliser doit disposer d'un séjour, d'une cuisine, de trois chambres, d'une salle de bains, de w.-c. et d'un garage.

PROJET ARCHITECTURAL

L'idée de l'architecte est de conserver l'existant afin de garder au bâtiment une position optimale par rapport à l'implantation sur le terrain et à l'orientation qui offre une vue sur le paysage et un ensoleillement maximal. Ce parti permet, en outre, de préserver l'intégrité et la cohérence architecturale de la ferme, ce qui eut pour conséquence l'obtention d'une aide de l'administration régionale.
Le découpage proposé est vertical, privilégiant l'orientation côté jardin. Chaque logement se répartit sur trois niveaux. Le comble est utilisé comme simple grenier ; la charpente et la couverture sont gardées intactes, et l'on remédie ainsi au manque de caves. La suppression des appentis modifie complètement la façade sud. À leur place sont créés trois salons vitrés surmontés de terrasses qui donnent sur des jardins privatifs.

Exemple de réhabilitation 20

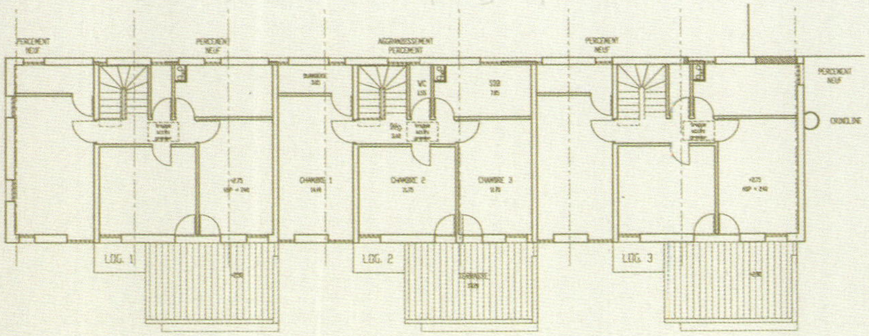

Plan du premier étage (état projeté).

Plan du rez-de-chaussée (état projeté).

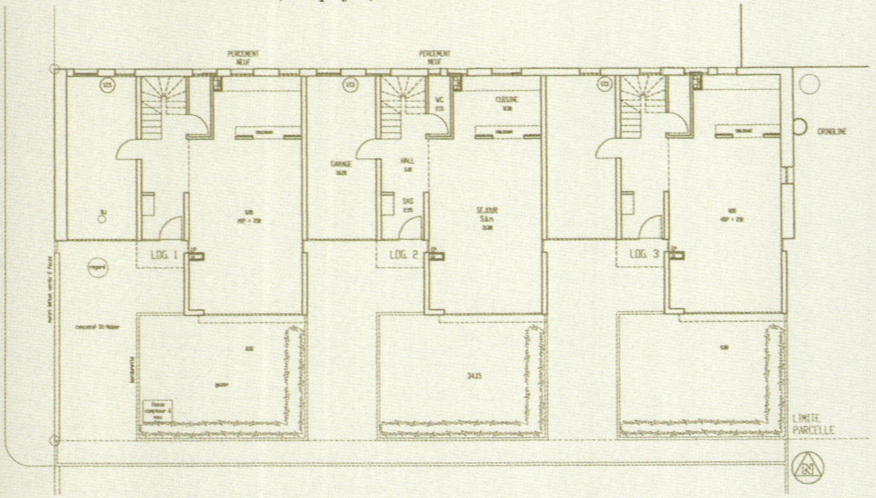

Plan du comble (état projeté).

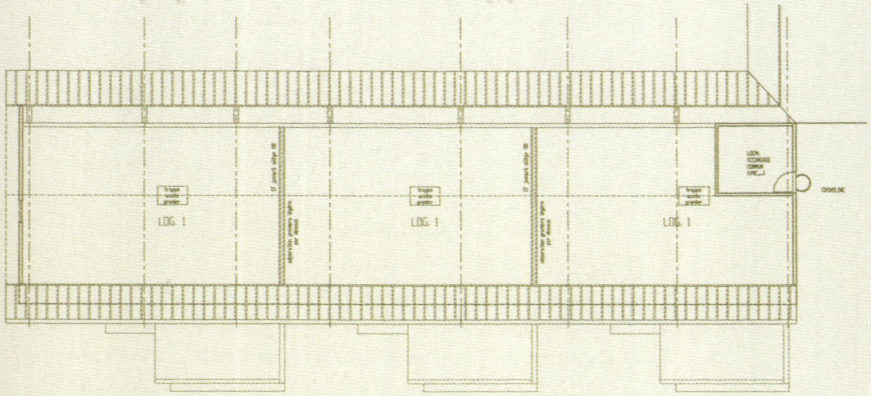

Les ouvertures sont conservées et fermées par des panneaux en contreplaqué tranché, avec des ouvrants translucides orientables selon les besoins de ventilation et de lumière. En effet, toutes les pièces, y compris les sanitaires, seront éclairées et ventilées naturellement, sans qu'il y ait à percer de baies sur la façade est, du côté de la cour de la ferme. L'intégration des garages dans le corps du bâtiment évite l'encombrement du pré.

LA LOGIQUE DU PROJET

L'option de trois maisons mitoyennes a été déterminante dans le choix du projet lauréat par le maître d'ouvrage. Elle permet en effet à chaque locataire de disposer d'un séjour ouvrant sur un petit jardin privé, véritable plus-value pour un logement situé en zone rurale. Ce choix permet également d'éviter les nuisances phoniques dues à une superposition de logements et facilite une éventuelle division des locaux en cas de vente par lots séparés.

CHANTIER

La structure du bâtiment a été traitée avec des poteaux et des voiles de béton armé. Le plancher haut d'étage a été monté en solivage en bois à caissons afin de reprendre les entraits qui ont été condamnés. La plupart des murs existants, en moellons et en briques, ont pu être conservés, sauf en façade sud, où des murs neufs ont été construits en briques isolantes et voiles de béton armé.

À l'intérieur, les sols ont été traités en parquet stratifié ou en linoléum et les escaliers et portes réalisés en bois. Le chauffage est assuré par un plancher chauffant électrique au rez-de-chaussée et par des panneaux rayonnants à l'étage.

Les aménagements extérieurs ont consisté à planter une pelouse et des haies, à traiter les accès et à réaliser les terrasses en béton, bois et acier galvanisé.

L'organisation en maisons accolées a permis de faire l'économie de dalles isolantes et d'espaces communs. Il n'y a donc pas eu de perte d'espace, ni de réglementation « collectif » ni de frais d'entretien. Le rapport au paysage, la luminosité des logements, la fluidité de leur organisation et le petit jardin ont permis de louer les trois logements avant que le chantier ne soit terminé.

Les matériaux choisis pour le traitement des terrasses à l'étage montrent parfaitement le parti pris contemporain de la réalisation.

Vue intérieure de l'une des chambres. La disposition peu conventionnelle des fenêtres aux proportions très modernes introduit le paysage dans l'espace intérieur.

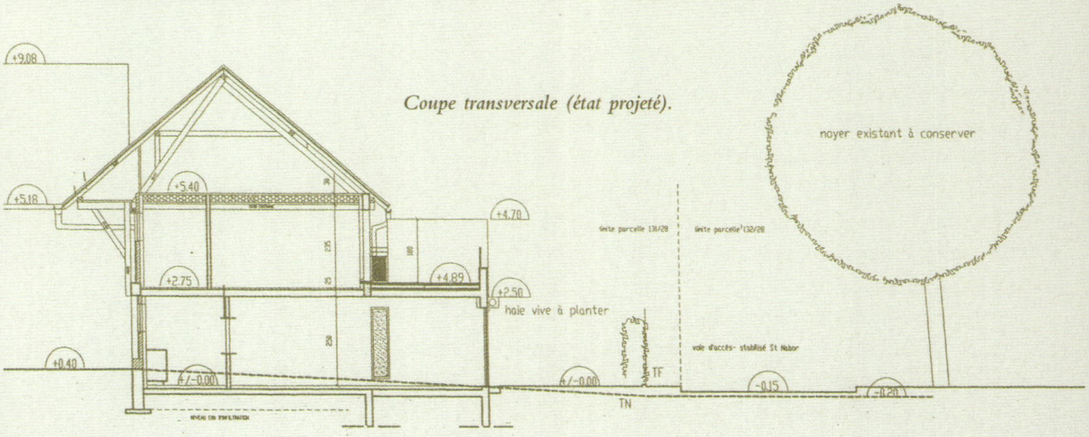

Coupe transversale (état projeté).

Maître d'ouvrage : M. Eloy Knab
Maîtres d'œuvre : Dominique Bier, Philippe Derrien, Gilles Fabbro, architectes DPLG (Époxy architecture) ; Frédérique Pinot (Cotraitance) ; Volumes et images (bet structure) ; E3 Économie (économiste du bâtiment)
Entreprises : non communiqué
Surface habitable : 366 m^2
Coût de l'opération : 391 400 € [2,6 MF] TTC aménagements extérieurs compris
Année d'exécution : 2002

Exemple de réhabilitation 21

Un ensemble de 5 logements jouxtant un bâtiment communal en Haute-Normandie

Restauration et réhabilitation d'une ferme pour y créer des logements et une bibliothèque, Freneuse (Seine-Maritime)

HISTOIRE ET LOCALISATION DU BÂTIMENT

La commune de Freneuse s'étend le long de la rive droite de la Seine, à proximité de l'agglomération d'Elbeuf, à environ 20 km au sud de Rouen. Elle s'étire au pied du versant sud d'une colline surplombant le méandre de la Seine. Jusqu'à une date récente, l'agriculture fut l'activité principale des habitants.

Le bâtiment concerné par le projet se situe à proximité de l'église (du début du XVIe siècle) et fait partie d'un ensemble qui a probablement constitué le manoir seigneurial, comme tend à l'indiquer la présence d'un colombier et du logis de maître situé à proximité (qui ne fait plus partie de la propriété aujourd'hui), datant de la fin du XVe siècle.

Les travaux ont permis de préciser l'histoire du bâtiment. Les plus anciennes parties remontent à l'époque médiévale. Il s'agit d'un sous-sol voûté (sans doute un garde-manger), du rez-de-chaussée de la partie ouest et d'une partie de l'étage, où ont été retrouvés les restes d'une cheminée monumentale. Les pierres de ces ouvrages portent les traces d'un travail de taille à la laye brettelée, en usage dans la région du XIIIe au XVIe siècle. Au XXe siècle, deux exploitations agricoles occupent les lieux. Elles cessent leur activité dans les années 1970. Une succession difficile laisse le bâtiment à l'abandon pendant une vingtaine d'années. Il est alors acquis par la commune.

Plan de masse (état projeté).

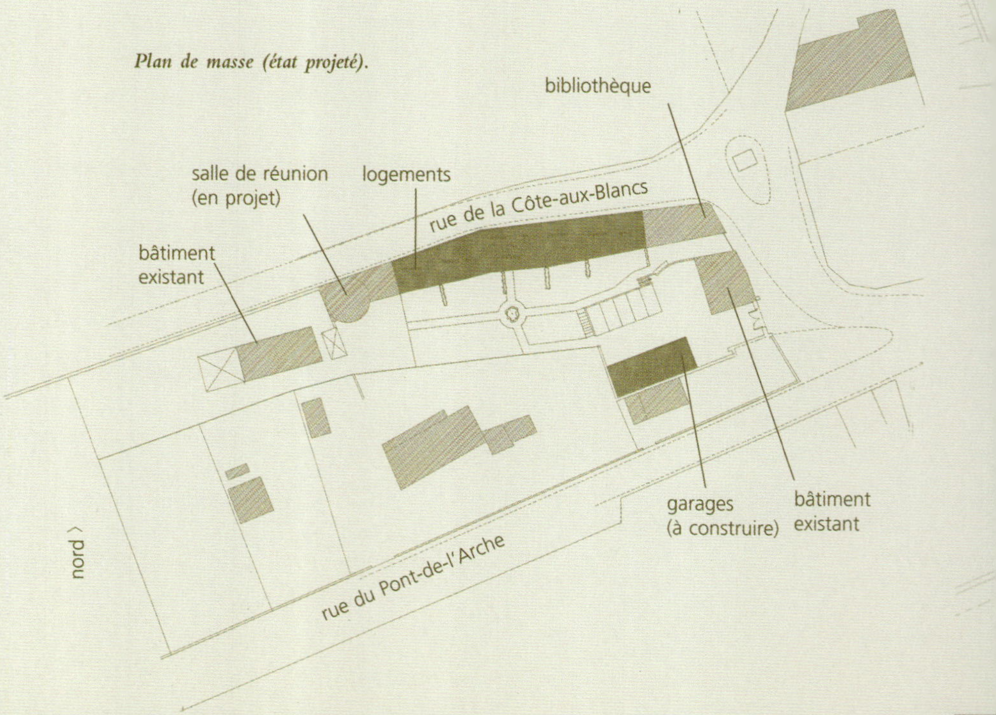

La façade sud avant travaux. Des tirants ont été posés afin de consolider la partie ouest, partie la plus ancienne du bâtiment.

L'escalier central a conservé sa rambarde en fer forgé. Elle sera restaurée.

DESCRIPTION TECHNIQUE ET DIAGNOSTIC

Dans le courant du XVIIIe siècle, la construction médiévale a été remaniée et partiellement augmentée : ouverture de portes charretières, transformation d'une partie du rez-de-chaussée en écurie et en étable, extension créée vers l'est pour aménager une habitation, construction du colombier, isolé, à l'ouest.
Au milieu du XIXe siècle, une nouvelle extension (grange) est accolée à l'est et le vide entre le colombier et le bâtiment est comblé par un logement.
Les murs du bâtiment, édifiés en maçonnerie de moellons de craie et de silex, sont recouverts d'un enduit. Des harpes en pierre de taille laissées apparentes rythment les façades et servent d'assise aux sommiers supportant les planchers. Dans l'ensemble, les maçonneries n'ont pas subi de mouvements importants.

Façade sud (état initial).
Les ouvertures de différents gabarits et factures, l'appareillage, les menuiseries et les lucarnes rampantes témoignent des modifications, reprises, confortements et extensions successifs.

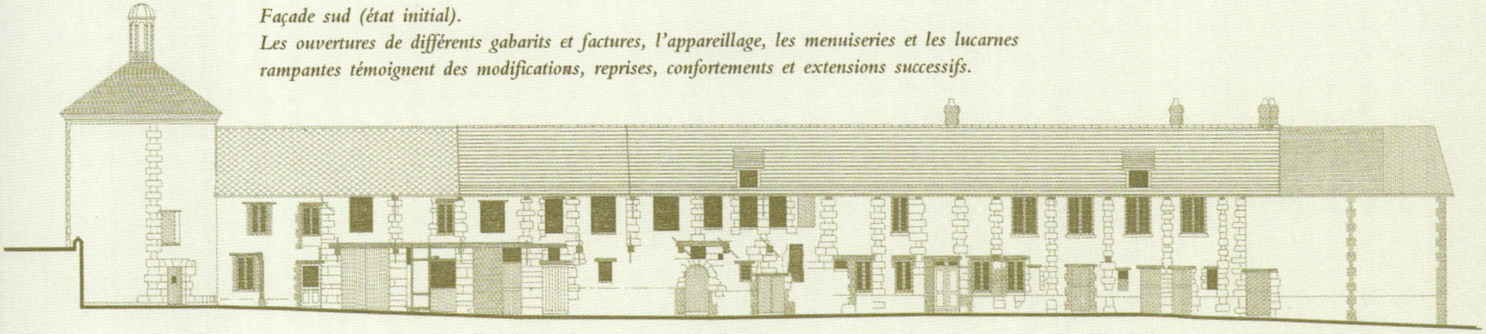

Exemple de réhabilitation 21

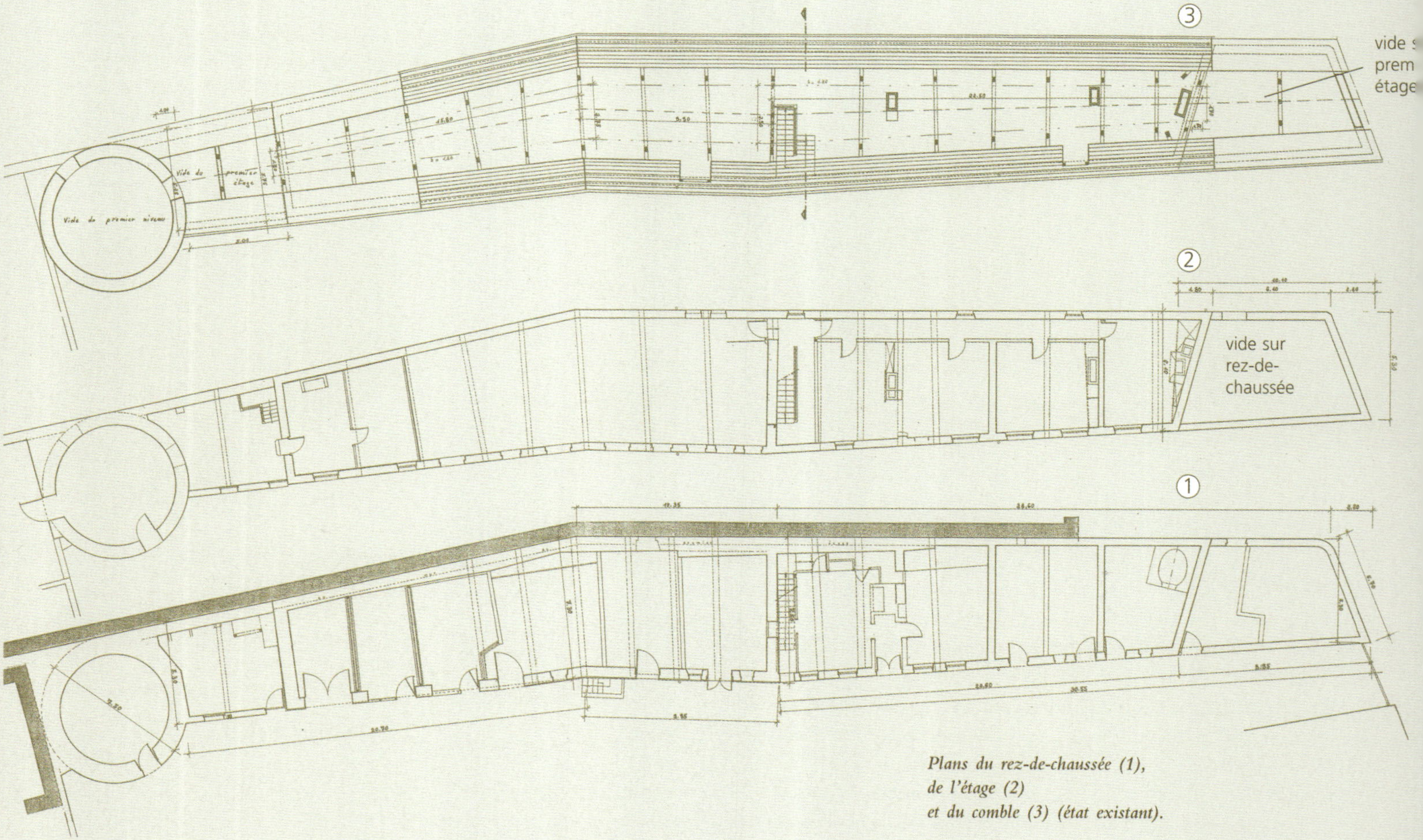

Plans du rez-de-chaussée (1),
de l'étage (2)
et du comble (3) (état existant).

La couverture du toit, refaite récemment, a protégé la charpente. En revanche, de nombreux sommiers présentent à leurs extrémités, encastrées dans la maçonnerie, des dommages dus à l'humidité. De même, la plupart des solives demandent à être remplacées.

Le plancher, composé d'un solivage en bois surmonté d'une forme en terre sur lattis, porte un sol en carreaux de terre cuite aux formes variées.

PROGRAMME

L'intention de la commune est de conserver un témoignage de son passé ; il s'agit d'affirmer son identité face aux villages du versant nord de la colline, qui connaissent un développement important grâce à l'implantation d'une usine de construction automobile. N'ayant pas les moyens financiers de mener à bien la restauration du bâtiment, elle confie cette mission à une société d'HLM par l'intermédiaire d'un bail emphytéotique.

Le titulaire du bail, la société anonyme d'HLM de la région d'Elbeuf, souhaite faire réaliser cinq logements. La surface évaluée pour ces logements étant inférieure à celle disponible dans la totalité du bâtiment, on décide de les implanter dans la partie centrale.

Une deuxième tranche de travaux concerne l'extrémité est du bâtiment (l'ancienne grange), qui accueillera la bibliothèque municipale, cet agencement étant pris en charge par la commune elle-même.

L'aménagement, à l'extrémité ouest, du colombier en salle de réunion, destinée notamment aux associations et aux personnes âgées, est prévu ultérieurement.

PROJET ARCHITECTURAL

Il était délicat de traiter dans le même édifice une fonction résidentielle et une fonction d'accueil du public. La bibliothèque étant implantée en bout de bâtiment, en bordure de la voie publique, son fonctionnement n'interfère pas avec celui de la résidence. Son aménagement nécessite d'amputer à l'est le corps central de deux travées. Une porte à deux battants sera créée pour offrir un accès direct à l'escalier de distribution.

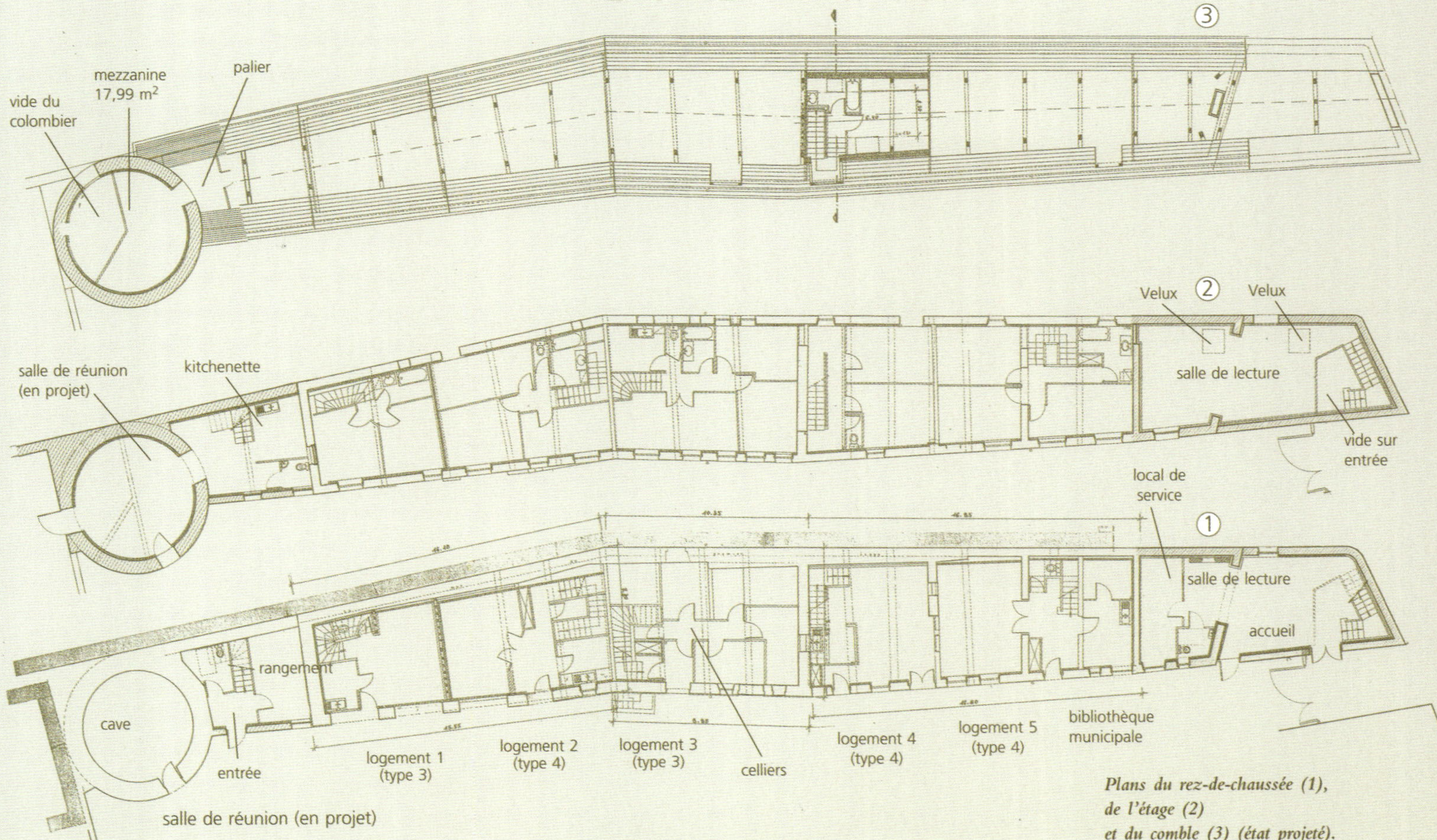

Plans du rez-de-chaussée (1), de l'étage (2) et du comble (3) (état projeté).

La bibliothèque abrite en rez-de-chaussée un accueil, une zone de consultation pour les jeunes et des locaux techniques (ateliers, sanitaires). L'étage reçoit les adultes et le multimédia. Le parti pris architectural reprend les principes généraux appliqués aux logements, dans une volonté de rester au plus près de l'existant dans le traitement des façades et des matériaux apparents.

Les cinq logements répartis dans le corps central du bâtiment ouvrent directement sur la cour sud. Les escaliers intérieurs assurent la liaison entre les différents niveaux des habitations. Trois logements comportent un rez-de-chaussée avec entrée, séjour et cuisine ainsi qu'un étage avec deux ou trois chambres et une salle de bains. Un logement compte trois niveaux : rez-de-chaussée avec entrée, séjour et coin cuisine, étage avec deux chambres et comble avec salle de bains et une chambre. Un autre logement s'étend uniquement à l'étage, le rez-de-chaussée étant occupé par des celliers privatifs.

En prévision de la réhabilitation du colombier, un escalier a été aménagé dans le bâtiment accolé pour permettre l'accès aux deux étages supérieurs grâce à une ouverture percée dans le fût.

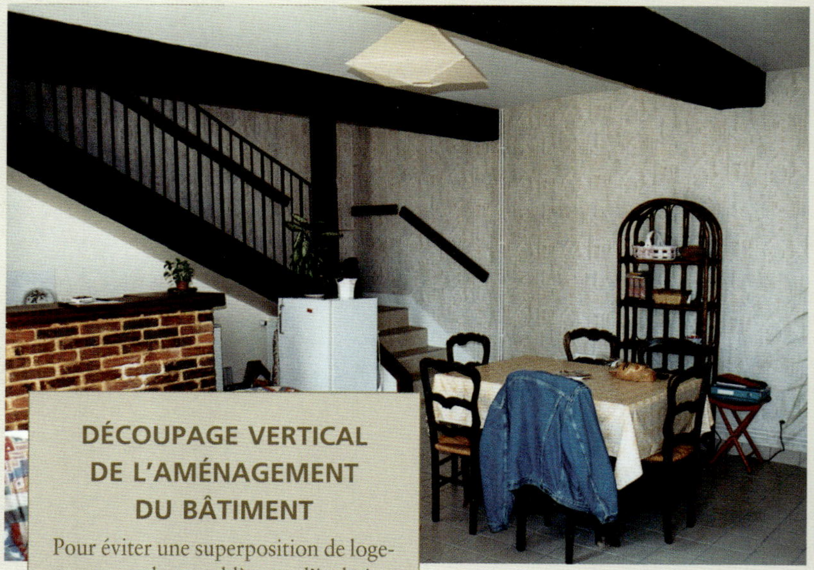

L'escalier central restauré, ouvrant sur un salon avec cuisine américaine dans le logement 4, devient un élément fonctionnel et esthétique.

DÉCOUPAGE VERTICAL DE L'AMÉNAGEMENT DU BÂTIMENT

Pour éviter une superposition de logements et les problèmes d'isolation acoustique qui peuvent en résulter, le bâtiment central a été divisé en tranches verticales, en tenant compte, quand cela était possible, des murs transversaux existants. La capacité des logements fut en grande partie déterminée par la surface disponible dans ces tranches.

Vue intérieure de la bibliothèque municipale, aménagée sur deux niveaux.

CHANTIER

Sur la façade sud, une réfection des enduits et un rejointoiement des pierres ont été effectués ; des reprises très ponctuelles concernèrent la façade nord. Aucune ouverture n'a été créée sur la première, alors que quelques baies, dont les oculi des salles de bains, ont été ouvertes au nord. Les abouts de sommier endommagés ont été renforcés avec des profilés métalliques. Certains ont été complètement remplacés. La reprise des solives a permis de conserver quelques travées. Des solives de récupération ont également été utilisées et laissées apparentes. Le nouveau plancher se compose de solivettes en sapin supportant des panneaux d'aggloméré avec un revêtement de sol en plastique collé.
Une réfection récente de la couverture, avec des tuiles à emboîtement, avait mis le bâtiment hors d'eau, protégeant ainsi la charpente qui a pu être conservée, avec des reprises localisées.

Les portes charretières ont été transformées en baies vitrées. Une lucarne supplémentaire a été percée dans la couverture en tuiles de terre cuite à emboîtement.

Le traitement de la maçonnerie extérieure a nécessité le rejointoiement des moellons et la réfection des enduits.

Maître d'ouvrage : SA d'HLM de la région d'Elbeuf pour la résidence du Colombier (cinq logements), commune de Freneuse pour la bibliothèque municipale
Maître d'œuvre : Xavier Derbanne, architecte DPLG et DESCHCMA
Entreprises : Aux Bâtisseurs régionaux (gros œuvre, maçonnerie, VRD) ; Leduc-bois & Berthelot (charpente) ; Pro Couverture et Juigné et fils (couverture) ; SPMR et Berthelot (isolation, menuiseries intérieures) ; Boulanger et Éts Godard (menuiseries extérieures PVC) ; De Freitas (chauffage sanitaire) ; EMGE (électricité) ; Osselienne de peinture et Bocaro (peinture, revêtements de sol) ; Chamaret (espaces verts)
Surface habitable : 300 m^2 (logements) et 90 m^2 (bibliothèque)
Coût de l'opération : 340 000 € [2,23 MF] TTC pour les logements, 93 000 € [610 000 F] HT pour la bibliothèque
Années d'exécution : 1996 (logements), 1998-1999 (bibliothèque)

Partie V

Équipements communaux

Une part non négligeable de la commande de réhabilitation concerne aujourd'hui des bâtiments communaux, anciennes fermes, granges, fabriques, que leur situation centrale ou à proximité immédiate du centre-bourg destine très naturellement à un usage collectif. Équipements culturels, mairies, salles polyvalentes définissent ainsi des contraintes de programme qui doivent trouver leurs solutions architecturales dans des bâtiments voués, a priori, à de tout autres fonctions.

Le choix des communes de satisfaire ces besoins en équipements publics par l'utilisation de bâtiments anciens peut, certes, découler d'un raisonnement économique. Mais dans la majeure partie des cas, il s'agit bien, pour les élus, d'une démarche patrimoniale, cherchant à conserver les caractères essentiels de la structure villageoise, voire à valoriser par de nouveaux usages des bâtiments historiques ayant marqué la mémoire collective.

L'exercice pour l'architecte ne serait pas différent de toute réhabilitation de bâtiments privés s'il ne s'y ajoutait tout un jeu de contraintes réglementaires concernant l'accessibilité et la sécurité. Au-delà de ces contraintes spécifiques, ces programmes engendrent pour le maître d'œuvre un exercice supplémentaire, souvent essentiel dans sa réflexion, qui l'oblige à affirmer le rôle du bâtiment dans la vie villageoise, à lui donner un sens particulier dans le spectacle urbain tout en gardant lisible son histoire agricole ou industrielle.

Cette mise en valeur de la nouvelle fonction va souvent de pair avec la volonté d'affirmer la centralité sociale de l'édifice réhabilité, en traitant ses abords par les sols, la végétation, le mobilier urbain ou en dégageant des espaces de circulation ou de stationnement jusqu'à formuler l'idée de place de village.

Autant dire que ce type d'intervention n'est jamais aisé, qu'il nécessite de la part du maître d'œuvre une grande disponibilité pour dialoguer avec les élus dans la définition du programme, et une grande sensibilité, nourrie par un travail d'archive et de terrain, pour appréhender le lieu et son histoire. Une grande modestie aussi, pour rester dans l'échelle du projet en évitant toute emphase.

Les six projets présentés ici, traitant de création de mairie, de bibliothèque, d'aire de jeu, de salle polyvalente, de maison d'association, avec leurs nuances personnelles et les caractéristiques architecturales locales, font tous cette démonstration.

Exemple de réhabilitation 22

Réhabilitation d'une vaste grange-étable et création d'un centre de village, Attignéville (Vosges)

Une mairie et un poste de pompiers en Lorraine

HISTOIRE ET LOCALISATION DU BÂTIMENT

L'intervention porte sur une grange-étable incluse dans une propriété située au cœur de la petite commune d'Attignéville, près de la ville de Neufchateau, à la limite de la Lorraine et de la Champagne.
Attignéville est implantée dans un territoire de grandes propriétés agricoles appartenant à de riches exploitants. Dans ce village prospère, les bâtisses, alignées le long de la rue principale comme dans tous les villages lorrains, sont groupées par trois ou quatre autour d'une cour privative. Chacun des ensembles disposait autrefois d'une habitation séparée des annexes agricoles et généralement positionnée en retrait de la rue. L'*usoir*, également appelé *parge*, servait au stockage du bois, du fumier ou du matériel agricole. Il séparait les bâtiments de la rue, devenue aujourd'hui route départementale.
La propriété comprenait anciennement une maison d'habitation, un cellier, un grenier, une écurie et un pigeonnier. Elle a été acquise en 1820 par la municipalité et le logis, alors, transformé en presbytère.

DESCRIPTION TECHNIQUE ET DIAGNOSTIC

La grange est certes abîmée, mais de belles dimensions et de structure solide. Cette construction typique du bâti rural lorrain a fait appel à des matériaux simples provenant de l'environnement immédiat du site. La toiture, à croupe légèrement débordante, est recouverte de tuiles ; les arêtiers sont soulignés par des tuiles rondes. Un désordre dans la couverture a engendré des fissures dans la corniche.

Les encadrements des baies sont réalisés en pierre de taille et surmontés d'arcs en anse de panier. À l'étage, deux petites ouvertures de ventilation comportent des jambages monolithes. La maçonnerie en moellons de grès est recouverte d'un enduit à la chaux fortement dégradé. Le soubassement de la façade a été laissé à pierre vue.

La grange et le pigeonnier vus du calvaire roman situé à proximité. L'ancienne propriété est ceinturée par un mur de clôture qui ferme la cour du côté rue, à partir du pigeonnier.

La façade sur cour, rythmée par deux portes secondaires et deux fenêtres qui encadrent la large porte charretière cintrée. Contre le mur de clôture, l'usoir.

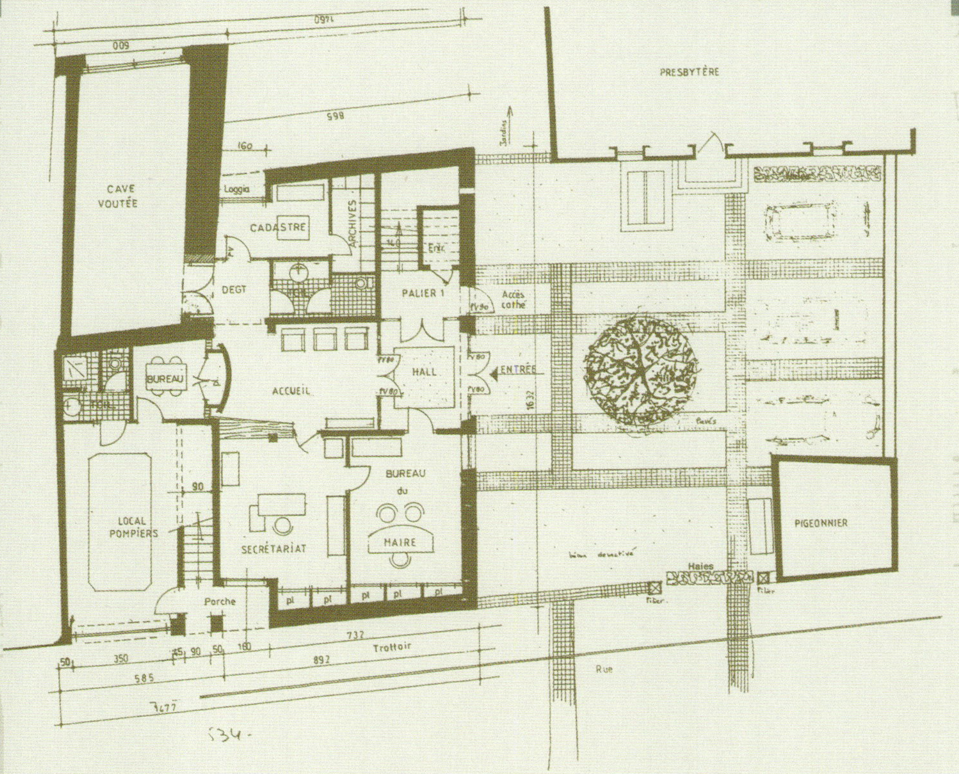

Plan du rez-de-chaussée (état projeté).

Plan du premier étage (état projeté).

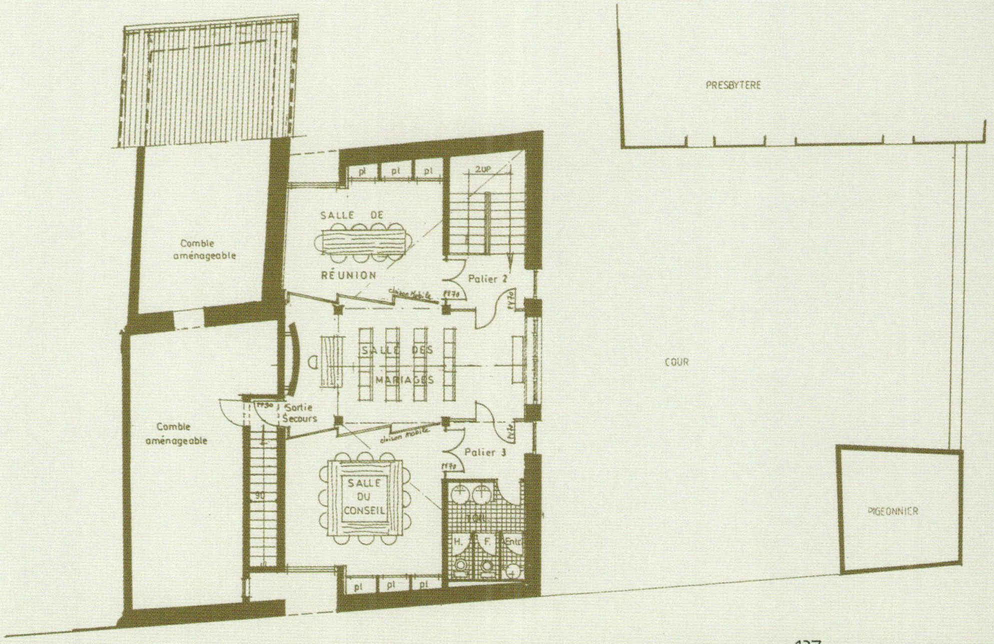

PROGRAMME

La municipalité d'Attignéville cherche à valoriser le patrimoine communal tout en proposant des espaces accueillants à ses administrés. Témoin intéressant de l'histoire villageoise, idéalement situé, le bâtiment inspire un projet de reconversion comprenant l'aménagement de la nouvelle mairie et celui d'un local indépendant sur la rue réservé aux pompiers de la commune. Le programme comprend également la création d'un petit garage, à l'arrière de la parcelle.

Exemple de réhabilitation 22

Coupe transversale (état projeté).

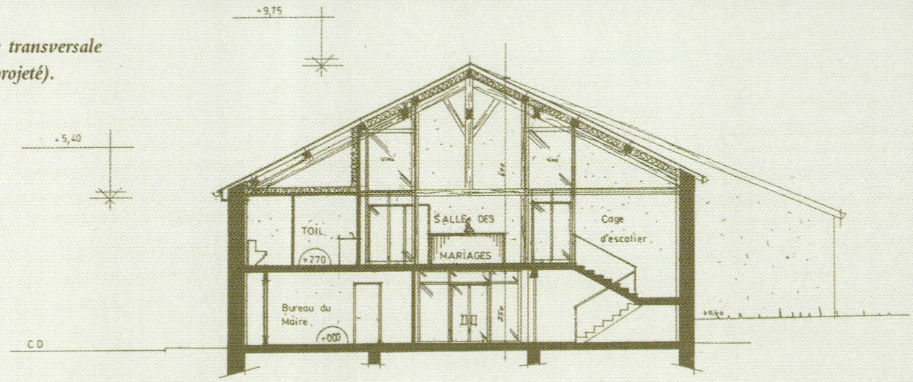

PROJET ARCHITECTURAL

La grange

Mis à part la démolition d'un petit appentis, l'emprise ancienne et le volume de la grange ne sont pas modifiés. Seules les façades sont redessinées. Les matériaux utilisés pour rénover ces dernières et la couverture sont de type traditionnel.

Une partie du grand volume de la grange est attribuée au service incendie, qui doit disposer d'un accès direct sur la rue. L'autre partie, ouvrant sur cour et jardin, accueille sur deux étages les locaux municipaux. Une liaison rue-jardin est créée sur les deux niveaux par le jeu de baies verticales se faisant face. La cage d'escalier est installée dans la partie sud-est du bâtiment, de manière à préserver le maximum de luminosité dans le hall et l'accueil au rez-de-chaussée, et dans la salle des mariages à l'étage, par la grande baie centrale.

Coupe longitudinale (état projeté).

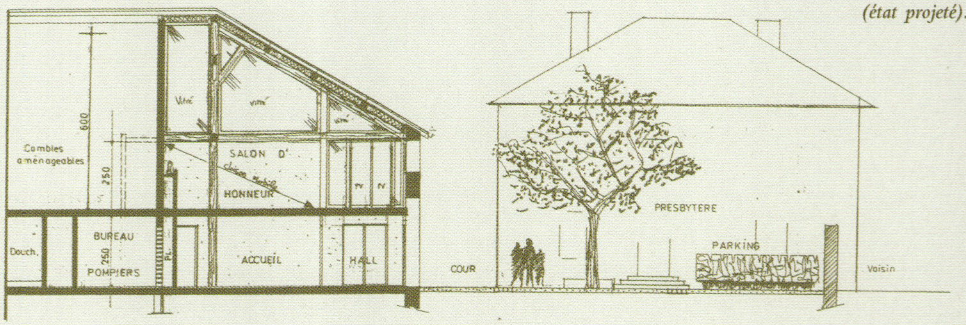

La salle des mariages. La salle du premier étage, éclairée par la façade principale, a été traitée en blanc afin de mettre en évidence les bois de charpente restaurés et en particulier les « hommes debouts ».

La salle de cours des pompiers. L'ancienne cave voûtée bénéficie d'un éclairage naturel grâce au percement d'une large ouverture sur le jardin, qui réinterprète la porte charretière.

Les espaces extérieurs

Pour les visiteurs et le personnel de mairie sont prévues trois places de parking. Depuis cet espace délimité, l'on pourra rejoindre la parcelle arrière, où se trouve le garage créé, et un mail planté d'arbres. Le sol de la cour est traité en béton désactivé rythmé de bandes de recoupement pavées.

La façade sur rue réhabilitée. La haute baie verticale vitrée éclaire le secrétariat. L'accès sur rue, à gauche, ne dessert que la caserne des pompiers.

AMÉNAGEMENT D'UNE COUR DE MAIRIE

Une attention particulière devait être portée au traitement des espaces extérieurs et à la relation entre le bâtiment et la vaste cour entourée de murs d'enceinte. L'architecte a opté pour la réalisation d'un espace entièrement ouvert, afin d'affirmer le caractère public de cet ensemble et inciter la population à en prendre possession.

Le fond de parcelle reste non clôturé et le mur de clôture donnant sur la rue est démoli pour ménager un accès – reporté plus loin pour des raisons de sécurité – pour les automobiles. Seuls les piliers de l'ancien accès sont conservés dans leur position initiale.

Le « devant de mairie » devient ainsi une véritable petite place villageoise, traitée avec sobriété, dans un tissu urbain qui rendait difficile la création d'un espace de rencontre.

L'entrée principale, sur cour. Les ouvertures secondaires ont été condamnées pour mettre en valeur l'élément central, inspiré de la porte charretière et entièrement vitré.

Maître d'ouvrage : Commune d'Attignéville
Maîtres d'œuvre : Christophe Jacquot, architecte DPLG (phase de conception) ; 2M Construction (phase de réalisation)
Entreprises : non communiqué
Surface habitable : 480 m^2
Coût de l'opération : 129 500 € [850 500 F] HT honoraires compris
Année d'exécution : 1997

Exemple de réhabilitation 23

Une mairie et une salle polyvalente dans les Ardennes

DESCRIPTION TECHNIQUE ET DIAGNOSTIC

La ferme est à l'abandon et menace de s'écrouler lorsqu'elle est achetée par la commune de Saint-Aignan. La partie habitation située à l'ouest, sur deux niveaux, est en bon état. En revanche, la toiture de l'annexe agricole a disparu et la végétation a envahi l'intérieur.

PROGRAMME

En 1995, la commune prend contact avec l'architecte afin de faire aménager une salle polyvalente et une mairie sur le site. Après délibération du conseil municipal, l'étude s'engage, avec l'obligation de remettre en valeur les vieilles pierres restantes. Le maître d'œuvre souligne la place que doit occuper la cuisine dans l'espace collectif et projette une extension vers l'est complétant la réhabilitation du bâtiment.

Réhabilitation d'une petite ferme en zone classée, Saint-Aignan (Ardennes)

HISTOIRE ET LOCALISATION DU BÂTIMENT

Situé au nord-est des Ardennes, en limite frontalière avec la Belgique, le petit village de Saint-Aignan connaît déjà de multiples chantiers de restauration, les vieilles pierres et les toitures d'ardoise attirant les citadins de Sedan et de Charleville-Mézières, villes voisines. L'église, classée monument historique, engendre une zone de protection (périmètre réglementaire de 500 m) qui touche le bâtiment objet de l'intervention. Ce dernier est une ancienne petite ferme implantée en plein centre du village. Le site présente un dénivelé nord-sud de 2 m. Les parcelles environnantes sont entièrement loties.

Plan de situation.

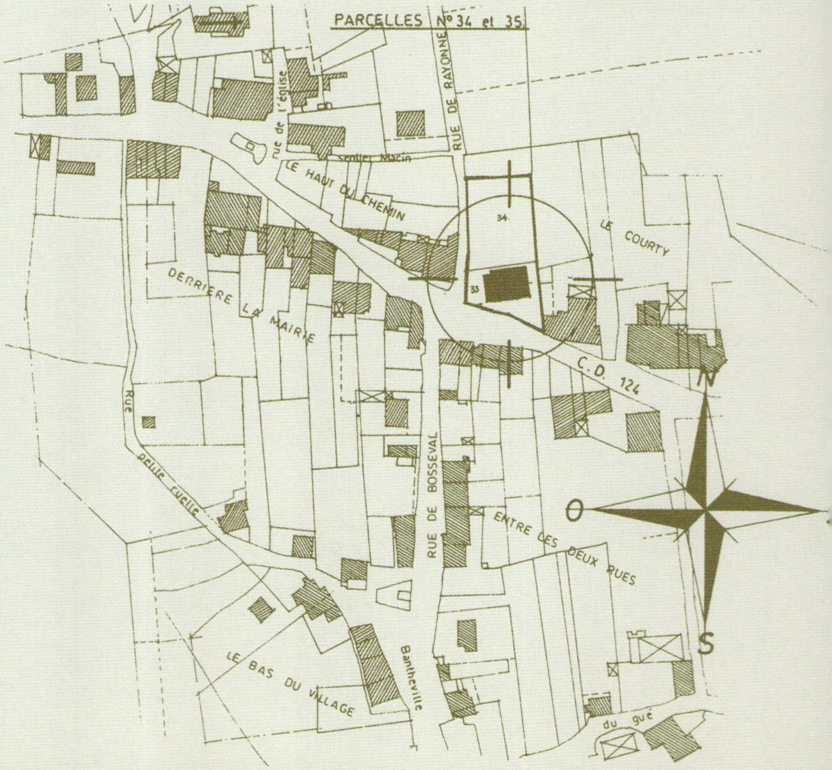

La façade sud avant travaux. La partie ouest est encore en bon état.

Plan du rez-de-chaussée (état projeté).

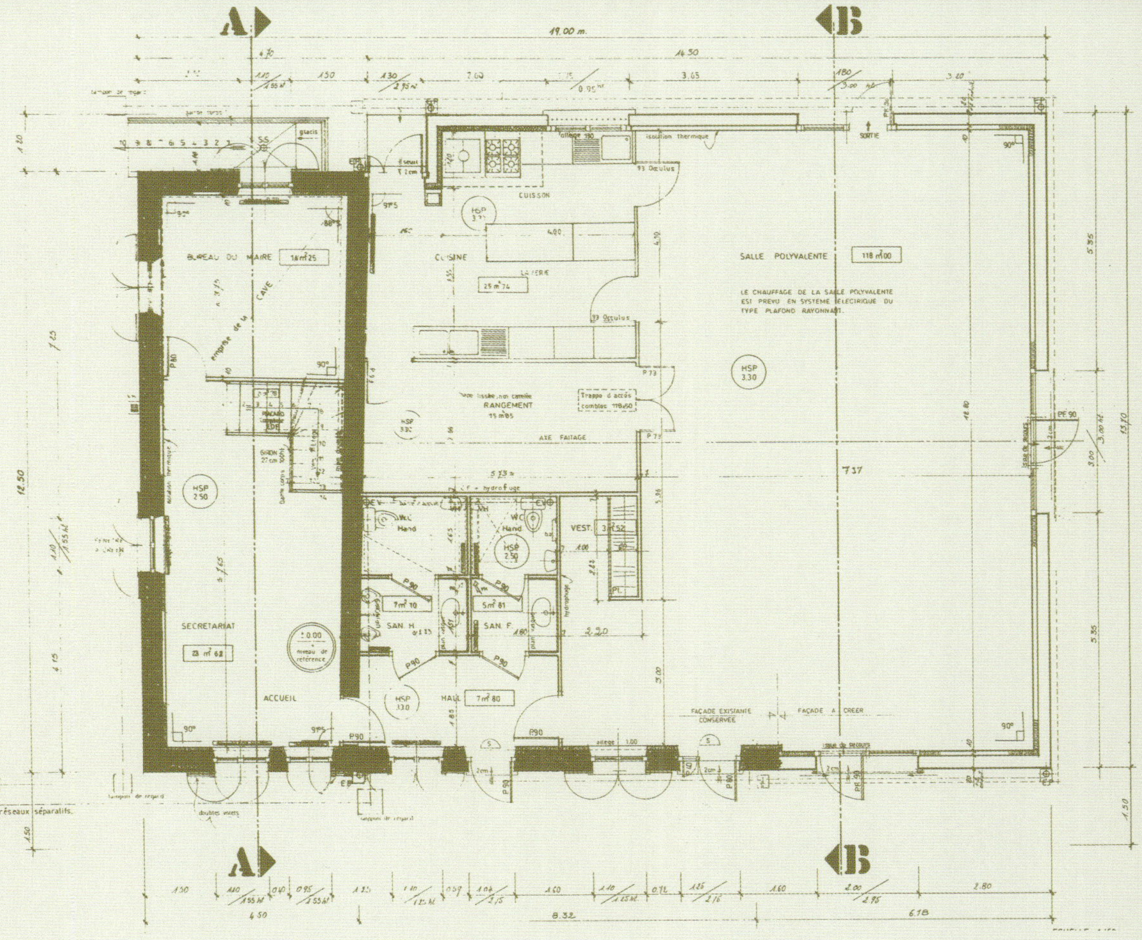

PROJET ARCHITECTURAL

L'extension sera réalisée sur des fondations en béton, avec traitement d'étanchéité au sol. La charpente sera reconstituée en fermes anglaises.

Les entrées de la salle polyvalente et de la mairie seront placées de plain-pied afin de faciliter l'accès aux personnes handicapées ; il en sera de même pour les w.-c.

La salle polyvalente, destinée à recevoir moins de 200 personnes, est classée en cinquième catégorie par le service incendie. Les matériaux de revêtement des sols, des plafonds ou des murs utilisés pour la réalisation du projet seront aux normes de classification « résistance au feu ».

La cuisine répondra également aux normes de sécurité et aux directives organisationnelles liées à l'hygiène alimentaire pour la préparation des repas collectifs.

Coupe transversale AA sur la mairie et coupe transversale BB sur la salle polyvalente (état projeté).

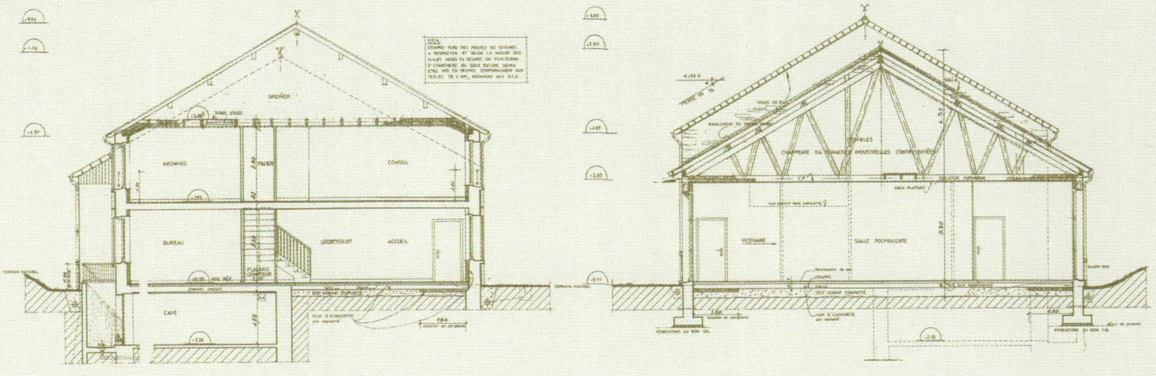

L'architecte et les conseillers municipaux portent une attention particulière quant à la stricte séparation entre la partie cuisson et l'espace laverie ; ils prévoient notamment un accès direct aux cuisines par l'arrière du bâtiment.

La mairie, réalisée dans la partie la plus élevée, se composera d'un rez-de-chaussée réservé à l'accueil du public, avec secrétariat et bureau du maire, et d'un étage permettant de réunir le conseil municipal, avec un espace réservé pour les archives communales. La cave existante sera conservée. Avec le grenier, elle constituera un volume de stockage de matériels ou de documents.

CHANTIER

INTÉGRATION DANS UN ENVIRONNEMENT BÂTI DE VALEUR

Les réflexions conduites autour de la préservation du caractère patrimonial de la ferme et les obligations liées au périmètre protégé ont permis de définir un cahier des charges très précis en matière de traitement des parties visibles de la rue. Ainsi, un retour de 1 m en pierre a été réalisé sur la façade est, tandis que la totalité du mur en pierre était conservée sur la façade sud. Les pierres de façade ont été jointoyées avec un mortier de teinte beige. La partie enduite, d'aspect brossé, et talochée finement, présente une nuance de couleur similaire à celle des pierres locales.

Les encadrements des nouvelles baies, dont le rythme respecte l'ordonnancement initial des ouvertures en façade, ont été traités en pierre de taille de récupération et les menuiseries exécutées en bois avec lasure incolore. La couverture du bâtiment a été réalisée en ardoise naturelle de couleur gris-noir.

Façade sud (état projeté).

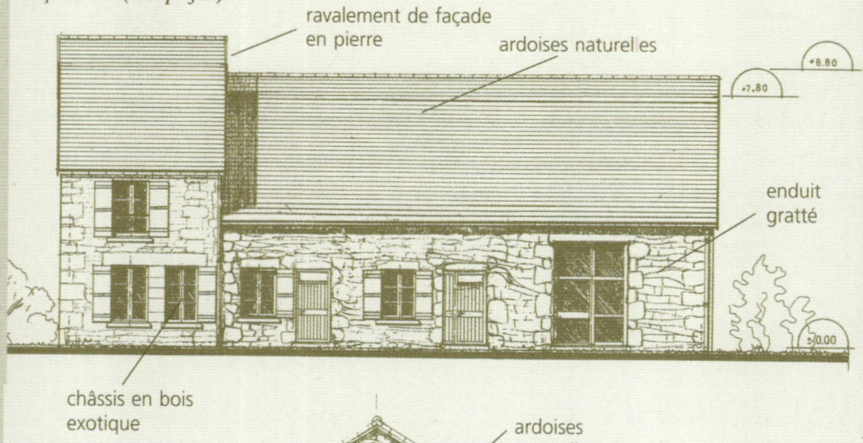

Façade ouest (état projeté).

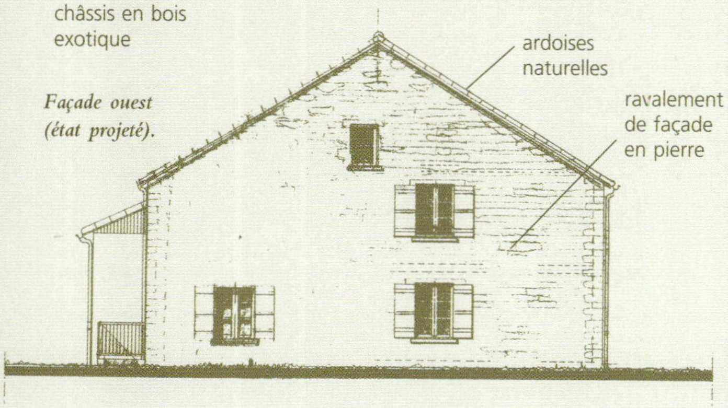

Façade nord (état projeté).

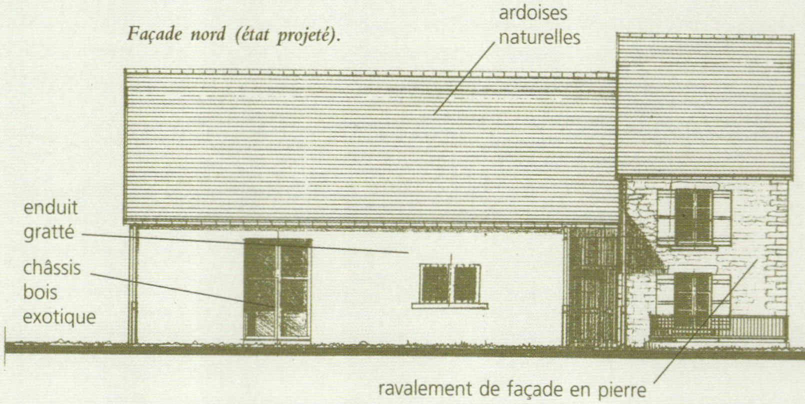

Le pignon ouest est contreventé. Les tirants, ancrés par des croix de Saint-André, consolident l'étage de la future mairie. En détail, l'une des ouvertures percées sur ce pignon. Jambages et linteau sont réalisés en pierres de taille de récupération, sur le modèle des ouvertures de la façade sud.

L'une des difficultés majeures rencontrées lors des travaux a résidé dans la quasi-absence de fondations supportant les anciens murs ; des tirants et des étais ont dû être apposés afin de consolider la partie la plus élevée du bâtiment. D'autre part, les murs extérieurs en pierre n'étant pas d'aplomb, la pose des menuiseries a été délicate.

La salle polyvalente est traitée de manière contemporaine avec des portes colorées, des revêtements blancs, le chauffage par l'insertion de panneaux rayonnants dans le plafond et des portes encastrées dans de larges baies.

La façade sud réhabilitée et allongée dans sa partie est. Les harpes en attente d'un autre bâtiment sont conservées sur le pignon.

Maître d'ouvrage : Commune de Saint-Aignan
Maître d'œuvre : Béatrice Fay, architecte DESA
Entreprises : Gabella (gros œuvre, assainissement) ; Nemery Grossemy (couverture, zinguerie) ; Collignon (charpente, menuiseries extérieures) ; Société Balan menuiserie (menuiseries intérieures) ; CCG isolation (isolation, plâtrerie, doublage) ; J. Gavelle (plomberie, sanitaire) ; Barre Boucuignaud (électricité, chauffage) ; Technique revêtement sols et murs (faïence, carrelage) ; Menaux (peinture, papiers peints)
Surface habitable : 260 m²
Coût de l'opération : 144 000 € [950 000 F] HT
Année d'exécution : 1997

Exemple de réhabilitation 24

Une salle culturelle en Champagne humide

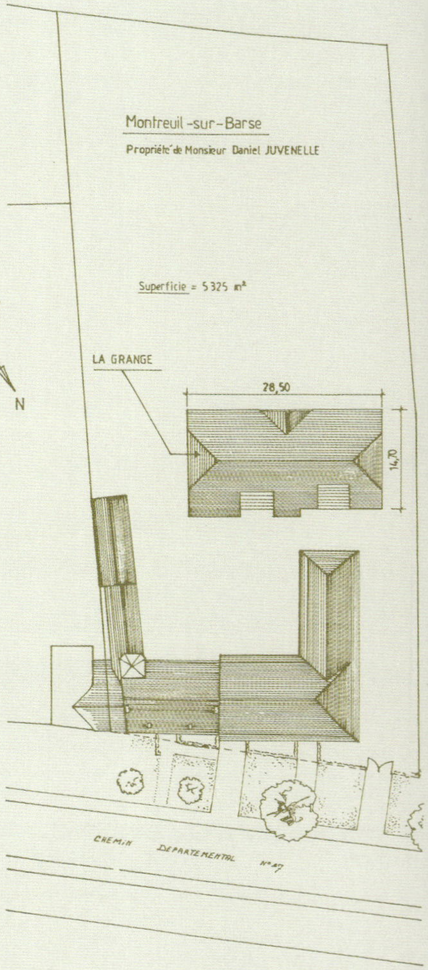

Plan de masse à Montreuil, avant démontage (état initial).

Dépose, remontage et réhabilitation d'une grange-halle, Lusigny-sur-Barse (Aube)

HISTOIRE ET LOCALISATION DU BÂTIMENT

La grange de ce projet est une bâtisse quadrangulaire de 20 × 15 m, construite en pan-de-bois et couverte d'une toiture à forte pente en petites tuiles plates. Elle a été implantée dans la commune de Montreuil entre 1832 et 1847, sur un terrain attenant à un bâtiment en forme de U, après des transformations opérées dans ce dernier. Une partie de la construction peut ainsi être datée de 1847, tandis qu'une autre est vraisemblablement plus récente.

Sa partie ouest présentait à l'origine une excroissance servant de manège à chevaux pour le « battage » des céréales. Cette dernière a entièrement disparu, faute d'entretien. Les deux ouvertures de sa façade ouest ont été modifiées afin de permettre le passage des charrettes à foin.

Élévation est, avant démontage.

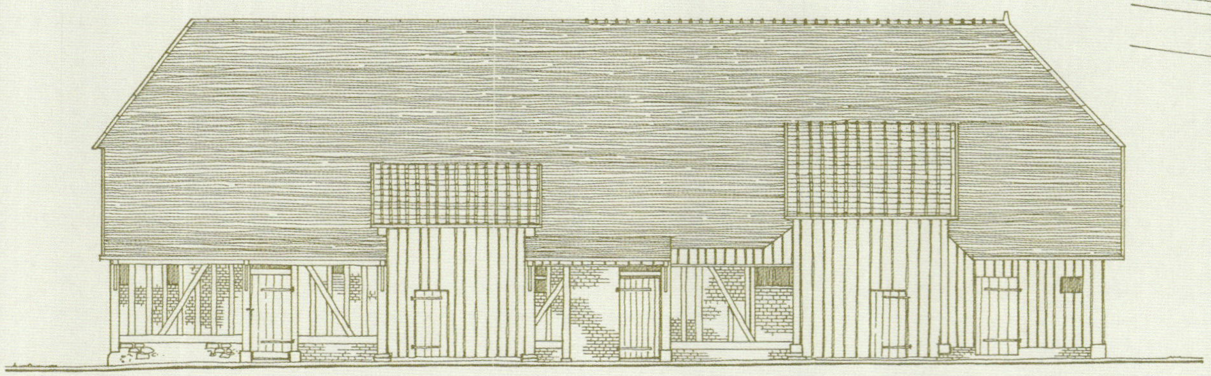

Les façades sud et ouest avant démontage. Le pan-de-bois, très dégradé sur la façade sud, est en revanche bien conservé sur la façade ouest.

DESCRIPTION TECHNIQUE ET DIAGNOSTIC

La grange est totalement construite en chêne, murs et charpente, excepté le chevronnage réalisé en grisard (peuplier sauvage). Elle présente des désordres conséquents. Les fondations n'existant pas, les sablières sont posées sur de petits murets en pierre et brique. Les poteaux reposent sur des dés en pierre. L'ensemble s'est en partie affaissé dans le sol.

Le colombage lui-même est en très mauvais état. Beaucoup de pièces de bois ont disparu ou sont détériorées. La façade nord est partiellement recouverte d'un bardage de bois. Les autres parties présentent un remplissage en torchis ou en brique.

De plus, l'ensemble du bâtiment disparaît sous une abondante végétation.

Vue intérieure de la grange avant démontage. De nombreuses pièces de bois composant la charpente ou les murs sont abîmées ou absentes.

La façade est avant démontage. Le remplissage du pan-de-bois est en brique sur la façade est. Il est en brique et torchis sur la façade sud.

Exemple de réhabilitation 24

Plan de masse à Lusigny (état projeté). La profonde esplanade située devant la grange offre le recul nécessaire pour apprécier les proportions du bâtiment.

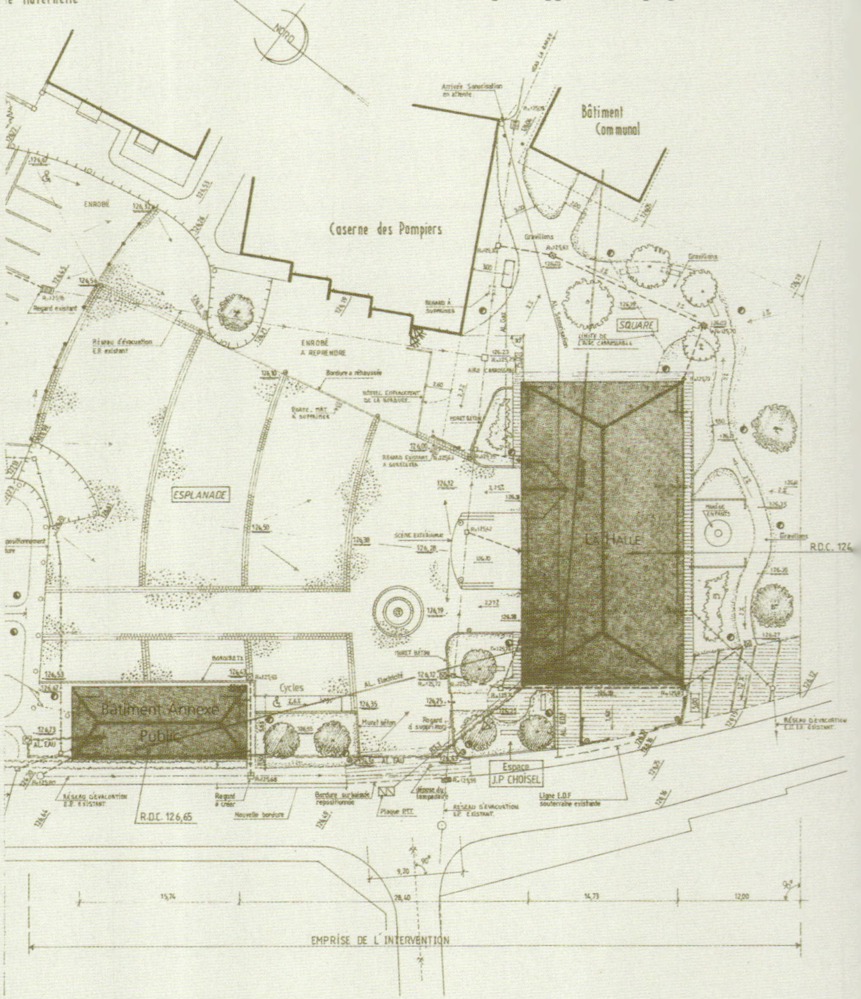

PROGRAMME

Afin de recomposer le plan du site d'avant 1832, donc antérieur à la construction de la grange, le propriétaire souhaite déposer cette dernière. La commune voisine de Lusigny-sur-Barse, dans le parc naturel régional de la forêt d'Orient, se porte acquéreur du bâtiment, avec le projet de le faire transporter sur son territoire et d'y aménager une salle polyvalente. Seront donc effectués un démontage minutieux de la grange à Montreuil puis un remontage à Lusigny, où le bâtiment doit être reconverti en tâchant de lui conserver au maximum son aspect originel.

DÉPLACEMENT D'UN BÂTIMENT

L'opération de démontage s'est déroulée sous la direction d'un maître charpentier, compagnon du Devoir, et d'une équipe de spécialistes. Chaque pièce de bois a reçu une marque, dans l'alphabet du charpentier, qui permet de préciser le haut, le bas, la gauche, la droite, l'avant ou l'arrière, à l'aide d'un unique symbole.

Les éléments démontés ont été transportés à quelques kilomètres sur la commune de Lusigny. Chaque pièce a retrouvé sa place initiale dans l'ensemble reconstitué, avec les assemblages, et quelques aménagements rendus nécessaires par la nouvelle destination du bâtiment. L'atelier des charpentiers a ainsi modifié deux fermes (double entrait), travaillées à l'ancienne et assemblées à tenons et mortaises, afin de libérer un espace plus grand entre les poteaux.

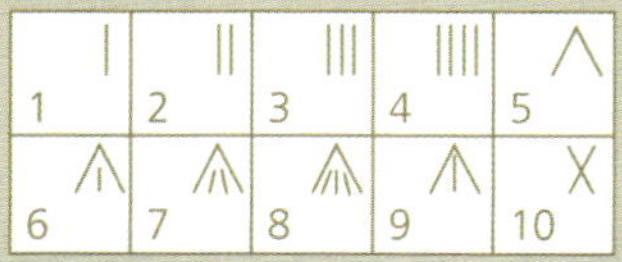

Coupe longitudinale. L'extrême complexité de la construction nécessite un relevé minutieux de l'emplacement de chaque pièce avant la dépose.

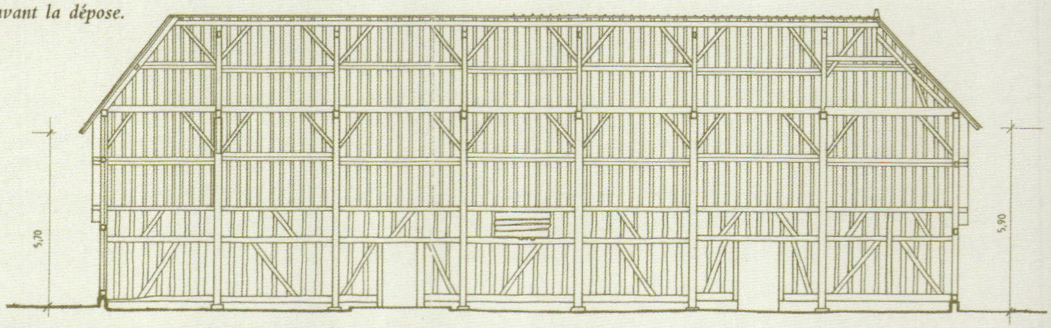

PROJET ARCHITECTURAL

Partant d'un bâtiment agricole désaffecté pour créer une salle municipale destinée à abriter des activités sociales et culturelles, le propos du maître d'œuvre est de « monumentaliser » l'édifice tout en lui conservant ses proportions et son profil d'origine.

Il donne ainsi un caractère public à la façade principale en redéfinissant les ouvertures destinées à éclairer l'espace intérieur. Les deux entrées nouvelles seront couronnées de frontons en châtaignier, avec introduction d'une petite note de modernité donnée par la disposition des essentes. Une saillie à modillons assemblés dans les sablières hautes doit enfin conférer à l'édifice une certaine noblesse.

Afin de redonner à la construction un aspect homogène, le projet favorise la pose de portes et de baies en aluminium et en bois. Un enduit à la chaux grasse sera utilisé pour couvrir le hourdis des pans-de-bois. La couverture en tuiles plates sera reconstituée avec des pièces de récupération.

Plan du rez-de-chaussée (état projeté).

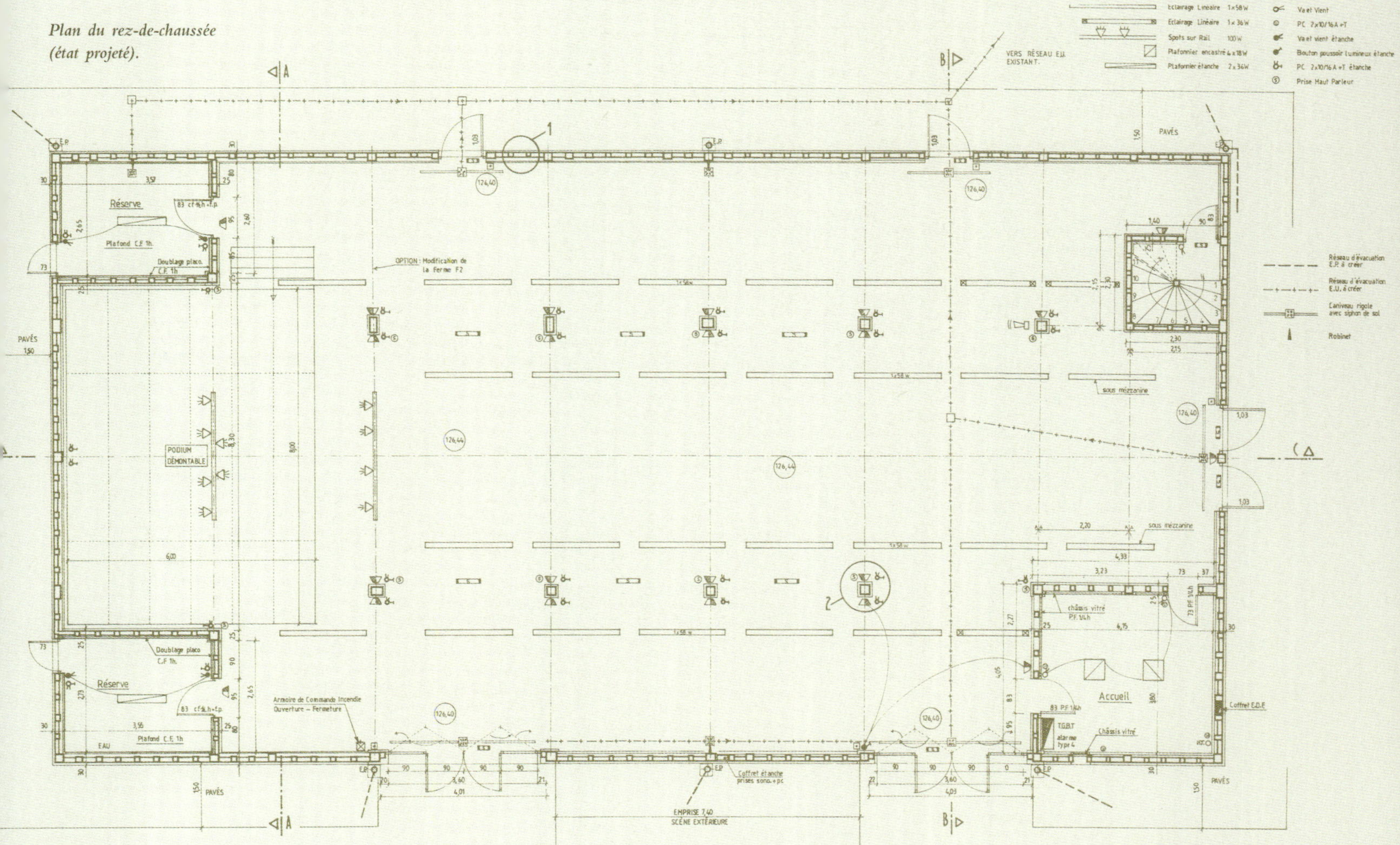

Exemple de réhabilitation 24

Plan niveau mezzanine (état projeté).

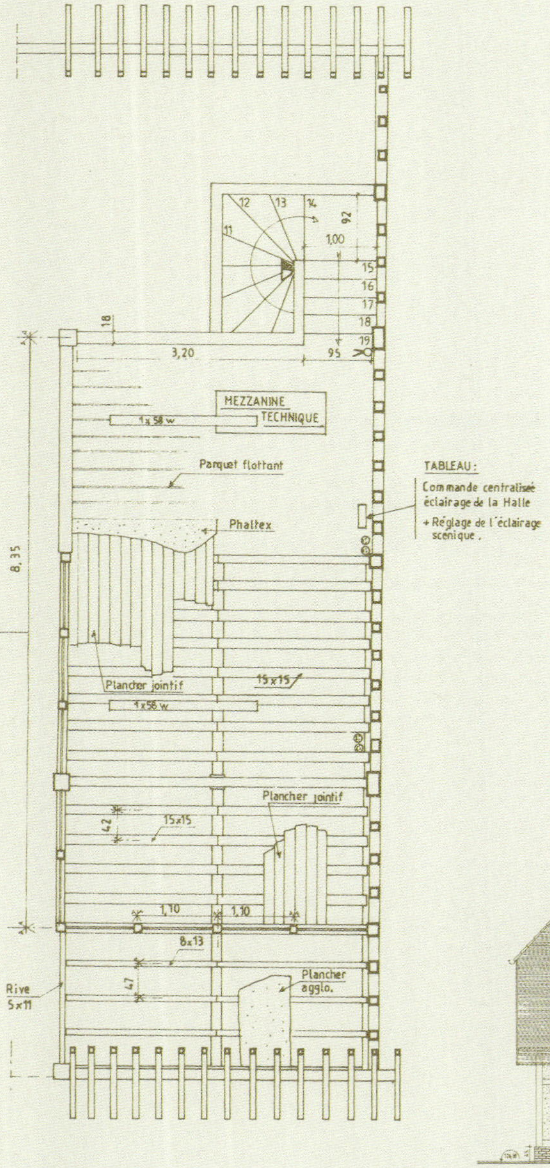

À l'intérieur, une mezzanine de 20 m² réalisée sur le pignon sud-ouest servira de local technique, le pan-de-bois de cette partie devant être vitré en partie haute pour assurer un bon éclairage.

Des petits espaces cloisonnés à usage d'accueil et de réserves seront également aménagés dans les angles.

Coupe transversale (état projeté).

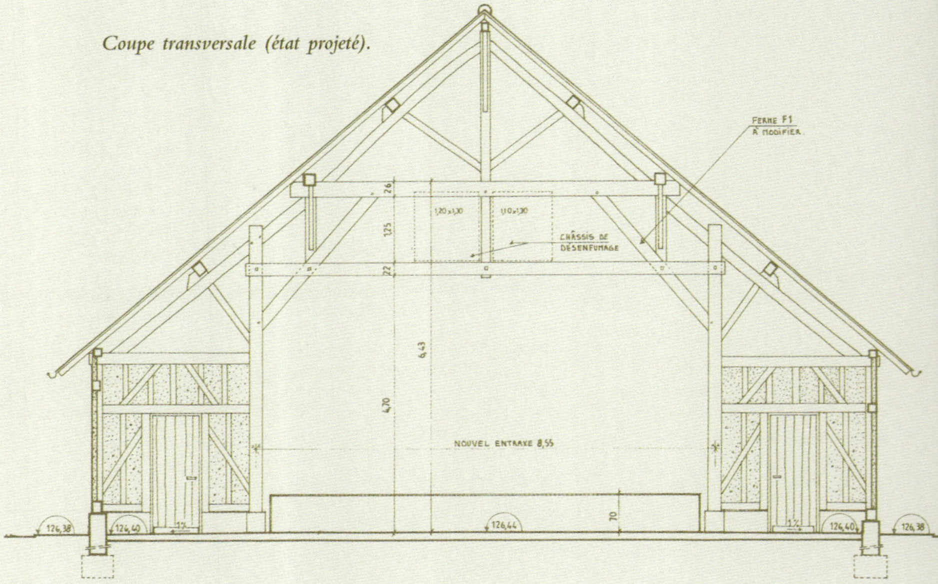

Façade sud-est (état projeté).

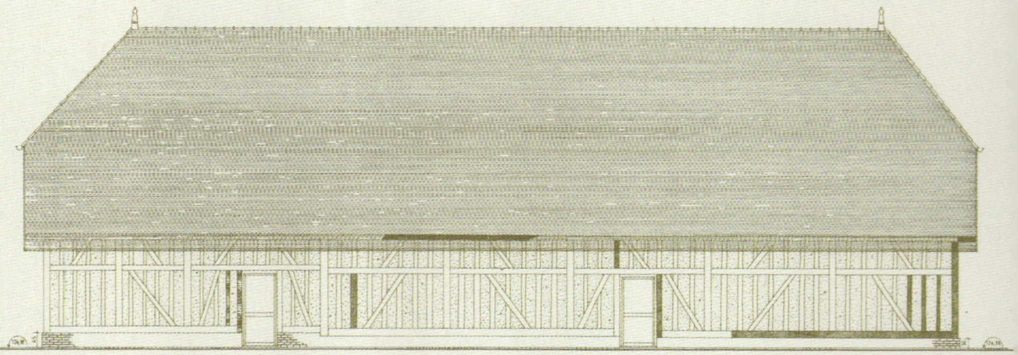

Le remontage de la grange s'accompagne de la réalisation des frontons qui viennent rééquilibrer la façade.

CHANTIER

Afin de valoriser le nouveau bâtiment public, la commune a entrepris des aménagements extérieurs : remodelage du sol, parking en enrobé, esplanade minéralisée par un appareil de pavés noyés dans un revêtement de béton désactivé, traitement végétal des abords, etc. Devant la grange, des murets de soutènement ont été aménagés ainsi que des rampes en pente douce permettant de rattraper le léger dénivelé et de faciliter l'accès de la salle polyvalente aux personnes handicapées.

Réalisation du torchis sur les murs en pan de bois restaurés. On distingue les trous d'accroche de l'enduit à venir, pratiqués manuellement.

Maître d'ouvrage : Commune de Lusigny-sur-Barse
Maîtres d'œuvre : Daniel Juvenelle, architecte DPLG et DESHCMA ; Jean-Louis Valentin, maître charpentier
Entreprises : Valentin (démontage, remontage, charpente)
Surface habitable : 400 m^2
Coût de l'opération : non communiqué
Année d'exécution : 2000

La salle polyvalente et ses abords. En façade principale, deux avancées nouvellement créées conjuguent vitrage et essentage de bois clair.

Un foyer communal en Barrois

Réhabilitation d'une petite grange champenoise située en centre-bourg, Arc-en-Barrois (Haute-Marne)

Plan de masse (état initial).

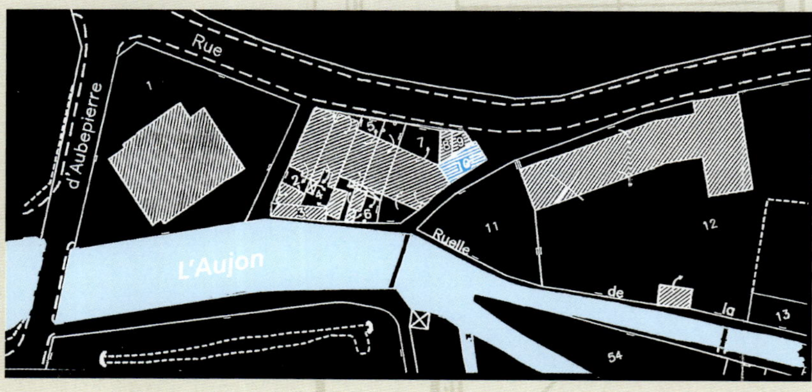

HISTOIRE ET LOCALISATION DU BÂTIMENT

La grange, du XIXe siècle, s'intègre dans l'ensemble du bâti communal. Elle donne sur l'artère principale du bourg, à proximité immédiate, par une ruelle, des aménagements paysagers des rives de l'Aujon. Sa situation privilégiée au cœur de la ville la destine à un usage public. D'autres bâtiments s'adossent à elle.

Photo ancienne de la façade est, visible de la rue principale.

DESCRIPTION TECHNIQUE ET DIAGNOSTIC

La grange est organisée sur deux niveaux de 45 m^2 chacun, sans escalier intérieur. Surmontée d'un large linteau de bois, la porte charretière occupe presque toute la largeur de l'étroite façade donnant sur la rue. Elle est encadrée par des chaînages de moellons équarris. Une porte gerbière constitue le seul accès à l'étage et la seule ventilation de ce niveau. La façade sud, sur ruelle, de facture plus économique, est construite en pierres tout-venant laissées apparentes.

L'inégale longueur des pans du toit confère au bâtiment un aspect asymétrique, renforcé par la disparité des éléments de maçonnerie tels que l'absence de chaînage à l'angle sud-ouest et l'alternance de bois ou de pierre pour les linteaux des ouvertures. Les ouvertures de la façade nord sont aveuglées en rez-de-chaussée par un appentis mitoyen.

PROGRAMME

La commune d'Arc-en-Barrois, qui ne dispose pas d'espace de rencontre pour ses habitants, opte pour la réhabilitation de cette grange en foyer communal. Le programme consiste à créer trois salles pour des activités intéressant diverses catégories de la population et diverses classes d'âge : salle de jeunes, salle informatique et salle de loisirs (jeux de cartes, etc.).

Pignon est, sur rue (état initial).

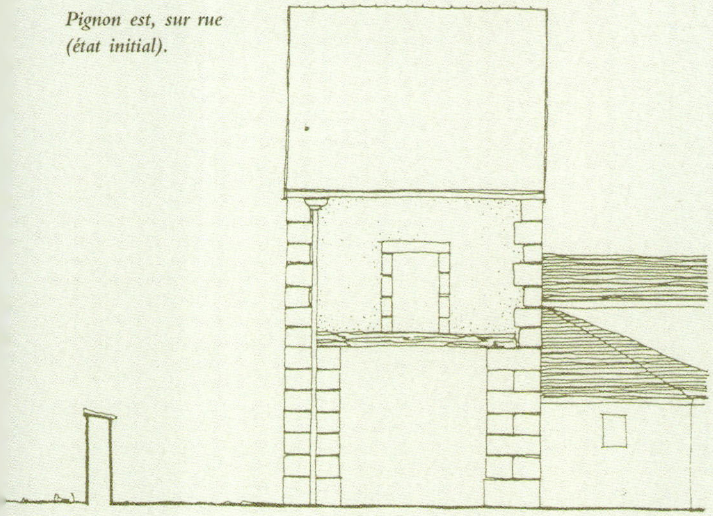

Plan du rez-de-chaussée (état initial).

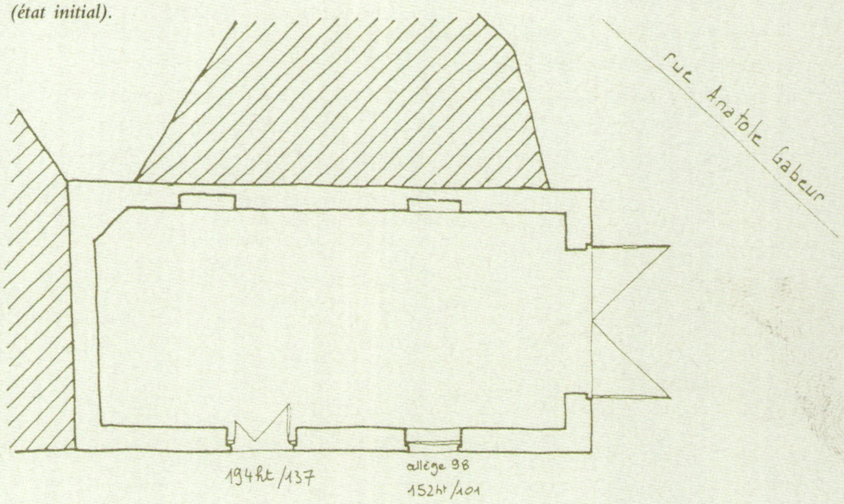

Façade sud, sur ruelle (état initial).

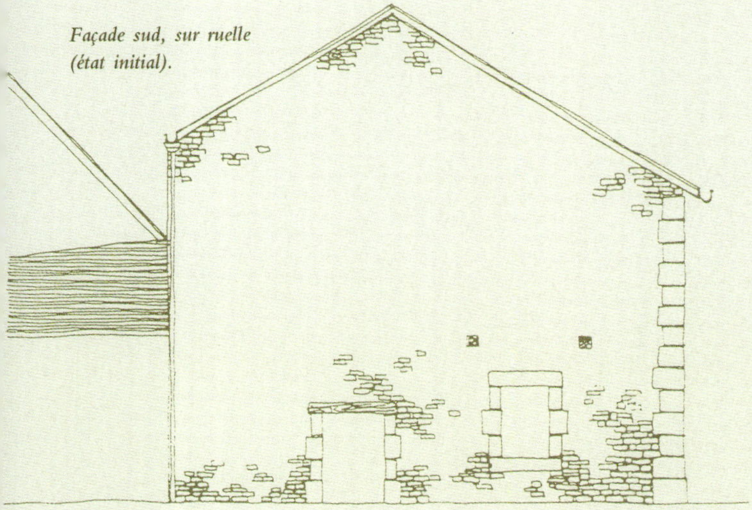

Plan de l'étage (état initial).

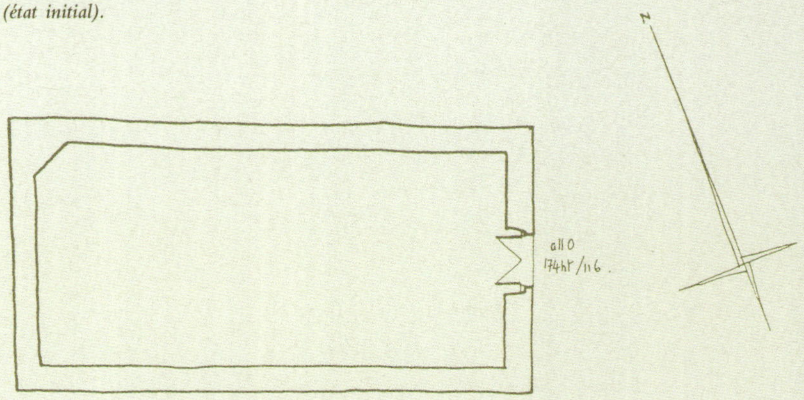

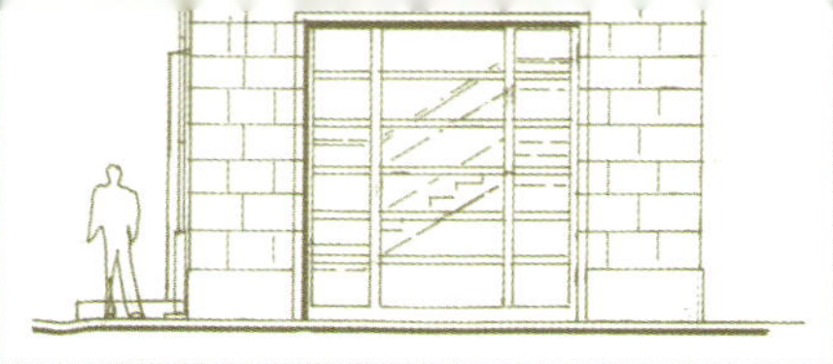

Exemple de réhabilitation 25

PROJET ARCHITECTURAL

Il s'agit ici de respecter, dans le propos d'un programme peu ambitieux, le cadre existant, en donnant dans le même temps au bâtiment réhabilité un nouveau marquage, qui lui confère son statut public (voir encadré ci-contre). La création de trois salles autonomes nécessite l'aménagement du comble et d'un espace de circulation indépendant, mais aussi suffisamment large et insonorisé pour favoriser les allées et venues d'un public varié.

Chaque salle d'activité est disposée sur un niveau. Celle du deuxième étage, avec un plafond en rampant de toiture, sera éclairée par un jour zénithal. La réorganisation sur trois niveaux s'est accompagnée d'une reprise et d'une création de planchers ancrés dans les murs porteurs, répondant aux normes de sécurité d'un établissement destiné à l'accueil du public.

La salle du deuxième étage, éclairée par deux fenêtres de toit en pente.

La façade sud a été profondément modifiée pour accueillir l'entrée principale du foyer communal et la porte d'accès à la première salle de réunion.

Plan du rez-de-chaussée (état projeté).

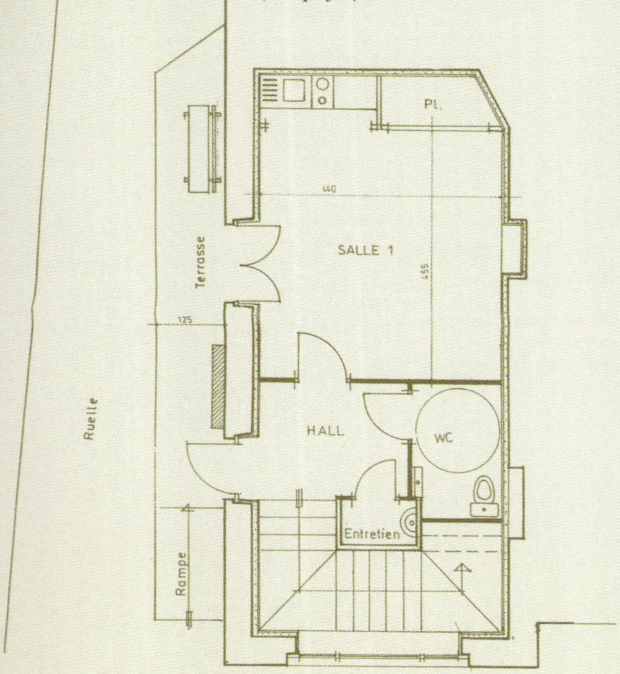

Plan du premier étage (état projeté).

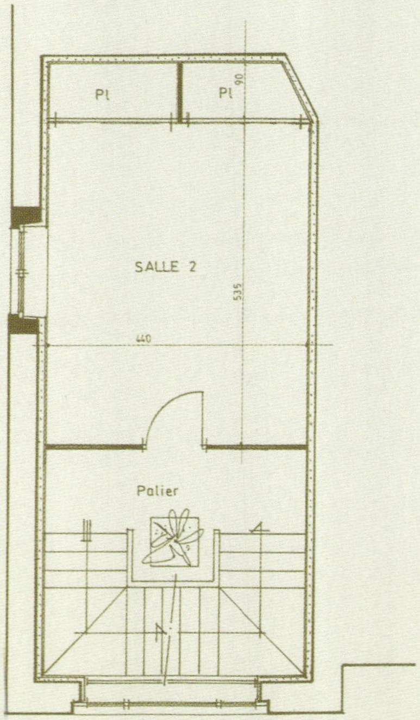

Plan du deuxième étage (état projeté).

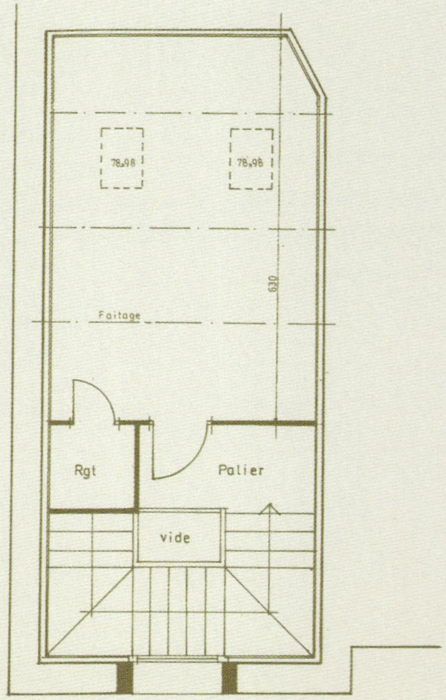

La façade d'origine transparaît dans le traitement de la façade sur rue : le cadre de l'ancienne porte charretière est repris, le principe d'une surface enduite percée d'une plus petite ouverture est maintenu. La hiérarchie des deux niveaux initiaux demeure.

CHANTIER

Compte tenu de l'état du bâtiment, seules la charpente et la couverture ont fait l'objet d'une reprise complète. La maçonnerie des murs a été enduite après nettoyage et rejointoiement des pierres de chaînage. Les menuiseries extérieures ont été traitées en bois lasuré et en aluminium laqué. La terrasse et la rampe d'accès pour personnes handicapées ont été traitées en béton balayé coloré.

L'escalier témoigne d'un parti pris résolument contemporain par l'emploi des matériaux et dans le traitement de l'oculus : le croisillon traditionnel de l'architecture rurale est réinterprété sur un mode asymétrique.

TRAITEMENT DE L'ESCALIER

L'enjeu architectural consiste à faire adopter par ce bâtiment rural modeste sa nouvelle vocation, celle de bâtiment public. La solution proposée est de réaliser l'escalier desservant les différents niveaux en « vitrine » dans le cadre préétabli de l'ancienne porte de grange, qui sera entièrement vitrée. Ainsi l'occupant circulant dans le bâtiment aura un large champ de vision sur l'espace environnant ; de la même manière l'activité intérieure et en particulier les mouvements de circulation seront visibles depuis la rue. Cet aspect conférera *de facto* sa nature publique au bâtiment.

Façade sud, sur ruelle (état projeté).

Coupe (état projeté).

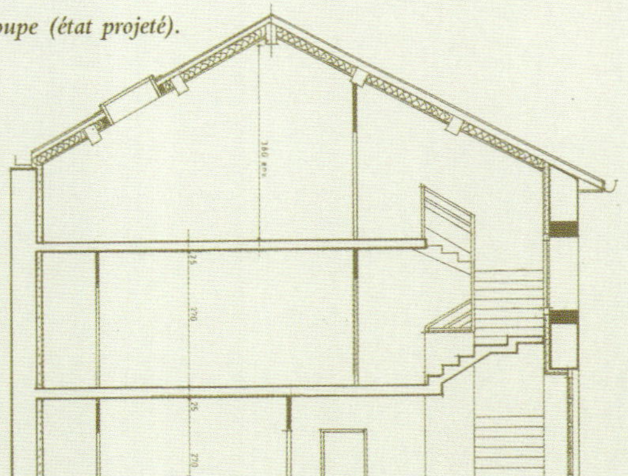

Maître d'ouvrage : Commune d'Arc-en-Barrois
Maître d'œuvre : Christophe Jacquot, architecte DPLG
Entreprises : Karmann (maçonnerie) ; Dufour (menuiseries) ; Bazin (plâtrerie, isolation) ; Joffroy (carrelage, faïence) ; Champonnois (plomberie) ; Magnien (peinture) ; Girardot (électricité) ; Julien (métallurgie)
Surface habitable : 118 m²
Coût de l'opération : 75 000 € [492 000 F]
Année d'exécution : 2000

Une médiathèque en vallée de Seine

Réhabilitation d'une modeste grange jouxtant les bâtiments municipaux, Samois-sur-Seine (Seine-et-Marne)

Plan de masse (état initial).

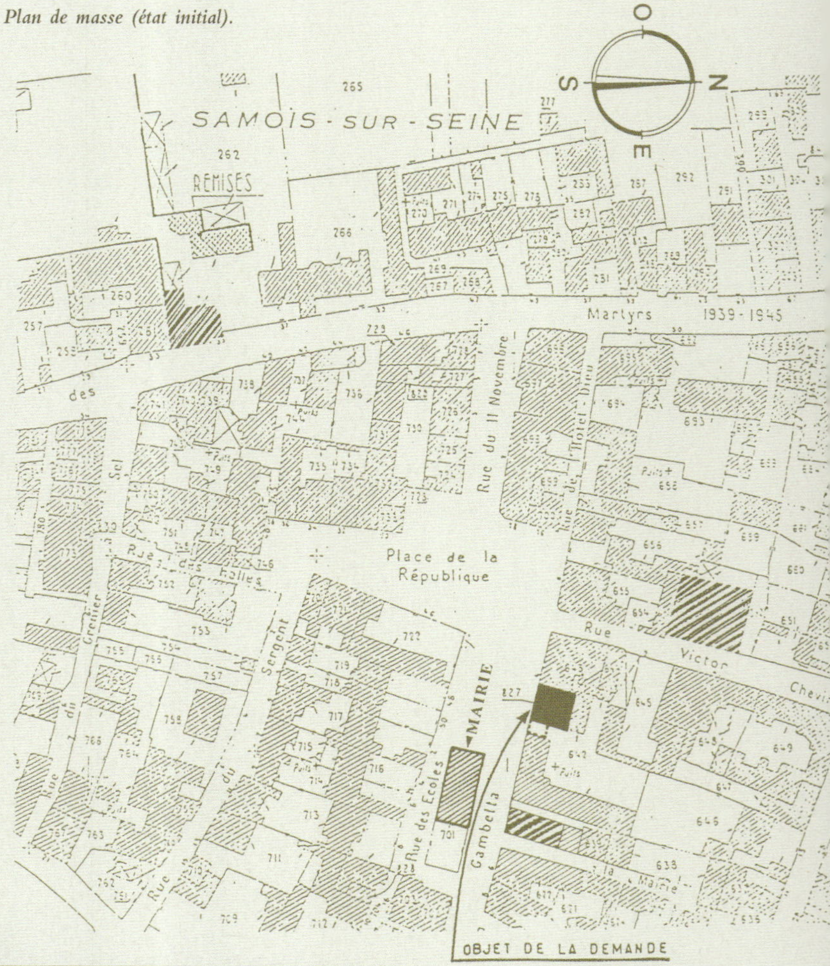

HISTOIRE ET LOCALISATION DU BÂTIMENT

Samois-sur-Seine, à 6 km de Fontainebleau, est une petite commune de 2 000 habitants bordée par la Seine. Le haut Samois constitue le cœur du village groupé autour de son église du XIIIe siècle.

Le bâtiment qui nous intéresse ici, situé sur la place principale, est contigu au foyer municipal et proche de quelques dizaines de mètres de la mairie. Cette ancienne grange reconvertie en local technique communal est séparée du foyer par un portail à deux vantaux donnant accès à une cour intérieure. Elle présente un pignon en façade sur rue et est complètement enserrée par d'autres édifices, ce qui empêche tout projet d'extension.

La place de la République, un centre-bourg animé.
À gauche, la grange et la mairie vues depuis la place. La grange attire l'attention par sa façade en moellons de grès laissés apparents.

Façade sur rue (état initial).
Le bâtiment présente sur la rue un de ses murs pignons, qui introduit une rupture visuelle dans l'ordonnancement général.

DESCRIPTION TECHNIQUE ET DIAGNOSTIC

Le bâtiment, de plan trapézoïdal, comporte deux niveaux. Il n'est percé que de deux ouvertures, la large porte de garage au rez-de-chaussée et une fenêtre au premier étage, visibles en façade principale. Leurs ingrates proportions sont soulignées par des encadrements blancs.

Les murs, montés en moellons de grès à pierre vue, montrent des signes de fragilisation. Des fissures apparentes sur les façades sur rue et sur cour nécessitent un brochage.

Les espaces intérieurs, non cloisonnés, sont reliés par un escalier. Le plancher haut, en bois, est d'une facture très sommaire. La toiture est couverte en tuiles à emboîtement. Elle présente deux pans dissymétriques, qui lui donnent un aspect désaxé et engendrent une certaine dysharmonie dans le pignon.

L'absence de volume construit dans le passage voisin, constitue une dent creuse dans la continuité du front bâti.

Plans du rez-de-chaussée et de l'étage (état initial).

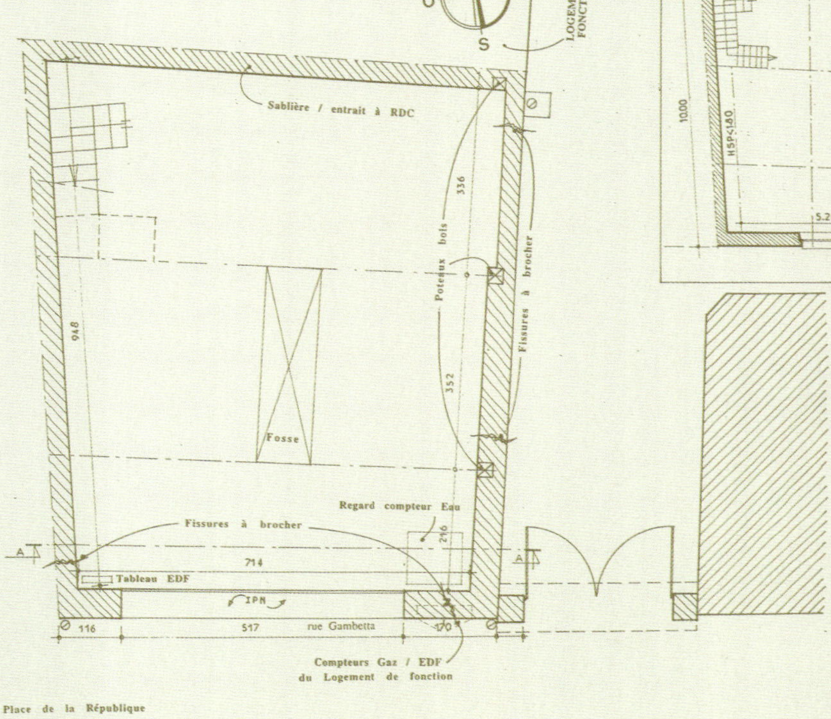

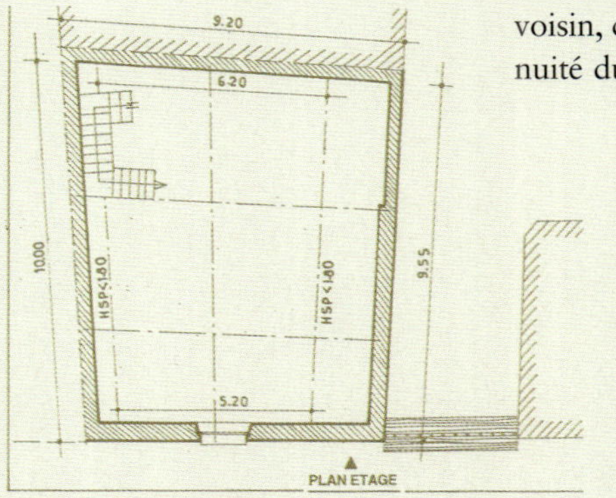

Le raccordement au réseau électrique a été fait en dépit de toute préoccupation esthétique. Panneaux municipaux et affiches encombrent la partie inférieure de la façade.

PROGRAMME

Les services techniques sont à l'étroit dans cette surface exiguë (80 m² au sol). Par ailleurs, la mairie souhaite équiper la commune d'une bibliothèque publique dotée d'un réseau d'accès à Internet. L'emplacement du bâtiment en fait un site idéal pour la réalisation de ce projet.

La surface souhaitée exigeant l'aménagement de deux niveaux, le budget commande de conserver le bâtiment existant. Le respect de l'architecture traditionnelle, chère aux Samoisiens, prêche également pour un aspect intégré au bâti existant.

Le porche d'entrée à la cour du foyer, servant aussi d'abri pour l'attente du car de ramassage scolaire, sera associé à l'aménagement demandé.

Plan de l'étage (état projeté).

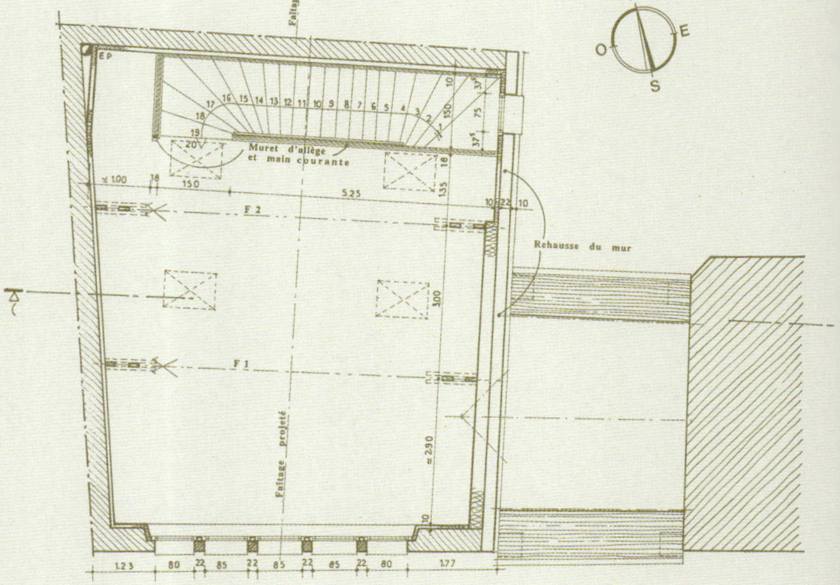

Plan du rez-de-chaussée (état projeté).

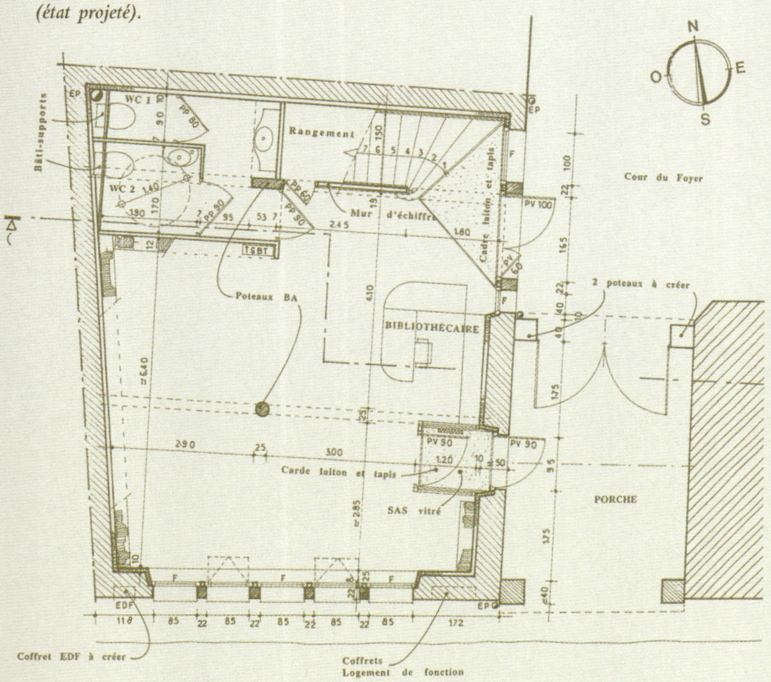

Coupe technique (état projeté).

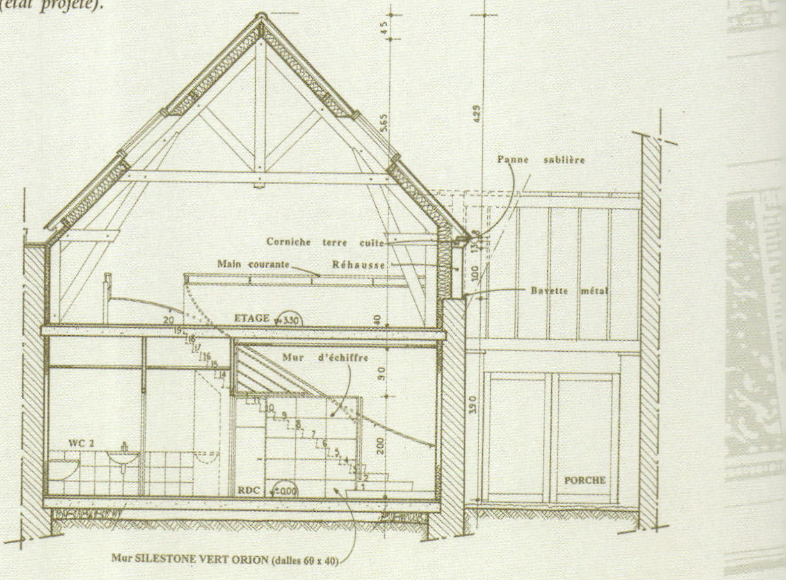

Détail technique du garde-corps de l'escalier.

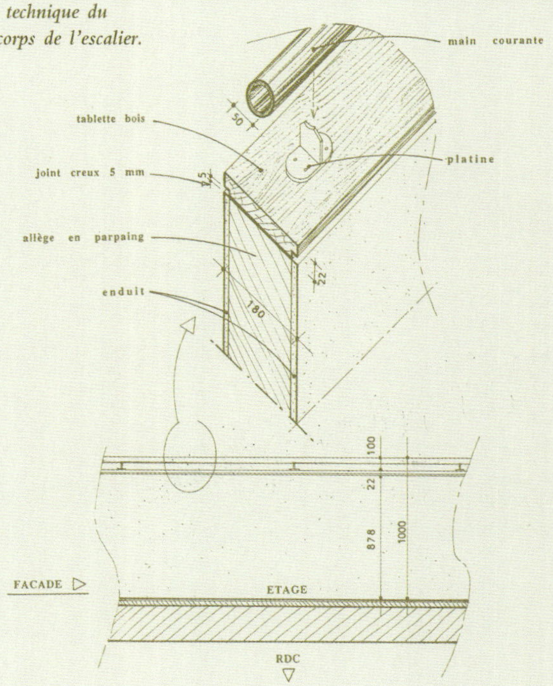

PROJET ARCHITECTURAL

Les murs anciens sont conservés, mais le plancher haut, la charpente et la couverture seront refaits à neuf pour rehausser le long-pan sur la cour du foyer, à la fois pour augmenter l'habitabilité de l'étage et corriger la dissymétrie gênante du pignon. On accédera à la bibliothèque par un porche très profond, qui remplacera l'ancien portail. Côté cour, deux portes mèneront soit au rez-de-chaussée, soit à l'escalier conduisant à la salle de lecture de l'étage.
La grande baie correspondant à l'ancienne porte de la grange est conservée mais divisée verticalement par des meneaux de briques. Avec quatre discrets Velux percés dans la toiture, une autre baie cintrée assurera l'éclairage de l'étage.

UNE INSERTION RÉUSSIE DANS LE BÂTI VILLAGEOIS

La couverture du porche a permis de supprimer la dent creuse entre les deux bâtiments principaux et d'assurer la nécessaire continuité du bâti sur ce front majeur de la place de la République.
Ainsi, dans une volumétrie ancienne et pratiquement inchangée, le projet apporte à la fois une écriture de façade originale et une identification claire de programme public que d'aucuns souhaitaient éviter au profit d'une typologie d'habitat, ce qui eût paru, aux yeux des architectes, un contresens.
La qualité fonctionnelle de l'intérieur est manifeste : les percements, qui y assurent lumière et vue sur la place, permettent la lisibilité du programme depuis l'espace public extérieur.

Exemple de réhabilitation 26

La suppression de l'éclairage public en faîtage et l'enfouissement des lignes de tout le secteur contribuent à l'embellissement de la façade.

Façade sur rue (état projeté).

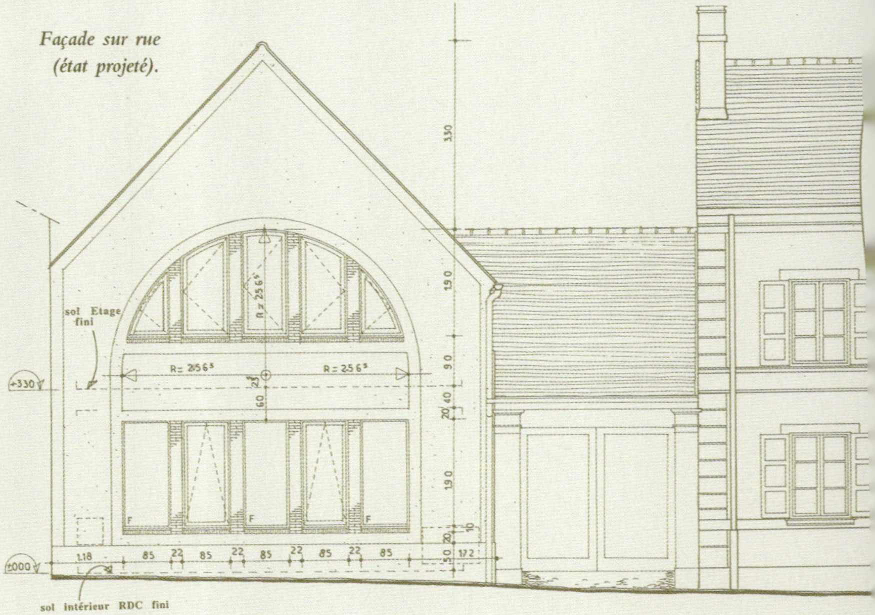

CHANTIER

Le percement de l'étage a suscité au sein du conseil municipal et de la population une polémique : la baie cintrée, du type « baie thermale », apparaissait à beaucoup comme une forme sans précédent dans la commune. Pour défendre leur projet, les architectes ont allégué la nature du programme, qui est un équipement public et non une habitation, et d'autre part la parenté de fortune avec la baie plein-cintre du pignon de la mairie voisine, largement utilisée à Fontainebleau. Ils ont été aidés par le service départemental de l'Architecture et du Patrimoine de Seine-et-Marne. Le large bandeau qui sépare les deux niveaux, sous la baie, dissimule l'épaisseur du plancher, dont la portée a été largement renforcée pour les besoins de l'accueil du public et des rayonnages. Ce bandeau horizontal situe en outre la façade modernisée dans la continuité des façades environnantes.

Le mur d'échiffre, au départ de l'escalier, est constitué par un carré de marbre vert dressé devant le fond « rouge pompéien » des deux niveaux.

La salle de lecture du premier étage avant l'installation des équipements. La visibilité de la charpente contribue à créer une atmosphère chaleureuse.

De l'idée à la réalisation.
À gauche, une vue projetée de la façade sur cour,
à droite la réhabilitation achevée.

La porte d'entrée
sous porche.

Côté cour, l'accès à la bibliothèque se fait par la porte percée sous le porche, et la sortie par celle ouverte dans la cour. Une circulation fluide des visiteurs est ainsi assurée.

Maître d'ouvrage : Commune de Samois-sur-Seine
Maîtres d'œuvre : Charles et Gilles Berthier, architectes DPLG
Entreprises : Chauvet (maçonnerie, couverture) ; CMTB (charpente, menuiserie) ; Aimedieu (électricité) ; Fossard (plomberie) ; Métallurgie Montegut (serrurerie) ; Gaumard (peinture)
Surface habitable : 144 m^2
Coût de l'opération : 170 000 € [1,115 MF] HT
Année d'exécution : 2002

Réhabilitation d'un pigeonnier au cœur d'un village, Avrainville (Essonne)

Plan d'exécution.
L'ancienne ferme est entourée d'un mur d'enceinte. La place du village est donc réduite à une allée d'arbres conduisant à l'église.

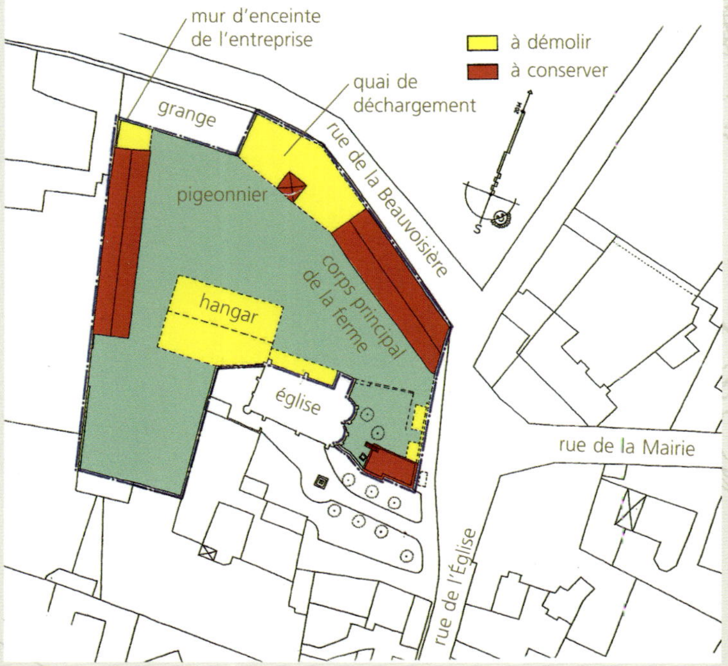

Un espace ludique en Brie

HISTOIRE ET LOCALISATION DU BÂTIMENT

Le pigeonnier fait partie d'un ensemble bâti enclos, dit « ferme de l'église », situé dans la commune rurale d'Avrainville, au sud d'Arpajon. Ce village très ancien compte actuellement 600 habitants. L'église Sainte-Marie, les caves, le cimetière et la ferme, qui appartenaient à l'abbaye de Saint-Germain-des-Prés, datent de 1070.
Jusque dans les années 1993, les dépendances de la ferme de l'église, d'une superficie de 4 500 m^2, étaient occupées par une entreprise de transport. Pour son usage, celle-ci a accolé des hangars à l'église et créé des quais de déchargement autour du pigeonnier.

DESCRIPTION TECHNIQUE ET DIAGNOSTIC

Le pigeonnier est en bon état. De forme carrée (4 m × 4 m), il s'élève sur deux niveaux, avec un plancher d'étage accessible par une échelle. La toiture, qui présente quatre versants en pointe de diamant, est couverte de tuiles plates anciennes portées par une charpente traditionnelle. Les murs du bâtiment sont épais de 50 cm et construits en pierres du pays, silex de Beauce et meulière, montées à la chaux grasse avec joints beurrés laissant apparaître la pierre.
Le pigeonnier est cerné depuis les années 1960 par un hangar, un quai de déchargement en béton de 1 m de haut et une charpente métallique formant couverture et auvent sur la cour intérieure, avec un mur aveugle côté rue. La cour de la ferme est en pavés de grès couverts par de l'enrobé noir.

Le pigeonnier est encastré dans la construction en béton datant des années 1960. Photo Renée Charpentier.

La cour de la ferme au cours des travaux. Le pigeonnier est dégagé, le hangar masquant l'église n'est pas encore démoli. Photo Renée Charpentier.

PROGRAMME

En accord avec les associations locales, une commission dite « de la ferme de l'église » arrête les grandes orientations et permet au conseil municipal d'acquérir la ferme. Le programme consiste à dégager le pourtour de l'église, à réhabiliter l'ensemble des bâtiments et à créer une place centrale avec différents équipements, pour dynamiser le cœur du village et valoriser le cadre existant.
Le pigeonnier, bâtiment repère de ce programme, sera transformé en espace de jeu et salle de lecture pour enfants.

PROJET ARCHITECTURAL

L'originalité du projet est l'utilisation du bâtiment lui-même comme espace récréatif : les enfants y accèdent par un escalier droit extérieur adossé au mur, prolongé d'une terrasse suspendue sur pilotis, qui débouche sur la glisse du toboggan. L'environnement est entièrement traité en espace de jeu, avec revêtements en caoutchouc, bac à sable…

Axonométrie du projet.

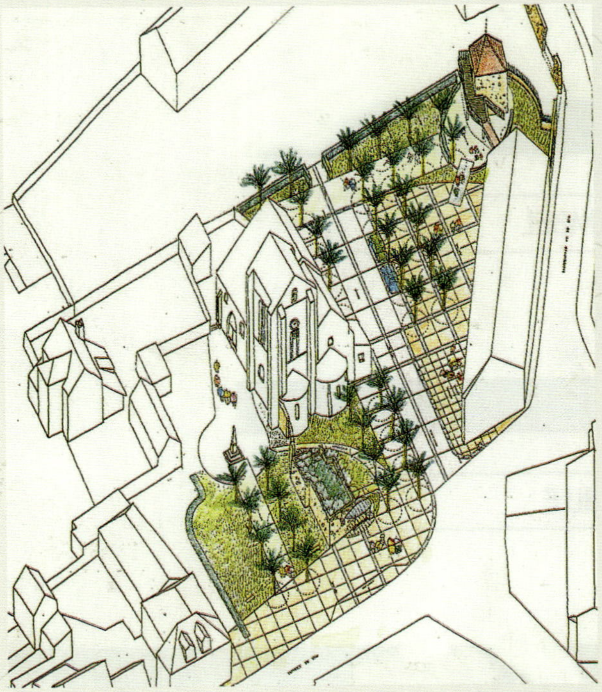

Exemple de réhabilitation 27

Aucun percement nouveau ne sera réalisé, puisque le pigeonnier ne sera que très ponctuellement utilisé comme coin lecture. À l'intérieur, un escalier métallique reliera les deux niveaux. L'étage sera accessible tant par l'extérieur que par un escalier intérieur nouvellement créé.

Coupe (état projeté).

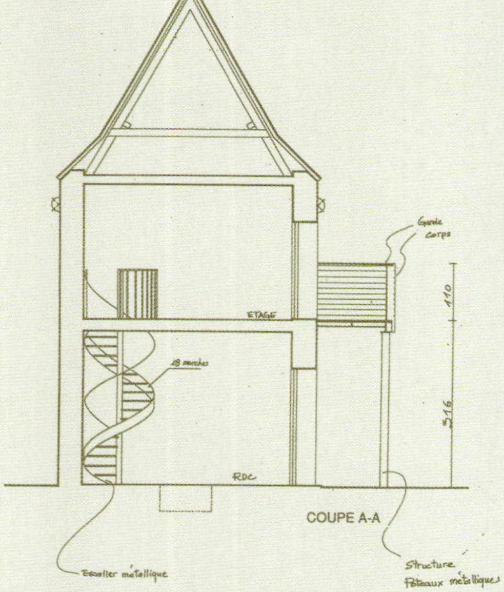

Plan du rez-de-chaussée (état projeté).

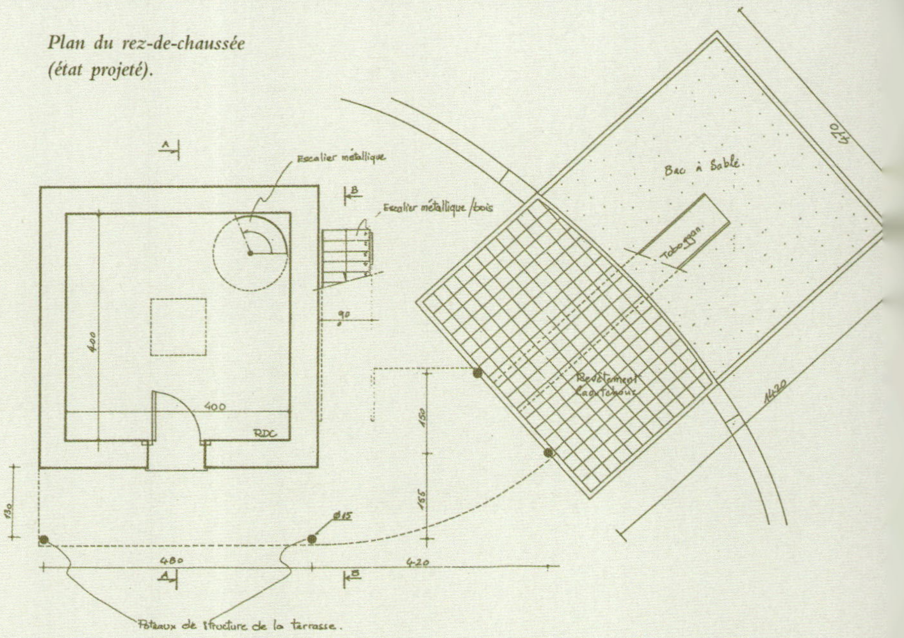

Plan du premier étage (état projeté).

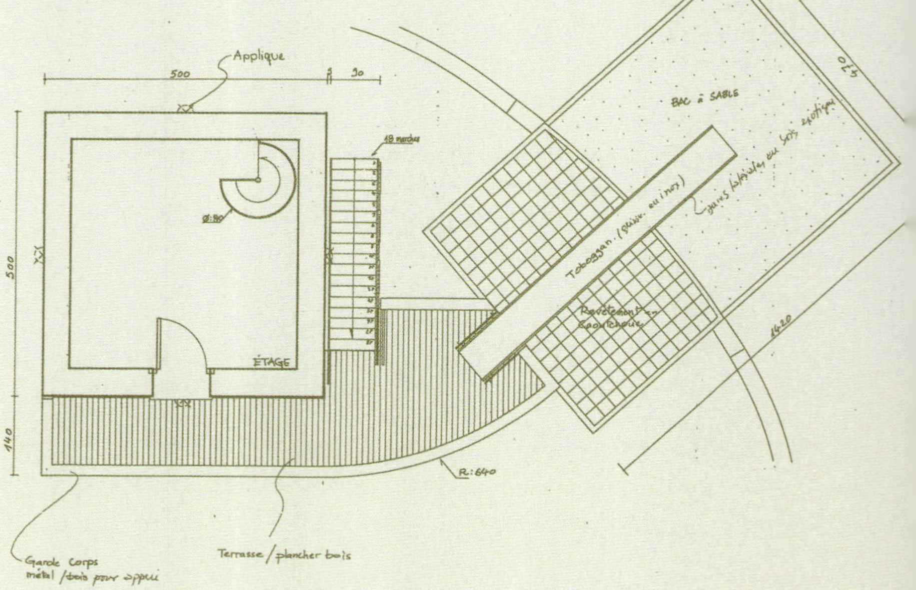

ORIGINALITÉ DE LA DÉMARCHE ET DU PROJET

En concertation avec les enfants, futurs usagers des lieux, et le corps enseignant du village, l'architecte a élaboré un programme de réutilisation du pigeonnier donnant lieu à un projet inattendu. L'imaginaire des enfants a été sollicité au cours d'ateliers pédagogiques, pour qu'ils définissent « leur » espace de jeu. La passerelle enjambant une bande végétalisée, au pied du pigeonnier, est ainsi l'expression architecturale du « pont sur la rivière ».

CHANTIER

L'objectif a été d'appliquer les règles élémentaires de l'art, de respecter la structure du bâti et d'obéir au rythme existant pour modifier et créer des percements mettant en valeur la qualité de cette architecture utilitaire.
L'usage de matériaux traditionnels, d'enduits et de tuiles plates vieillies a donné à l'ensemble une harmonie, une nouvelle jeunesse, et créé un cœur de village chaleureux.

La terrasse et le toboggan d'aspect très moderne s'appuient sur le pigeonnier recouvert d'un enduit à la chaux grasse à joints beurrés. Photo Jean-Pierre Lecot.

La passerelle en bois d'azobé s'inscrit parmi les nombreux éléments d'aménagement paysager qui structurent le projet : traitement des sols, plantation, mobilier urbain. Photo Jean-Pierre Lecot.

Détail technique de la fixation du toboggan et du revêtement de sol.

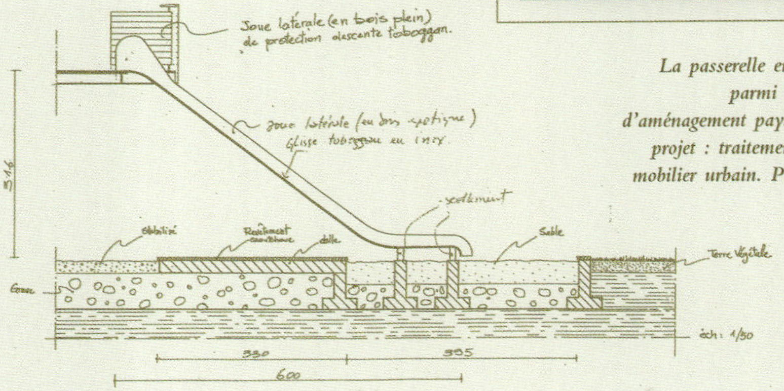

Détail technique de la passerelle.

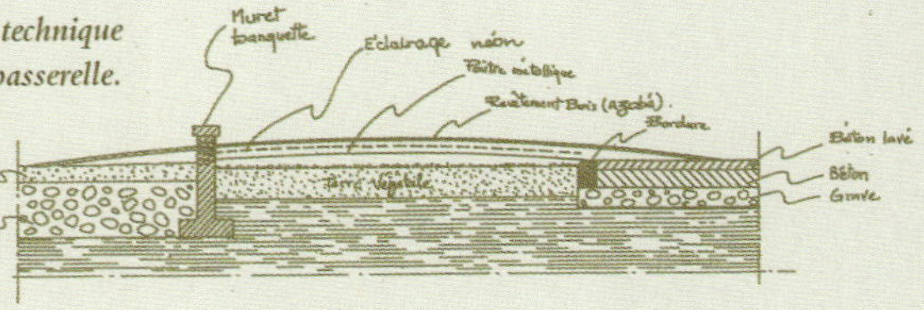

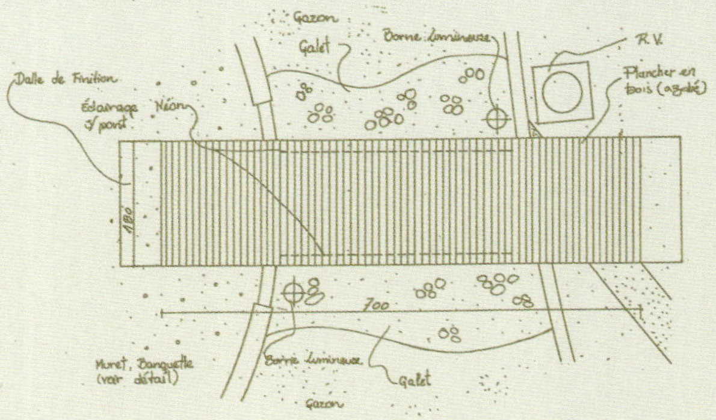

Maîtres d'ouvrage : Commune d'Avrainville
Maîtres d'œuvre : Vitorio Caldoncelli-Vidal et architectes DPLG associés (agence Archicop groupe) ; Gilles Gallichet, urbaniste-conseil, agence SIAM ; cabinet Richard, économiste de la construction ; bureau de contrôle Veritas
Entreprises : SFRE–VRD et travaux publics, Dubocq (gros œuvre et finitions), Rousseau (charpente, menuiserie), LMV (couverture, zinguerie)
Surface habitable : 50 m^2
Coût de l'opération : 76 000 € HT hors honoraires techniques
Année d'exécution : 1997-1999

Partie VI

Musées

La présence, sur une commune, de bâtiments particulièrement représentatifs de son histoire, couplée à l'existence d'associations ou de particuliers détenteurs de collections d'objets ou d'archives, conduit bien souvent à un projet de création de musée. Avec généralement pour le maître d'ouvrage la volonté de sauvegarder l'édifice accueillant les collections, dans ses détails constructifs et ornementaux. Voire de valoriser certains matériaux naturels anciennement utilisés dans la région en les réintroduisant dans le programme de la restauration. Dans la plupart des cas, il est admis que le traitement de l'aménagement intérieur réponde au seul souci de s'adapter aux contraintes du programme muséologique, et que le bâtiment choisi n'intervienne dans le projet que comme une coque sans rapport direct avec les collections exposées. Ce point de vue, qui peut être discuté, permet du moins de préserver l'image du bâtiment dans son contexte local, mais pose, dans le même temps, le problème de la structuration d'espaces intérieurs conduite au détriment de la lisibilité de ses fonctions d'origine.

Le choix inverse, privilégiant le respect des aménagements initiaux, en y calant le propos muséologique, peut, certes, poser des problèmes d'ordre technique ou fonctionnel (une grange, une habitation villageoise ne se prêtant pas forcément à des parcours « culturels » et à un accueil du public), mais présente l'avantage d'une toujours possible réversibilité.

C'est dire que, quelles que soient la nature du programme et les orientations du parti architectural, transformer un bâtiment ancien en musée n'exige pas, de la part du maître d'œuvre, la seule compétence technique, mais l'oblige aussi à savoir cerner la validité du projet muséal à long terme et à apprécier la stratégie globale du maître d'ouvrage quant à son patrimoine bâti.

Les trois réalisations présentées ici sont très significatives des problématiques liées à la création de musées dans des bâtiments anciens. Toutes révèlent une volonté de pédagogie à l'égard des publics locaux au travers de la « mise en spectacle » des matériaux, des mises en œuvre ou des solutions techniques utilisés dans la réhabilitation, pour bien signifier qu'au-delà d'une mémoire des lieux il s'agit de s'inscrire dans une continuité historique.

Exemple de réhabilitation 28

Un musée de la Terre en Cotentin

État de la maison du Glinel alors utilisée comme chantier-école.

Réhabilitation d'une maison en « mâsse » du Pays des Marais, Le Hommet-d'Arthenay (Manche)

HISTOIRE ET LOCALISATION DU BÂTIMENT

La bâtisse de ce projet, datée du XIXe siècle, est située dans la commune du Hommet-d'Arthenay, entre Pays Saint-Lois et Pays des Marais. Dans cette contrée d'élevage, à l'habitat dispersé, la maison du Glinel est caractéristique des petites fermes modestes en bauge, communément appelée « mâsse », du Cotentin.

Son acquisition par la municipalité du Hommet-d'Arthenay sauve la ferme de la ruine : le terrain est alors envahi de ronces, la toiture est effondrée. Le bâtiment est d'abord mis en 1994 à la disposition du parc naturel régional des marais du Cotentin et du Bessin pour qu'y soient organisés des stages de formation d'artisans, lesquels ont engendré de nombreuses modifications du bâtiment.

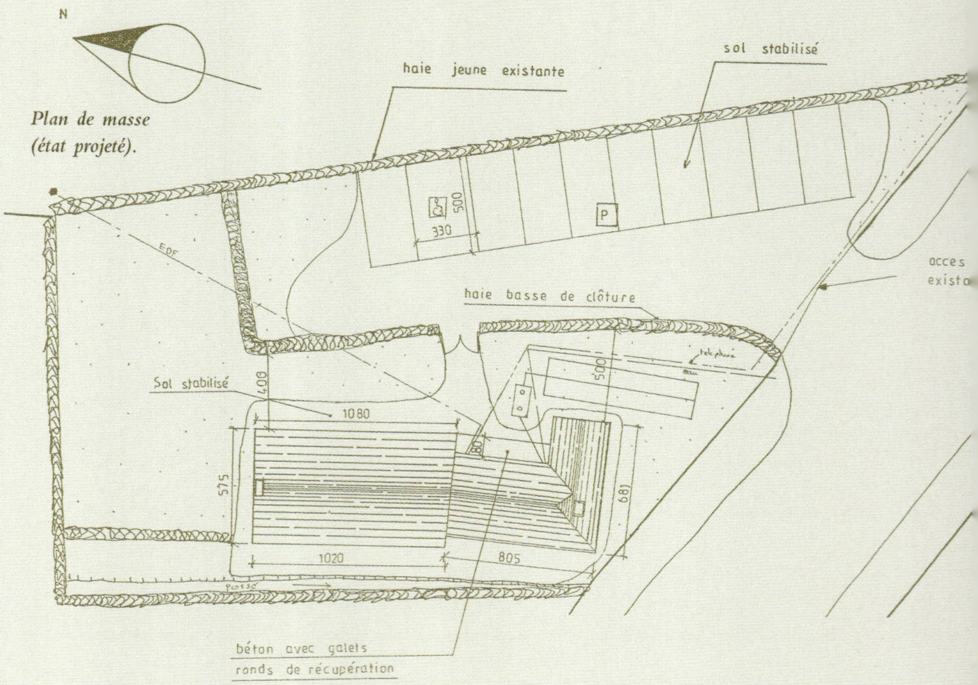

Plan de masse (état projeté).

DESCRIPTION TECHNIQUE ET DIAGNOSTIC

Une seule pièce habitable, blanchie à la chaux, est prolongée d'un cellier qui servait à entreposer les outils et les tonneaux de cidre. À la suite, avec un léger décrochement, les étables et, en retour, le « buret » pour le cochon constituent deux espaces séparés, accessibles de l'extérieur. Au-dessus, dans les espaces sous charpente, les greniers permettaient de stocker le foin et la litière.
Le cellier dispose encore de ses poutres. Dans l'étable et le buret, on retrouve un revêtement de sol réalisé en terre et en galets ronds incorporés. Le diagnostic des espaces intérieurs prescrit la reprise des maçonneries de terre et une intervention plus lourde sur tous les plafonds anciens.
L'aspect extérieur des maçonneries laisse apparaître un large bandeau de pierres grossièrement équarries, en soubassement et chaînage d'angle à l'extrémité nord du bâtiment. L'enduit terre et chaux présent sur le reste de la maçonnerie en bauge part en plaque par endroits. Enfin, deux lucarnes surdimensionnées et donc contraires à l'esprit d'une ferme ancienne ont été percées dans la couverture.

Vue intérieure de l'habitation : la cheminée d'origine est en ruine, le plafond typiquement normand en chêne et remplissage paille-terre est très dégradé.

Plan du rez-de-chaussée (état initial).

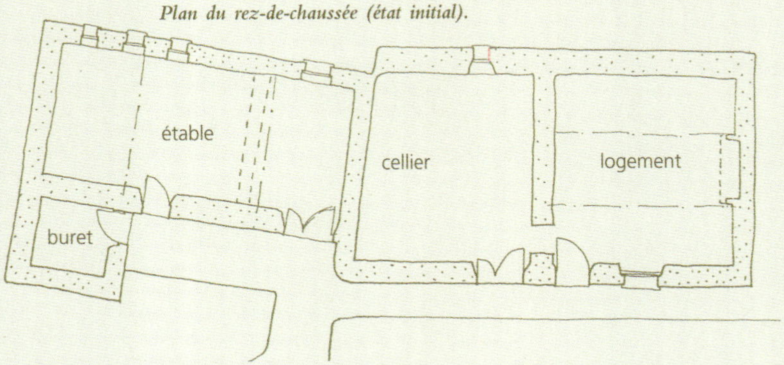

Façade nord-est (état initial).

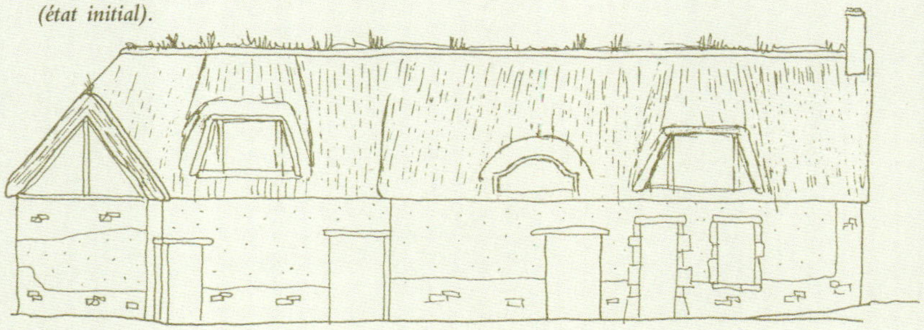

COUVERTURE VÉGÉTALE

Traditionnellement, les maisons en mâsse normandes sont couvertes de chaume. Ce type de couverture est réalisé à l'aide de végétaux (paille ou roseau) liés en bottes ou en javelles de 1 à 2 m de long disposées sur un lattis. Le faîtage est colmaté à la glaise pour assurer l'étanchéité de cet endroit sensible de la couverture.
Outre son caractère esthétique, cette couverture offre une excellente isolation thermique. Cependant elle ne peut être réalisée que sur une charpente dont la pente est d'au moins 45°.

Exemple de réhabilitation 28

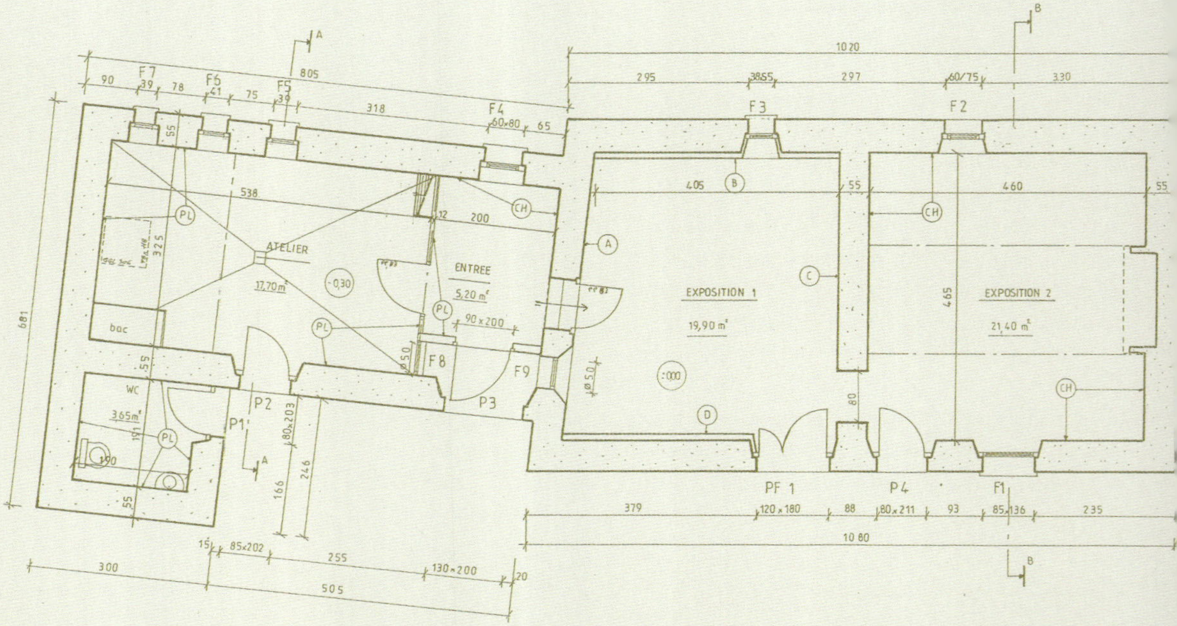

Plan du rez-de-chaussée (état projeté).

PROGRAMME

Établi par la commune – en partenariat avec le parc naturel régional des marais du Cotentin et du Bessin, le CAUE de la Manche, et l'association Le Flayard – le programme s'articule autour de la découverte de la mâsse pour sensibiliser les professionnels du bâtiment, les scolaires et le grand public à ce patrimoine local. Le bâtiment doit être réhabilité en espace culturel comprenant un atelier consacré à l'accueil des scolaires afin de leur faire découvrir le matériau terre, deux salles d'exposition, un hall d'accueil, des sanitaires.

PROJET ARCHITECTURAL

Le projet consiste à utiliser au mieux les volumes du bâtiment et à redonner à ce dernier son caractère d'origine, tout en conservant les percements existants. La charpente sera confortée et modifiée afin de permettre la suppression des lucarnes inadéquates et la réalisation de nouvelles ouvertures par les stagiaires couvreurs.

Coupe AA sur atelier. L'accès de l'ancienne soue a été agrandi et reculé pour ménager un espace couvert.

Des matériaux contemporains (aluminium laqué bleu, RAL 5023, plaques de plâtre décoratives) ont été utilisés pour la partie atelier. Pour les salles d'exposition, les techniques et matériaux traditionnels ont été privilégiés. Divers procédés d'isolation ont également été expérimentés au cours des chantiers-écoles.
Extérieurement, la façade principale a été réenduite à l'aide d'un mélange de terre et chaux et les pierres rejointoyées tandis que la partie arrière a été laissée en son état d'origine, à titre pédagogique.
Les haies bocagères ont été maintenues. Un trottoir extérieur a été réalisé grâce aux petits galets récupérés dans le sol de l'étable et noyés dans le béton.

La façade nord-est achevée.

La reprise de la couverture en chaume et la création d'une lucarne en façade.

Une des baies créées en façade sud-ouest, avec linteau et appui en bois.

Maître d'ouvrage : Commune du Hommet-d'Arthenay
Maître d'œuvre : Stéphane Watrin, architecte DPLG
Entreprises : LDE (maçonnerie) ; Le Roux (couverture chaume) ; Lorant (charpente, menuiseries intérieures, cloisons sèches, isolation) ; Lebrun (enduit intérieur terre et chaux) ; Duchemin (plâtrerie traditionnelle) ; Leclerc (plomberie, sanitaires, électricité) ; Delauney (peinture) ; stagiaires du CFA de Coutances
Surface habitable : 68 m^2
Coût de l'opération : 54 700 € TTC
Durée des travaux : déc. 1999 - sept. 2001

Exemple de réhabilitation 29

Réhabilitation et extension d'une maison agricole typique de la région, Bénévent-et-Charbillac (Hautes-Alpes)

Un musée rural dans la vallée du Champsaur

HISTOIRE ET LOCALISATION DU BÂTIMENT

Au cœur du village de Pisançon, à plus de 1 000 m d'altitude, la commune de Bénévent-et-Charbillac dispose d'une ancienne maison rurale, connue dans le village sous le nom de « maison Gaillard ». À la solution, plus habituelle, d'aménagement d'un gîte, la municipalité a préféré une implantation nouvelle pour le musée rural de la vallée du Champsaur : ce musée, qui existait depuis dix ans, était installé de façon « provisoire » dans la salle de classe de l'ancienne école.

La maison Gaillard est un édifice caractéristique de l'habitat rural, regroupant sous un même toit toutes les fonctions de l'exploitation : au rez-de-chaussée deux travées pour la cuisine, les caves et la chambre attenantes, et deux travées pour l'écurie ; à l'étage la grange, dans laquelle une chambre supplémentaire fut autrefois aménagée.

Le bâtiment présente des dégradations importantes. Le pounti a subi des déformations et l'enduit est très dégradé sur toute la partie inférieure de la façade.

Détails de la porte charretière, située au premier étage. À noter, la fissure de cisaillement visible à l'angle supérieur droit, au-dessus du linteau.

DESCRIPTION TECHNIQUE ET DIAGNOSTIC

Construit en maçonnerie de pierre, le bâtiment a été surélevé et remanié au XIXe siècle, à la suite d'incendies. L'écurie est surmontée de quatre belles voûtes d'arêtes reposant sur un pilier central en pierre de taille. La charpente à fermes assemblées soutient une couverture en tôle d'acier, les derniers propriétaires ayant choisi cette solution économique pour remplacer les tuiles écailles, déjà substituées au chaume à la fin du XIXe siècle. Les façades sont enduites à la chaux, avec badigeon autour des baies. Ces dernières, de petites dimensions, sont placées exclusivement sur la façade principale, au soleil ; certaines ont des encadrements en pierres monolithes, ornées de chronogrammes. La grange est accessible aux charrettes de fourrage depuis la cour par un « pounti », une rampe maçonnée adossée à la façade.

L'état général du bâtiment, qui ne laisse pas apparaître de désordres majeurs, est satisfaisant.

Façade sud, sur la cour (état initial).

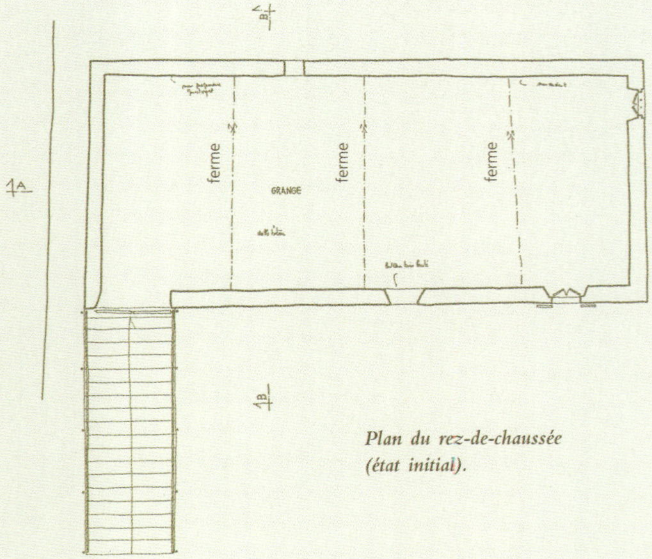

Plan du rez-de-chaussée (état initial).

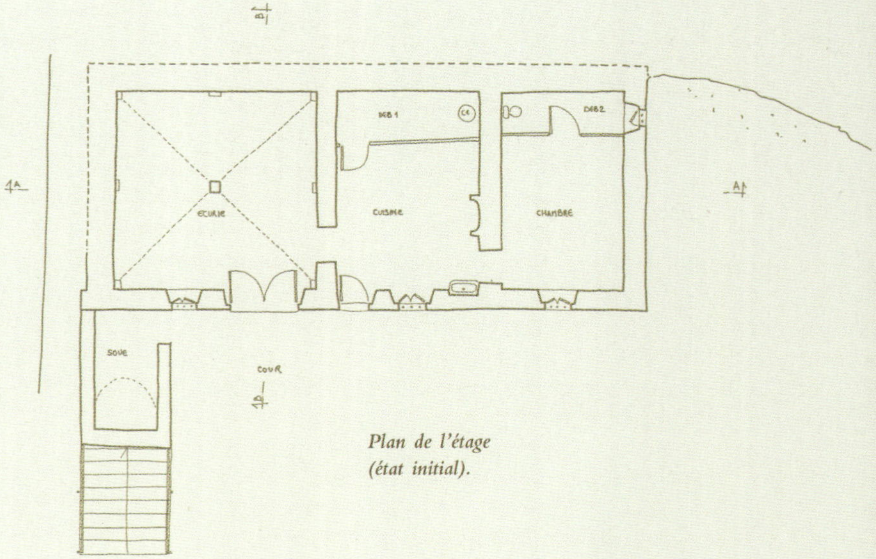

Plan de l'étage (état initial).

Exemple de réhabilitation 29

PROGRAMME

Le programme est fondé sur un double objectif : présenter les collections d'objets témoins de la vie rurale quotidienne collectés dans la vallée (mobilier, outillage, documents, photographies, vêtements) et révéler la vie domestique autrefois abritée par la maison, qui devient elle-même objet muséographique.

PROJET

Le rez-de-chaussée est consacré à des présentations thématiques dans les espaces d'habitation des hommes et dans les logis des bêtes. À l'étage, la grange est destinée à accueillir des expositions. Le matériel agricole encombrant (machines, outillage) est présenté dans une extension, conçue comme une remise agricole, qui offre un parcours

Plan du rez-de-chaussée (état projeté).

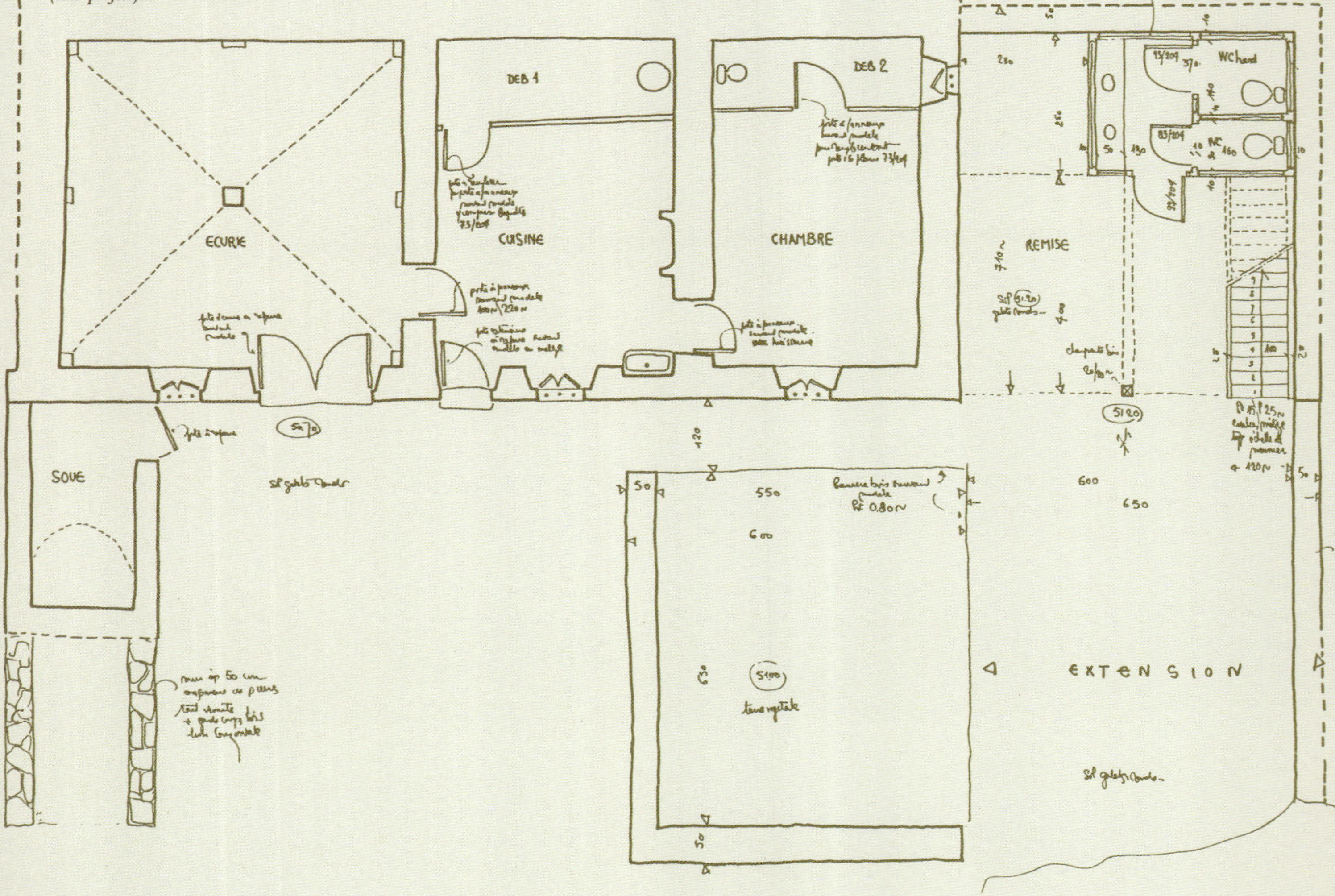

Plan du premier étage (état projeté).

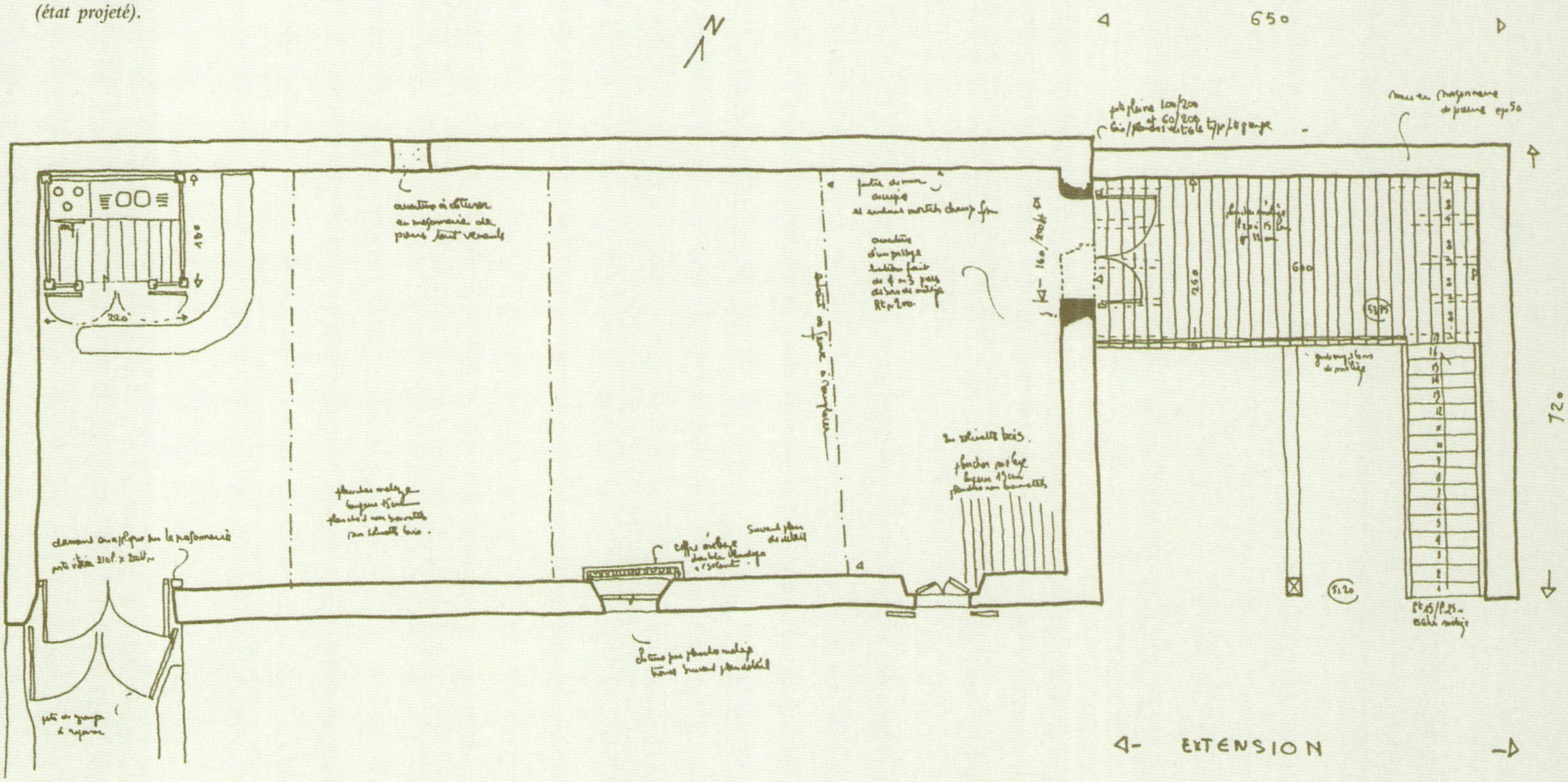

au public et permet de répondre aux impératifs de sécurité et d'hygiène liés à l'accueil des visiteurs.
Impliquant une fréquentation publique, le programme entraîne, malgré sa simplicité apparente, des travaux importants pour répondre aux normes de sécurité et d'accessibilité. Sans parler de scénographie, il amène à adapter les espaces intérieurs à des cheminements cohérents entre les deux niveaux, pour la découverte des collections exposées.
La cour de la ferme sera restituée, réunissant l'écurie, la cuisine, le pounti, le jardin et le verger. Une fontaine et un tilleul marquent l'entrée depuis la place sur laquelle sera aménagée une aire de stationnement.

TRAITEMENT D'UNE EXTENSION

L'extension devenue nécessaire pour réaliser l'espace d'exposition du matériel agricole a été faite dans le respect du bâti existant et traitée comme un hangar ouvert, commun à la plupart des exploitations. Elle prolonge le pignon de la maison, dans une disposition fréquente dans les fermes de la vallée.

La construction se limite à deux murs en maçonnerie de pierres tout-venant provenant d'une carrière locale. Elle est couverte d'un toit dans la continuité de celui de la maison. Seul élément important de cet appentis, la charpente, fermée par une croupe pleine, a fait l'objet de soins particuliers.

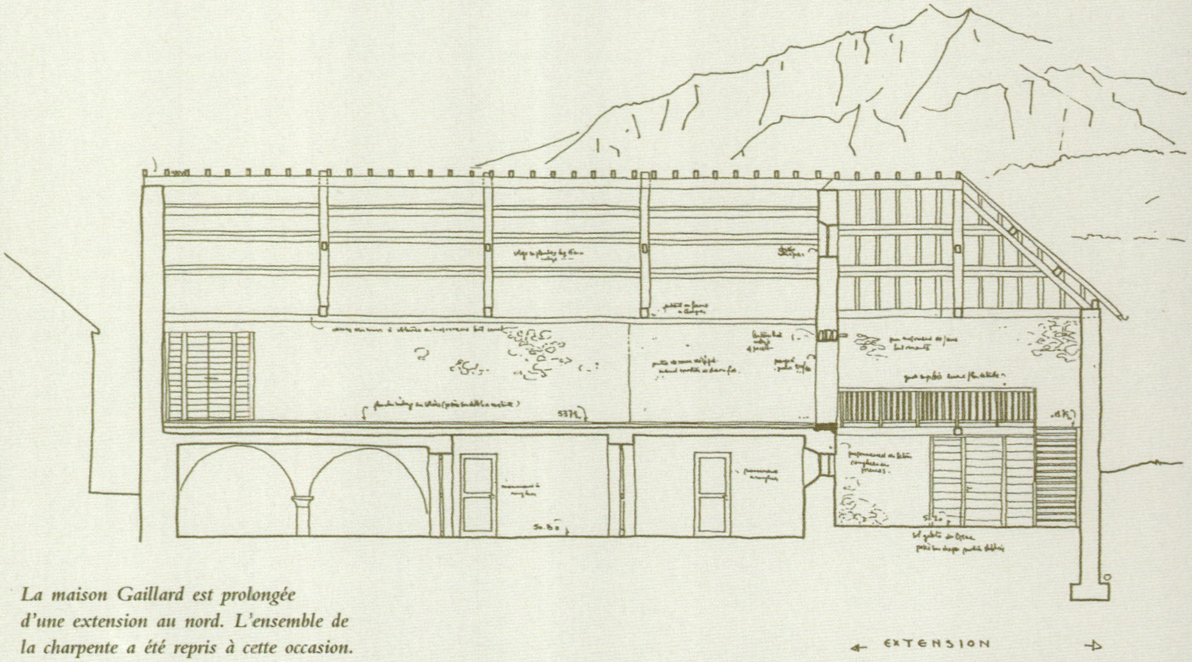

La maison Gaillard est prolongée d'une extension au nord. L'ensemble de la charpente a été repris à cette occasion.

CHANTIER

La partie existante a fait l'objet de travaux de restauration : charpente traditionnelle couverte de tuiles écailles, façades enduites à la chaux avec des mortiers intégrant des graves de la vallée, entourage des baies, bandeaux, filets traités au badigeon de couleur, menuiseries refaites à l'identique, reprise des maçonneries de pierre du pounti pour se conformer aux contraintes de sécurité.

Toutes les menuiseries de la partie extension ont été faites en bois de mélèze.

La grange, transformée en salle d'exposition, a conservé son caractère rustique : reprise des enduits composés à la terre, sol en plancher de mélèze, obscurité maintenue, espace du bar et de la sono aménagé dans une cabine conçue à la manière d'un grenier à grains en charpente de bois rainuré.
Une calade, réalisée avec des galets ramassés dans le lit du Drac, unifie la cour bordée de murs en pierre surmontés de palissades en mélèze.

Dans l'ancienne écurie, les voûtes abritent des panneaux d'exposition sur l'histoire de la vallée. Photo J.-P. Davin/ Musée de Pisançon

L'aménagement de murets dans la cour souligne l'horizontalité du bâti ancien, tandis que l'ajout d'un escalier à l'extrémité nord de la maison, répondant au pounti restauré, équilibre et allège la façade. Photo J.-P. Davin/Musée de Pisançon

La charpente à double entrait laissée apparente participe à la présentation de la vie rurale dans la vallée du Champsaur. Photo J.-P. Davin/Musée de Pisançon

Maîtres d'ouvrage : Communauté de communes du Champsaur ; Commune de Bénévent-et-Charbillac
Maîtres d'œuvre : Jean-François Lyon-Caen, architecte DPLG ; bureau d'études Adret ; Daniel Gimbert, économiste de la construction ; Hervé Nicolas, expert de la construction
Entreprises : Blanc fils (maçonnerie) ; EB Parret (charpente, couverture)
Surface utile : 250 m^2 (construction) et 500 m^2 (cour et jardin)
Coût de l'opération : 244 000 € [1,6 MF] TTC
Année d'exécution : 1998

Un musée des Arts et Traditions populaires dans le Comté de Nice

Réhabilitation d'une maison villageoise dans le parc du Mercantour, Guillaumes (Alpes-Maritimes)

HISTOIRE ET LOCALISATION DU BÂTIMENT

La maison Saint-Joseph est située dans le village de Guillaumes, dans l'arrière-pays niçois. À l'origine, vers 1850, elle est composée de deux propriétés mitoyennes. Elle répond au type le plus marquant de la maison villageoise des Alpes-Maritimes. Sa faible surface au sol, alliée à la mitoyenneté obligatoire du groupement de village, a conduit à une construction en hauteur, à un seul toit à deux versants sur une charpente primaire et des murs gouttereaux.

La structure de la maison s'adapte harmonieusement à la forte pente du site. Le dénivelé de 2,75 m suffit à donner deux niveaux d'entrée : un accès principal par la rue basse (rue Bérenger) et un accès par la rue haute, donnant sur l'escalier de la place Pazzi.

Plan de masse (état initial).

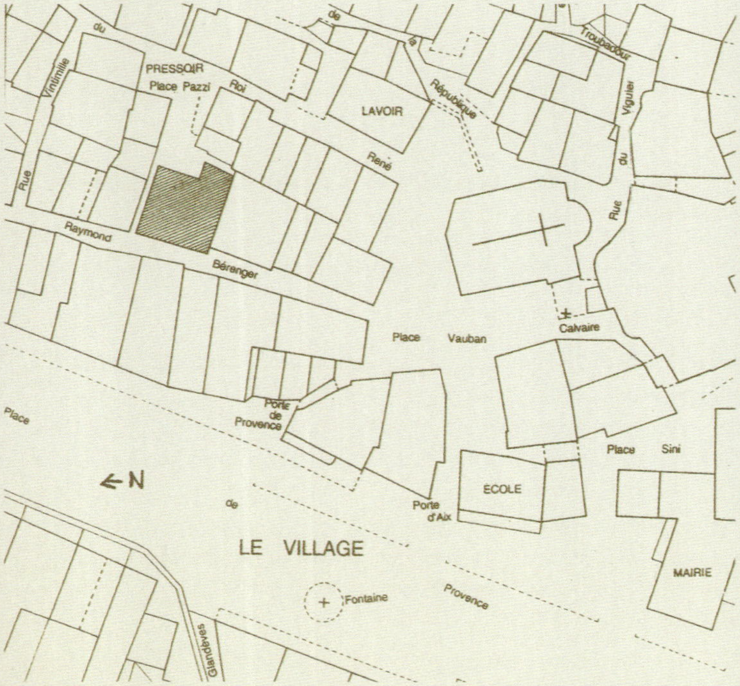

La maison vue de la place Pazzi. Au dernier niveau, les murs ont été surélevés à l'aide de parpaings pour porter la nouvelle couverture en tôle.

Le pignon nord présente une large fissure au point de jonction de la maçonnerie d'origine et de la partie refaite sans liaisonnement en 1930 après un écroulement de la maconnerie.

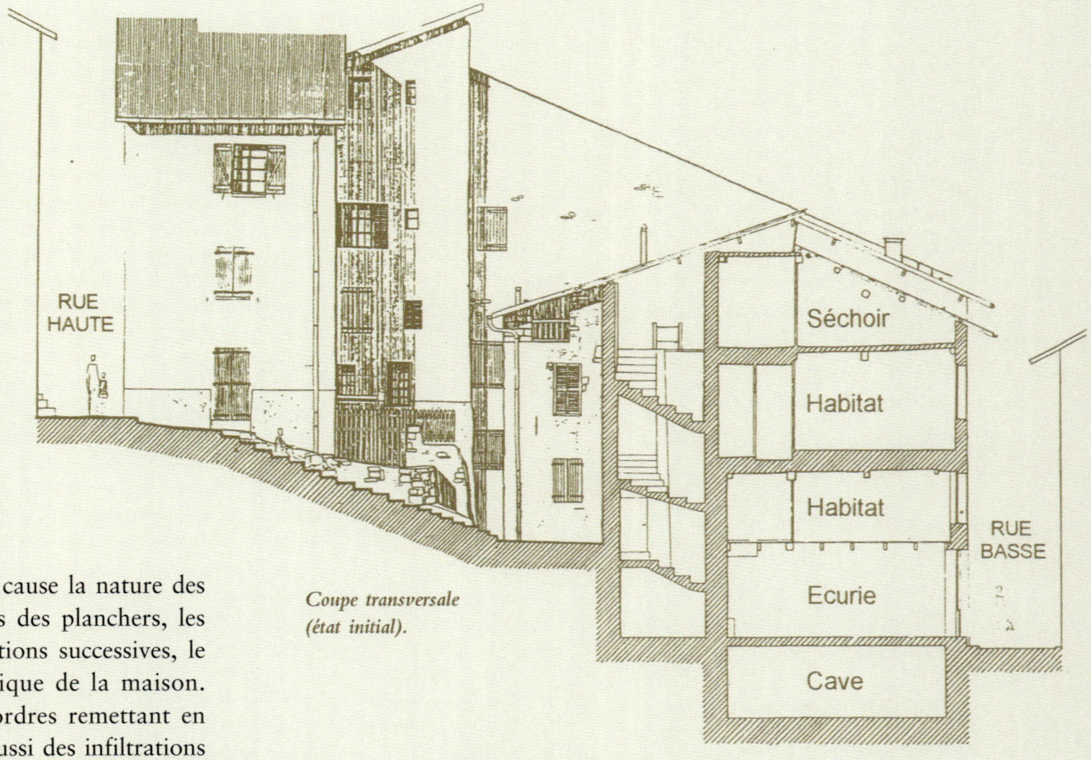

Coupe transversale (état initial).

DESCRIPTION TECHNIQUE ET DIAGNOSTIC

Le bâtiment réunit, en plus d'une cave, les trois éléments fondamentaux de la maison régionale ancienne : au rez-de-chaussée l'écurie, aux deux étages les pièces habitables (cuisine, salle commune et chambres), dans le comble les aires de séchage ou de stockage des récoltes.

La structure est en mauvais état. Sont en cause la nature des sols, les infiltrations d'eau, les surcharges des planchers, les transformations d'usage liées aux occupations successives, le manque d'entretien et l'abandon épisodique de la maison. L'état des lieux révèle d'importants désordres remettant en cause la stabilité de l'édifice. Il souligne aussi des infiltrations importantes au niveau de la toiture et des façades dégradées. Ces façades sont appareillées en moellons hourdés à la chaux non redressés sauf ceux placés en chaînage ou qui forment les embrasures de baies.

PROGRAMME

En février 1996, la maison Saint-Joseph est achetée par la commune. Un don et un prêt d'objets anciens décident le maire à créer dans le bâtiment un musée des Arts et Traditions. Ce musée aura pour vocation de présenter l'histoire naturelle et humaine du territoire, des temps géologiques à l'époque moderne, avec une ouverture sur l'avenir. À cette fin, des espaces muséographiques dédiés à la présentation de la collection permanente et aux expositions temporaires ainsi que des espaces d'accueil, de travail et d'hébergement seront aménagés pour recevoir le public et les chercheurs.

Détail de la façade ouest. D'importantes fissures au droit des ouvertures témoignent des désordres structurels de la maison.

Exemple de réhabilitation 30

PROJET ARCHITECTURAL

Les cinq niveaux composant la maison Saint-Joseph ont permis d'organiser les éléments du programme autour de l'escalier intérieur conservé. Les visiteurs du musée ont accès aux trois premiers niveaux et éventuellement au séchoir sous toiture. Au rez-de-chaussée haut, l'intérieur d'une maison traditionnelle a été reconstitué, ce qui a nécessité l'ajout de cloisons.

Plan de la cave (état projeté).

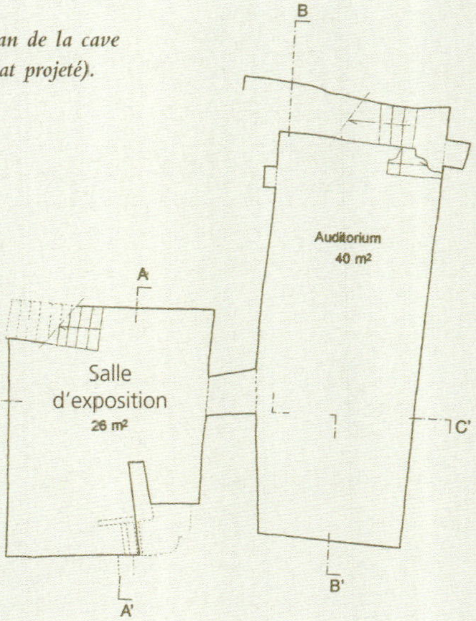

Plan du rez-de-chaussée bas (état projeté).

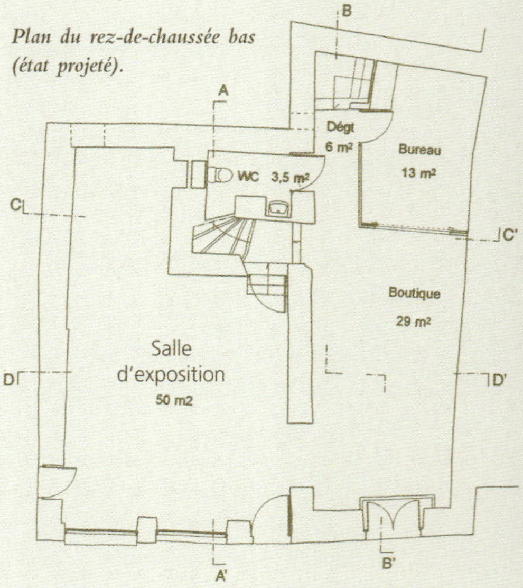

Plan du rez-de-chaussée haut (état projeté).

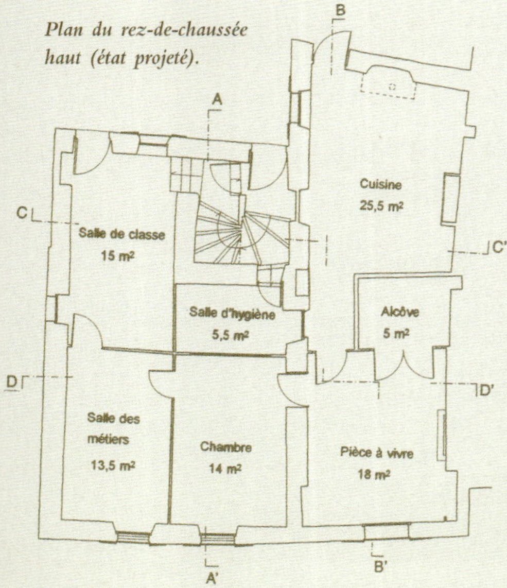

Plan du premier étage (état projeté).

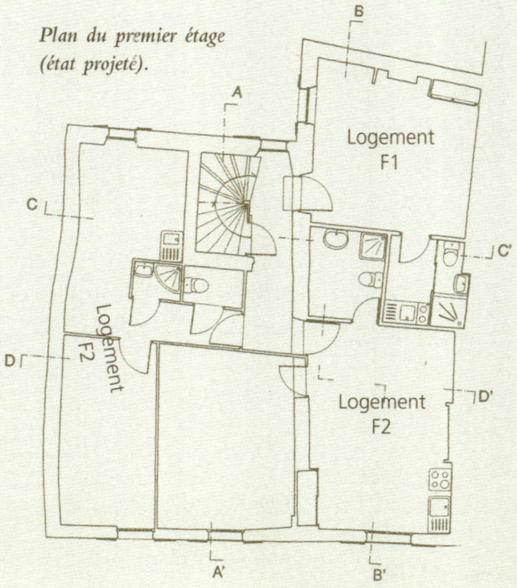

Plan du comble (état projeté).

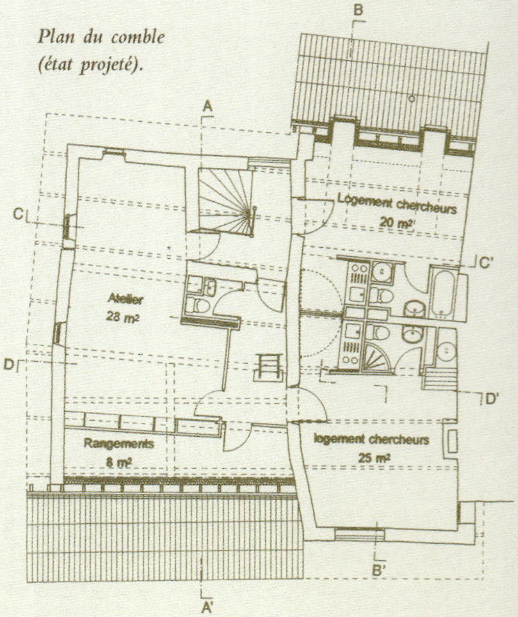

De la cuisine et de la chambre, les visiteurs peuvent regarder à travers des vitrines la « salle d'hygiène » traditionnelle. Les niveaux supérieurs, réservés aux logements des chercheurs, ont nécessité un traitement différent afin de satisfaire aux normes des habitations modernes. La taille de ces logements est modulable grâce à un système de cloisons mobiles.

CHANTIER

Pour compenser la surcharge des planchers et remédier au flambement du mur pignon, le bâtiment a été recintré à l'aide de boutisses en acier équipées de fers et insérées dans la structure des planchers pour ne pas dénaturer le bâtiment.
L'intervention architecturale a privilégié l'utilisation des matériaux et techniques traditionnels. Un enduit traditionnel à la chaux teinté a été retenu afin d'intégrer la maison dans son site. Le choix d'une teinte lumineuse a permis d'éclairer la façade de la maison qui donne sur la rue Bérenger, étroite et sombre. Le traitement décoratif de la façade principale a été étudié de manière à permettre une lecture des différentes affectations de la maison, grâce à la modénature des fenêtres et à la peinture des volets. Les trompe-l'œil donnant l'illusion d'une qualité constructive (faux bandeaux, par exemple) n'ont à cette heure pas été restitués.

REDÉCOUVERTE DU BARDEAU DE MÉLÈZE

La réhabilitation de la maison offrait l'occasion de tester la réimplantation du bardeau de mélèze en couverture, le musée se devant de donner l'exemple. Avant la prolifération des tôles ondulées, les toits de Guillaumes en étaient en effet couverts. Essence indigène, le mélèze offre un bois imputrescible et solide s'il est correctement coupé et séché. Il permet de réaliser des toitures n'exerçant pas une charge trop forte sur les murs, même lorsque la couche de neige est importante, et supportant de grands écarts de température.
Toutefois l'obligation d'accentuer la pente existante et d'adapter la technique au principe de conception de la double toiture ventilée (selon la réglementation actuelle des toitures en pays de montagne) aurait entraîné un tel surcoût que la maître d'ouvrage a préféré conserver provisoirement la tôle ondulée.

Le chantier de la façade donnant sur la place Pazzi et la façade de la rue Béranger terminée.
Photos Jacques Denaix

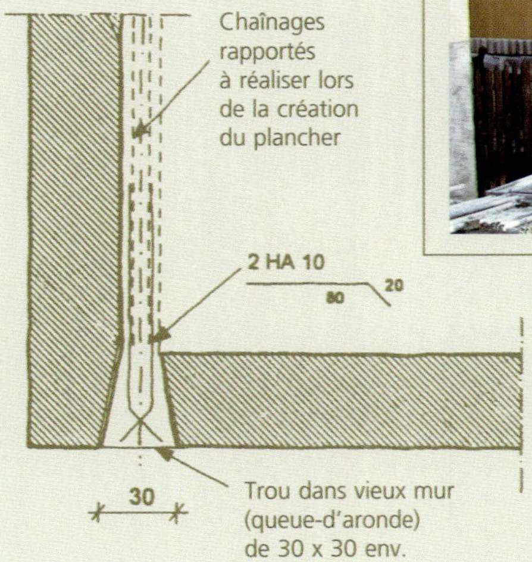

Détail technique des boutisses d'angle.

Maître d'ouvrage : Commune de Guillaumes
Maître d'œuvre : Stéphanie Caulliez-Laurent, architecte DPLG
Entreprise : Éts Degioanni (maçonnerie, échafaudages)
Surface habitable : 550 m^2, dont 280 m^2 pour les espaces muséologiques
Coût de l'opération : non communiqué
Année d'exécution : 2000

Glossaire

À pierre vue Technique d'enduisage consistant à laisser une partie des pierres du mur apparentes.

About Extrémité d'une pièce de menuiserie ou d'une maçonnerie conçue de façon à pouvoir s'assembler à un autre élément.

Appareil Assemblage déterminé d'éléments taillés d'une construction ou d'une partie de la construction. On parle d'appareillage pour les maçonneries ordinaires (briques, moellons).

Appentis (en) Toit à un pan.

Arbalétrier Dans une ferme de charpente, pièce de bois posée à l'oblique sur laquelle reposent les pannes et toute la couverture.

Arc Tout élément construit de forme courbe prenant appui à ses deux extrémités sur deux points solides et servant à franchir un espace. Les arcs sont nommés diversement selon leur forme, leur destination ou leur situation dans le bâtiment.

Arc en anse de panier Arc surbaissé (voir ce mot) dont le profil est déterminé à partir de 3 ou 5 points de centre.

Arc surbaissé Arc dont la flèche, ou hauteur maximale, est inférieure à la moitié de la portée, c'est-à-dire à la largeur de l'ouverture.

Ardoise Roche schisteuse, de couleur noire ou grise, ayant la particularité de se débiter en feuillets. L'ardoise est utilisée comme élément de couverture et de bardage (voir ce mot).

Arête de poisson (en) Appareil décoratif où les éléments (briques ou moellons) sont posés à l'oblique alternativement dans un sens et dans l'autre.

Arêtes (voûte d') Voûte formée par la rencontre en arêtes saillantes de deux ou plusieurs berceaux (voir ce mot).

Arêtier Intersection saillante de deux versants de toit.

Assise Rangée d'éléments de maçonnerie posés horizontalement dans une construction. (La hauteur d'assise est donc égale à la hauteur des éléments.)

Badigeon Enduit à base de lait de chaux, souvent coloré par ajout de pigments, utilisé pour le revêtement de façades et de murs intérieurs.

Baie Ouverture laissée dans un mur pour y poser une fenêtre, une porte, ou pour y ménager un passage.

Bain de mortier (pose à) Mode de pose traditionnellement employé dans les maçonneries, sur lit de mortier de 2 cm d'épaisseur environ, qui convient bien au scellement de petits et moyens éléments.

Bandeau Moulure pleine de section rectangulaire, de faible saillie, au profil horizontal. On trouve généralement un bandeau à chaque étage de l'édifice. C'est un élément à la fois de décor et de protection de la façade, qui limite le ruissellement de l'eau de pluie sur celle-ci.

Bardage Revêtement destiné à protéger une façade des intempéries. Un espace vide est souvent laissé entre le bardage, également appelé « essentage », et la maçonnerie. Le bardage est composé de bardeaux (voir ce mot) ou d'autres éléments de couverture.

Bardeau Petite planche de bois permettant de recouvrir une toiture ou une façade.

Barge Dans une grange de plain-pied, espace planchéié au-dessus des étables, où se fait la réserve de foin ou de paille (Limousin).

Bâtière (en) Toit à deux versants et à pignons découverts. On parle aussi de linteau en bâtière lorsque celui-ci n'est pas monolithe mais présente deux rampants.

Bauge Mélange de terre argileuse et de fibres végétales servant à réaliser des murs sans ossature.

Berceau Voûte dont le tracé est obtenu par la translation d'un arc en plein cintre.

Berthelée ou **Berthelet** ou **truelle brettelée** Outil doté d'une lame dont un côté est dentelé et l'autre droit, utilisé en maçonnerie pour couper et dresser les plâtres frais.

Béton Matériau de construction composé de sable, de granulats (gravier ou cailloux) et d'un liant (quelquefois ciment, chaux).

Béton armé Béton renforcé par une armature métallique.

Boutisse Moellon ou brique posé de sorte que sa plus petite surface apparaisse en parement et dont la longueur occupe les deux tiers ou la totalité (boutisse parpaigne) de l'épaisseur du mur. Les boutisses servent à liaisonner les parements du mur.

Bow-window Fenêtre en saillie sur un ou plusieurs étages d'une maison, formant une sorte de balcon fermé. On rencontre des bow-windows surtout dans le nord de la France et les pays anglo-saxons. Synonyme *oriel*.

Calade Surface pavée en galets, en particulier lorsqu'il s'agit d'une ruelle (Midi de la France).

Calepinage Dessin précis (échelle courante : 1/20) d'un appareillage servant de guide pour la taille et la mise en œuvre des éléments de construction.

Capucine (lucarne à la) Lucarne à croupe (voir ce mot).

Carton Feuille de carton ou de zinc dans laquelle est découpé le profil d'un élément.

Chaîne d'angle Structure verticale de renforcement des angles des murs, maçonnée en harpes (voir ce mot) dans un autre matériau que celui de la maçonnerie courante.

Chanfrein Petite surface oblique obtenue en abattant l'arête d'une pierre.

Chanvre Matériau de construction et d'isolation tiré de la plante du même nom. Le chanvre est considéré comme un matériau écologique.

Chape Dans une maçonnerie, couche de mortier de ciment étalée sur le sol afin d'en assurer la planéité.

Chaume Longues tiges (de seigle, de genêts, de roseaux…) servant à la couverture d'une construction. Le chaume a longtemps été utilisé pour les habitations pauvres (on parle encore de « chaumière ») ou les bâtiments agricoles, puis a été délaissé. On redécouvre aujourd'hui ses qualités d'isolation.

Chaux Liant provenant de la cuisson de blocs de calcaire, utilisé dans les mortiers, les enduits, les badigeons. On distingue deux grands types de chaux : la chaux aérienne, qui fait sa prise par réaction avec le dioxyde de carbone de l'air, et la chaux hydraulique, qui fait sa prise au contact de l'eau. La chaux grasse (par opposition aux chaux maigres) est une chaux aérienne contenant peu de silice et permettant des finitions particulièrement soignées. La chaux hydraulique naturelle (XHN) est obtenue par calcination d'un calcaire contenant naturellement de l'argile ; la chaux hydraulique artificielle (XHA) provient d'un mélange de calcaire et d'argile.

Cheville Pièce de bois utilisée en particulier pour l'assemblage des pièces de charpente.

Chevron Pièce de bois fixée perpendiculairement aux pannes de la charpente. L'ensemble des chevrons recouvert d'un voligeage (voir ce mot) ou lattis, supporte les éléments de couverture.

Chronogramme Inscription en prose ou en vers dont certaines lettres, lues comme des chiffres romains, composent une date. Des chronogrammes étaient ainsi utilisés pour indiquer la date de construction d'un bâtiment. Par exemple : **INCI**TAT AERE SA**C**RO **C**R**V**C**I**OS **M**AR**I**A **CLI**ENTES : A**V**RE SAL**V**T**I**FEROS GENS **V**ENERARE = 1626

Cintre Structure en bois servant à la réalisation des voûtes. Le cintre est à la fois un étai et un coffrage.

Comble Partie la plus haute de la construction, située sous le toit (grenier). Elle peut être utilisée ou non.

Console Support d'un élément en surplomb tel un balcon. La console à volutes a un profil en S.

Contreplaqué Panneau constitué d'un nombre impair de plaques de bois minces collées entre elles et positionnées de façon que leurs fils s'entrecroisent.

Corbeau Petit support engagé dans la maçonnerie courante, servant de pièce d'appui.

Corniche Couronnement d'une construction, qui fait saillie sur le nu du mur, formé de moulures ou d'éléments appareillés disposés en surplomb les uns par rapport aux autres.

Coulis Préparation de plâtre ou de mortier gâchée assez liquide pour jointoyer les carrelages ou sceller par injection.

Coyau Petite pièce de charpente qui prolonge et adoucit la pente d'un toit au niveau de la tête de mur.

Crépissage Action de crépir, d'enduire un mur.

Crête Sommet d'un mur ou ensemble des tuiles faîtières d'un toit. Le terme désigne aussi un élément décoratif placé au sommet d'un faîtage ou un garnissage saillant de mortier entre les tuiles faîtières.

Croix de Saint-André Assemblage de deux pièces en forme de X utilisé pour contrebuter d'autres pièces dans une construction ou un système d'étaiement.

Croupe Petit pan de toit raccordant deux versants principaux.

Cunette Canal situé dans le fond d'un égout, longé de banquettes permettant la circulation.

Dé Élément de forme cubique, en pierre ou en béton, qui sert de support à un poteau ou une colonne et l'isole du sol.

Débord Partie d'un élément dépassant un alignement de référence.

Démontage/remontage Action de désassembler ou d'assembler avec méthode divers éléments qui constituent un ensemble.

Dépose Action de retirer un élément de l'ensemble auquel il appartient (pierre d'une maçonnerie par exemple) pour le restaurer ou le remplacer.

Descente de charges Cheminement des charges dans un ouvrage (charpente, voûte, mur…).

Dévers Défaut d'aplomb d'un mur, d'une construction.

Drain Fosse remplie de pierres sèches ou tuyau percé permettant d'évacuer l'humidité d'un sous-sol. Les tuyaux percés, qui peuvent aussi permettre d'assécher un mur humide, sont en terre cuite, en béton ou en PVC.

Dresser Rendre plan – mais pas obligatoirement lisse – un enduit ou un parement.

Ébrasement Face du piédroit d'une baie, dont les plans convergent vers l'axe de la baie ; l'ébrasement est intérieur si les faces convergent vers l'extérieur, et extérieur si les faces convergent vers l'intérieur.

Échelle de meunier Escalier droit sans contremarches, adossé ou non à un mur et non soutenu par un mur d'échiffre.

Égout Extrémité inférieure d'un pan de toit d'où s'écoulent les eaux de pluie, qui sont recueillies par une gouttière ou un chéneau.

Embarrure Garnissage de mortier assurant une parfaite étanchéité entre les tuiles faîtières et les tuiles de couverture.

Embrasure Espace réservé dans un mur pour le percement d'une baie.

Empierrement Lit de pierres grossièrement taillées.

Enduit Préparation pâteuse ou semi-fluide, à base de mortier ou de plâtre, appliquée en une ou plusieurs couches sur un support maçonné.

Enduit brossé Enduit de parement hydraulique légèrement brossé en fin de prise.

Enduit de finition Dernière couche d'un enduit, qui intègre ou reçoit la finition décorative choisie.

Enduit taloché Enduit de parement appliqué et surfacé à la taloche.

Engravure Rainure pratiquée dans une paroi verticale, recevant le bord d'un relevé ou d'une bavette d'étanchéité.

Entablement En architecture rurale, désigne le plus souvent le couronnement d'un mur.

Entrait Poutre horizontale qui constitue la base d'une ferme de charpente et relie les pieds des arbalétriers (voir ce mot) pour empêcher leur écartement.

Entrevous Espace entre deux éléments de structure (solives ou poutrelles d'un plancher, poteaux d'une cloison...). Matériau avec lequel on remplit cet espace. Par extension, ce terme désigne souvent des hourdis, éléments préfabriqués en béton, polystyrène ou céramique remplissant l'espace entre les poutrelles d'un plancher.

Équarrir Tailler à angles droits un bloc de pierre ou une pièce de bois pour lui donner, sans les finitions, la forme d'un parallélépipède à section carrée ou rectangulaire.

Escalier balancé Escalier comprenant un changement de direction. Les marches tournantes, dites marches balancées, sont plus étroites au niveau de l'axe central qu'en périphérie. Le balancement doit permettre de conserver au centre de ces marches une largeur identique à celle des marches droites.

Étayer Soutenir ou consolider un ouvrage à l'aide de pièces longues appelées étais.

Étrésillon Pièce de bois, de pierre, de métal ou de béton disposée transversalement entre deux éléments constructifs (murs, parois, colonnes, solives, tableaux d'une baie...) pour maintenir leur écartement.

Faîtage Ligne de crête du toit, couverture de l'intersection des deux pans de toiture.

Ferme Structure triangulaire dans un plan vertical constituant l'ossature d'une charpente et composée d'un assemblage de pièces de bois ou de métal. Toute charpente est composée d'une ou de plusieurs fermes, placées à intervalles réguliers, reliées entre elles par des pannes horizontales qui portent les chevrons et la couverture. Les fermes les plus simples comprennent un entrait (base du triangle), deux arbalétriers (côtés) et un poinçon (hauteur).

Feuillure Entaille en forme d'angle rentrant pratiquée dans l'arête d'une pièce de bois ou d'une maçonnerie et servant à encastrer un élément. En vitrerie, une parclose permet de maintenir la vitre dans les feuillures d'un châssis.

Fondations Ouvrage enterré situé à la base d'une construction et permettant de lui donner une bonne stabilité. Les fondations répartissent le poids de la construction dans le sol d'assise.

Fronton Ouvrage généralement en forme de triangle ou de demi-cercle constituant la partie supérieure d'un pignon ou d'une baie.

Fruit Inclinaison du parement d'un mur causée par une diminution de son épaisseur depuis la base jusqu'au faîte. Donner du fruit à un mur permet de mieux l'asseoir. Cette technique est utilisée en particulier pour les murs de soutènement.

Gabarit Pièce en bois ou en tôle formée et découpée, servant à la reproduction d'un motif, d'une moulure...

Gélif Se dit de tout matériau qui, en raison de sa porosité et de l'eau qu'il peut absorber, est susceptible, sous l'action du gel, de se fendre, d'éclater, de se désagréger ou de se déliter.

Génoise Corniche formée de plusieurs rangs de tuiles canal posés en débord et recouverts ou non d'un enduit, courante dans le sud de la France.

Gouttereau (mur) Mur extérieur situé sous l'égout d'un toit.

Granit Roche magmatique cristalline dure formée de cristaux de feldspath, de quartz et de mica ou d'amphibole.

Grave Gravier constitué d'éléments de dimensions diverses.

Grès Roche sédimentaire formée de nombreux petits éléments unis par un mortier de nature variable.

Harpe Suite de pierres ou de briques alternativement longues et courtes, superposées dans une maçonnerie.

Hérisson Couronnement d'un mur de clôture composé de briques ou de pierres posées sur la tranche. Le terme désigne également une couche de pierres d'assez grosses dimensions servant à assurer l'assise et le drainage d'un mur, d'une dalle, d'une route...

Hourder Maçonner grossièrement avec du plâtre ou du mortier. Combler les vides d'un pan-de-bois avec des matériaux divers (torchis, briques, tuileaux, pierres). Mettre en place des hourdis entre les poutrelles ou les solives d'un plancher.

Hourdis Ensemble des matériaux (torchis, briques, tuileaux, pierres) servant à combler les espaces vides d'un mur en pan-de-bois. Élément de construction modulaire (en terre cuite, en ciment, en polystyrène expansé...) composant le remplissage entre les poutrelles ou les solives d'un plancher et formant sa sous-face.

Implantation Manière de disposer les bâtiments dans le paysage.

Jambage Face du piédroit (voir ce mot) comprenant la baie, parallèle au mur ou au trumeau. Se dit aussi pour un piédroit de cheminée.

Joint (de maçonnerie) Interstice entre deux éléments de maçonnerie, comblé par un matériau de liaison qui solidarise ces derniers. Selon leur épaisseur, les joints sont dits maigres ou gras. Les joints visibles sont appelés joints de parement. Leur disposition (due à l'agencement des éléments maçonnés) et leur forme varient ; on distingue ainsi les joints croisés, filants, affleurants, saillants ou creux.

Joint beurré Joint lissé recouvrant une partie du parement des pierres.

Jointoyer Réaliser les joints d'un ouvrage.

Joue ou **jouée** Paroi latérale d'une lucarne en saillie.

Lait de chaux Badigeon constitué d'un mélange de chaux aérienne et d'eau, utilisé pour le revêtement des murs intérieurs et des façades.

Lambourde Dans un plancher, pièce de bois, fixée le long d'un mur ou contre une poutre, sur laquelle s'appuient les extrémités des solives. Dans un parquet, pièce de bois qui supporte les lames.

Lamellé-collé Matériau constitué de lamelles de bois collées entre elles, souvent sous pression. Le lamellé-collé permet de réaliser des éléments longs et résistants, éventuellement courbes, tels que les arcs de longue portée des charpentes.

Lattis Ensemble de lattes de bois parallèles servant de support pour une toiture de tuile ou d'ardoise, ou pour l'enduisage en plâtre d'un plafond ou d'un mur à pan-de-bois.

Lauze ou **lause** Dalle de pierre (calcaire ou schiste) dégagée par délitage du bloc originel et utilisée comme matériau de couverture dans certaines régions (Alpes, Corse, Massif central, Provence, Bourgogne…).

Laye ou **laie** Marteau servant à dresser le parement des pierres. On distingue deux types de laye, l'une à tranchant uni, l'autre à tranchant dentelé (on parle alors de laye brettelée, ou de brette, ou de marteau bretté).

Limon Élément rampant, droit ou courbe, sur lequel s'appuient les extrémités des marches d'un escalier et qui porte la rampe.

Limousinage Maçonnerie constituée de moellons liés au mortier.

Linteau Élément horizontal en pierre, en bois, en béton ou en métal, monolithe ou non, qui ferme le haut d'une baie et reporte vers les jambages la charge de la maçonnerie située au-dessus.

Lucarne Fenêtre de toit qui, placée d'aplomb, sert à donner du jour aux combles.

Meneau Montant ou traverse, le plus souvent en maçonnerie, qui partage l'ouverture d'une baie en plusieurs parties.

Meulière Roche siliceuse, à surface rugueuse et de dureté variable, utilisée comme matériau de construction.

Mi-bois (à) Se dit d'un assemblage de deux pièces de bois entaillées toutes deux sur la moitié de leur épaisseur.

Modénature Proportion et galbe des moulures d'une façade. La modénature est dite accentuée si les reliefs sont marqués, ou atténuée dans le cas contraire.

Modillon Type de console (voir ce mot) placée sous le larmier d'une corniche et à fonction principalement décorative.

Moellon Pierre de construction grossièrement taillée, maniable en raison de son poids et de ses petites dimensions.

Mortier Mélange d'un liant (chaux, ciment, argile…), d'agrégats (sable) et d'eau qui est utilisé en construction pour lier les matériaux de construction entre eux (pierre, brique…).

Noue Intersection rentrante de deux versants de toit.

Noyau (d'escalier) Pilier central, généralement cylindrique, portant les marches d'un escalier tournant.

Nu Surface de référence d'un mur faisant abstraction des parties saillantes et rentrantes. Elle sert notamment de repère dans la prise de mesures.

Opus romain Type d'appareil de dallage réalisé avec des dalles de formes régulières, le plus souvent carrées ou rectangulaires, de dimensions variées.

Pan-de-bois Armature d'un mur porteur constituée de pièces de charpente assemblées dont les vides sont remplis de maçonneries diverses. Par extension, pan-de-bois désigne l'ensemble d'un mur construit selon ce procédé. Synonyme *colombage*.

Pan de toiture Chaque partie de toiture constituant une surface plane et limitée par des arêtiers ou des rives, un faîtage, un égout ou une noue.

Panne Longue pièce de charpente horizontale qui repose sur les arbalétriers des fermes et supporte les chevrons.

Parclose Voir *feuillure*.

Parement Surface visible d'un élément de construction (pierre, briques, enduit, mur…).

Piédroit Montant latéral portant le couvrement de la baie (arc, linteau) : dans le cas de baies entre trumeaux, le piédroit n'est que la partie à l'aplomb du couvrement de la baie, comprenant toute la profondeur de l'embrasure. Les jambages, tableaux, et ébrasements, sont des faces du piédroit.

Pierre sèche Maçonnerie réalisée par empilage de pierres appareillées ou non, sans utilisation de mortier.

Pignon Partie haute, généralement triangulaire, des façades latérales d'un bâtiment, qui supporte les rives de toiture. Le terme désigne aussi par extension la totalité de ces façades, par opposition aux murs gouttereaux.

Pisé Matériau de construction constitué de terre crue argileuse mélangée à un liant et quelquefois additionnée de fibres animales ou végétales, comprimé dans un coffrage puis damé.

Plâtre Matériau de construction obtenu par cuisson du gypse. Gâchée avec de l'eau, la poudre de plâtre donne une pâte facile à travailler qui fait sa prise en séchant. Le plâtre est utilisé essentiellement en intérieur, sous forme d'enduit ou de carreaux.

Porte charretière ou **porte cochère** Grande porte à deux battants ouvrant sur une cour intérieure, qui permettait le passage des charrettes. Elle inclut souvent une petite porte ménagée dans un des deux battants, appelée guichet, qui était utilisée par les piétons.

Portée Distance séparant deux points d'appui successifs d'un élément de construction comme une poutre, une solive, un plancher, une panne, une ferme…

Potager Paillasse maçonnée contiguë à la cheminée ou à l'évier, qui contenait de petites niches à braise pour cuire ou réchauffer les plats.

Potelet Petit poteau intégré dans une charpente ou une structure à pan-de-bois.

Poutre Longue pièce de bois horizontale, de forte section, qui, dans un plancher, franchit la portée entre les murs porteurs et supporte les solives.

Profilé Pièce de forme allongée, en acier ou en plastique, à section constante (en T, en I, en Z...).

Rampant Toute partie de la construction qui n'est ni horizontale ni verticale (rampant du toit, rampant d'un pignon, une lucarne rampante), mais montante, inclinée. Une voûte rampante est une voûte dont les naissances ne sont pas à la même hauteur.

Refend Mur porteur divisant l'intérieur d'une construction et s'appuyant directement sur les fondations.

Renvers ou **déversée** En couverture, ouvrage en ardoise qui relie un plan carré à une paroi verticale en maçonnerie (par exemple, un pignon plus haut, une jouée de lucarne).

Reprise en sous-œuvre Réparation ou remplacement des fondations d'un bâtiment.

Sablière Longue pièce de bois horizontale située dans le plan du mur. Dans un pan-de-bois, la sablière de plancher porte les solives ; parfois, une sablière de chambrée porte l'ossature verticale au-dessus des solives. Les sablières de toit portent les éléments de charpente, en général les chevrons, parfois les fermes elles-mêmes, par l'intermédiaire de l'appui des entraits sur les sablières.

Saillie Élément d'architecture formant une avancée par rapport à une façade : corniche, balcon, pilastres...

Schiste Roche sédimentaire ou métamorphique qui présente une structure feuilletée.

Serrer Améliorer la compacité du béton ou du mortier avant qu'il ne fasse sa prise. Le béton est serré par vibration, le mortier par talochage.

Silex Roche sédimentaire très dure incluse dans des couches calcaires.

Solive Pièce horizontale porteuse du plancher. L'aire de pose du sol fini est établie sur l'ensemble des solives, qui portent sur les murs, sur des poutres, sablières, lambourdes, ou sur un chevêtre. La solive dite « d'enchevêtrure » est perpendiculaire au mur. Ce terme désigne également, dans un plancher en bois à travure composée, une poutre qui porte à ses extrémités deux linçoirs sur lesquels reposent les solives ; ce type de plancher est dit à solives d'enchevêtrure.

Sommier Première pierre d'un arc ou d'une voûte appareillée, formant appui sur le mur.

Soubassement Partie inférieure d'un bâtiment sur laquelle porte tout l'édifice. Le soubassement repose lui-même sur les fondations.

Souche de cheminée Partie extérieure d'une cheminée, située sur le toit.

Soupente Réduit aménagé sous un escalier ou dans des combles.

Tableau Face du piédroit (voir ce mot) d'une baie, parallèle à l'axe de celle-ci en plan.

Tassement différentiel Mouvement non uniforme d'une maçonnerie lié à un écrasement des matériaux ou à un enfoncement du sol. Il se manifeste en premier lieu par des fissures et peut entraîner la dislocation de la maçonnerie.

Tenon et mortaise (à) Type d'assemblage dans lequel la partie mâle saillante (le tenon) d'une pièce vient s'emboîter dans la partie femelle creuse (la mortaise) de l'autre pièce.

Tirant Tige métallique servant à relier deux éléments et empêcher leur écartement.

Tomette ou **tommette** Brique de terre cuite, très dure, de forme carrée ou hexagonale, utilisée dans le midi de la France pour le carrelage des maisons.

Torchis Mélange de terre fine comprenant 15 % d'argile et des fibres végétales. Le torchis est un matériau de remplissage nécessitant une ossature en bois pour être mis en œuvre.

Tout-venant Se dit d'une maçonnerie faite d'éléments disparates non appareillés.

Travée Partie d'une construction comprise entre deux points d'appui (poutre, pilier...).

Trémie Ouverture dans un plancher ménagée pour le passage d'un escalier ou de tout élément permettant un accès direct entre deux niveaux d'une construction.

Triangulation Principe de répartition des charges des charpentes basé sur le modèle du triangle.

Troglodyte Personne qui vit dans une excavation naturelle ou creusée. Le terme désigne par extension l'habitat troglodytique, creusé dans la roche à flanc de coteau ou en plaine.

Tuffeau Roche sédimentaire marine constituée de débris organiques (calcaire) et de particules détritiques (érosion de roches). La pierre calcaire est polyphasée : formée de petits grains de divers minéraux. La porosité du tuffeau varie de 25 à 50 %.

Tuile Élément de terre cuite utilisé comme matériau de couverture.

Tuile canal ou **tuile courbe, tuile romaine, tige de botte** Tuile de section courbe positionnée par alternance envers/endroit : celles placées en dessous, dites tuiles de courant, servent à l'évacuation des eaux et reçoivent celles placées en dessus, dites tuiles de couvert, qui empêchent l'infiltration d'eau. Les tuiles canal sont destinées à des toits à faible pente. Elles sont surtout utilisées dans le sud de la France.

Tuile écaille Tuile plate à bout arrondi.

Tuile plate Tuile de forme rectangulaire munie de talons pour l'accrochage sur les liteaux et de trous pour la fixation par clouage. Les tuiles plates sont plutôt utilisées dans le nord de la France. Elles sont bien adaptées aux toits à forte pente.

Vantail Partie mobile d'une fenêtre ou d'une porte.

Versant Pan de toiture.

Volée (d'un escalier) Ensemble des marches d'un escalier se situant entre deux étages ou entre un étage et un palier.

Volige Latte de bois sur laquelle sont fixées les ardoises ou les tuiles en couverture.

Voligeage Ensemble des voliges fixées sur les chevrons (voir ce mot), qui portent directement la couverture.

Bibliographie

GERNER Manfred, *Les assemblages des ossatures et charpentes en bois*, Paris, Eyrolles, 1995.

MASSARI Giovanni, *Bâtiments humides et insalubres. Pratique de leur assainissement*, Paris, Eyrolles, 1971.

MINISTÈRE DES AFFAIRES CULTURELLES, *Vocabulaire de l'architecture. Principes d'analyse scientifique*, Paris, Imprimerie nationale, 1972.

Ouvrages généraux

ANAH, *Guide du diagnostic des structures*, Paris, ANAH, Ministère de l'urbanisme et du logement, 1984.

BAUDRY Marie-Pierre, *Comprendre et restaurer un monument, de l'étude à la réutilisation,* Paris, Rempart, 1993.

BERNSTEIN Daniel, CHAMPETIER Jean-Pierre, PEIFFER François, *La maçonnerie sans fard*, Paris, Le Moniteur, 1982.

BROCHEN Alix, GERVAIS Florence & PLOQUIN Jean, *Les mots de la maison,* Paris, Eyrolles, 1995.

COIGNET Jean, *Réhabilitation. Arts de bâtir traditionnels : connaissance et techniques*, Aix-en-Provence, Édisud, 1987.

COLLOMBET Raymond, *Humidité des bâtiments anciens*, Paris, Le Moniteur, 1985.

COMITÉ FRANÇAIS DE L'ISOLATION, *Guide pratique de l'isolation thermique des bâtiments*, Paris, Eyrolles, 1977.

DINKEL René, *Encyclopédie du patrimoine : monuments historiques, patrimoine bâti et naturel, protection, restauration, réglementation, doctrines, techniques, pratiques,* Paris, Les Encyclopédies du Patrimoine, 1997.

DOYON Georges & HUBRECHT Robert, *L'architecture rurale et bourgeoise en France,* 2e éd., Paris, Éd. Vincent, Fréal & Cie, 1957, reprint C. Massin & Cie, Paris, 1996.

ECOLE D'AVIGNON, *Techniques et pratique de la chaux,* Paris, Eyrolles, 2000.

ENGUEHARD Henri, *Pour restaurer*, Le Coudray-Macouard, Cheminements, 1998.

FONTAINE René, *La maison de pays, acheter, restaurer, aménager,* « Guides pratiques Seghers », Paris, Seghers, 1977.

La maison de pays, restaurer, aménager, préserver, Paris, Seghers, 1995.

FRÉAL Jacques, *L'architecture paysanne en France : la maison,* Ivry, Éd. Serg, 1977.

FROIDEVAUX, Yves-Marie, *Techniques de l'architecture ancienne, construction et restauration*, Liège, P. Mardaga, 1986.

LOUBES Jean-Paul, *Archi troglo*, Roquevaire, Éd. Parenthèses, 1984.

REWERSKI Jacek, *Troglodytes saumurois, Du côté du coteau,* Brinon-sur-Sauldre, Éd. Grandvaux, 1993.

Carnet d'adresses

Maîtres d'œuvre des projets ci-avant présentés

Gilles et Charles BERTHIER
Architectes DPLG
48 bis, rue Louis Rolland – 92120 Montrouge
Tél. : 01 46 12 49 49 – Fax : 01 46 12 49 40
berthierarchitectes@wanadoo.fr

Vitorio CALDONCELLI-VIDAL et architectes associés – Archicop groupe
Architectes DPLG
156, rue Diderot – 94300 Vincennes
Tél. : 01 53 66 97 60 – Fax : 01 53 66 97 64
archicop1@wanadoo.fr

Stéphanie CAULLIEZ-LAURENT
Architecte DPLG
33, rue de Lille – 75007 Paris
Tél. : 06 24 34 62 11
laurent_caulliez@yahoo.fr

Jean-François CHARBONNIER – AAC
Architecte DPLG
Chalet des Troncs
74450 Le Grand-Bornand
Tél. : 04 50 02 71 38 – Fax : 04 50 63 25 28
jfc74architecte@aol.com

Frédéric CHARPENTIER
Architecte DPLG
72 ter, rue Guilbert – 93250 Villemonble
Tél. : 01 43 09 27 20
charpentier.fred2@wanadoo.fr

Bernard CHIRAC
Architecte DPLG
Pont de la Terrade
23200 Aubusson
Tél. : 05 55 66 87 41 – Fax : 05 55 66 87 65

Xavier DERBANNE
Architecte DPLG
Résidence du Prieuré – Impasse Léon Gambetta
76410 Saint-Aubin-les-Elbeuf
Tél. : 02 35 59 74 19 – Fax : 02 35 77 07 87
xavier.derbanne@wanadoo.fr

Jean-Luc DUFOUR
Architecte DESA
7, rue Georges Clemenceau – BP 45
85190 Aizenay
Tél. : 02 51 34 67 93 – Fax : 02 51 40 18 24
dufour-egraz@wanadoo.fr

Olivier DUGAST
Architecte DPLG
Le Fraigne – 85110 Sainte-Cécile
Tél. : 02 51 09 92 00 - Fax : 02 51 09 92 01
olivier.dugast.archi@wanadoo.fr

Bruno DUQUOC
Architecte DPLG et urbaniste DIAR
77, rue du Mail – 49100 Angers
Tél. : 02 41 88 55 32 - Fax : 02 41 87 73 91
arche.type@wanadoo.fr

Michel DUSOLLE
Architecture environnementale, constructions bois & éco-logis
Architecte DPLG
4, rue Boffrand – 89300 Joigny
Tél. : 03 86 62 26 62 - Fax : 03 86 91 77 92

Gilles FABBRO, Dominique BIER et Philippe DERRIEN - Epoxy Architecture
Architectes DPLG
8, avenue des Tabernottes – 33370 Yvrac
Tél./Fax : 05 56 38 46 32
fabbro.burtschell@tele2.fr

Béatrice FAY
Architecte DESA
Route du Morthomme – « La Pierre qui tourne »
08250 Grandpré
Tél./fax : 03 24 30 56 80
fay.beatrice@wanadoo.fr

Maurice FREY et Valérie FREY-GOBYN
Architectes DPLG
25, rue des Foulons – 67200 Strasbourg
Tél. : 03 88 30 17 26 - Fax : 03 88 29 82 55

Sylvestre GARIN
Architecte DPLG et DESHCMA
Hameau des Bouteils – 05200 Puy-Sanières
Tél. : 04 92 43 68 23 – Fax : 04 92 43 66 27
sylvestre.garin@laposte.net

Anthony GIRARD
Architecte DPLG
20, boulevard de la République
25520 Goux-les-Usiers
Tél. : 06 85 70 83 25
anthonygirard1@yahoo.fr

Christophe JACQUOT - Agora Architecture
Architecte DPLG
23, rue Edme Bouchardon – 52000 Chaumont
Tél. : 03 25 31 06 90 – Fax : 03 25 31 24 78
chjacquotarchitecte@wanadoo.fr

Dominique JOUFFROY
Architecte DPLG et DESHCMA
2 bis, rue du Vieux Collège – 21000 Dijon
Tél. : 03 80 65 32 50 – Fax : 03 80 65 03 60
dominiquejouffroy@archilink.com
dominique@jouffroy-architect.com

Daniel JUVENELLE
Architecte DPLG et DESHCMA
4, rue de l'Église – BP 45
10110 Bar-sur-Seine
Tél. : 03 25 29 95 40 - Fax : 03 25 29 74 40
juvenelle@wanadoo.fr

Rémi LABOUP
Architecte DPLG
1, impasse des Bergeronnettes
31270 Villeneuve-Tolosane
Tél. : 05 61 92 03 41
laboup@aadiana.fr

Agnès LANCESTREMERE
Architecte DPLG
Cantercel 34520 La Vacquerie-Saint-Martin
Tél. : 06 27 19 33 02
alancestremere@yahoo.fr

Pawel LEPKOWSKI, architecte DPLG
et DESHCMA, et Joanna FURGALSKA,
architecte collaboratrice
11, rue Saint-Étienne – 16000 Angoulême
Tél. : 05 45 95 34 18 – Fax : 05 45 94 03 10

Jean-François LYON-CAEN
Architecte DPLG
Les Gentillons – Bénévent-et-Charbillac
BP 26 – 05500 Saint-Bonnet-en-Champsaur
Tél./fax : 04 92 50 08 39
jean-francois.lyon-caen@grenoble.archi.fr

Michel MOUY
Architecte DPLG
16, rue du Champ Lagarde – 78000 Versailles
Tél. : 01 39 20 04 75 - Fax : 01 39 02 09 12
arc4m@wanadoo.fr

Christophe PALOU
Architecte DPLG et géobiologue
2-4, rue Basse-Notre-Dame
56195 La Roche-Bernard
Tél. : 02 23 10 13 25 – Fax : 02 23 10 13 26
palou.christophe@wanadoo.fr

Patrick PETIT
Architecte DPLG
118, avenue de la Résistance
93340 Le Raincy
Tél./fax : 01 43 81 19 61
patrick.petit@neuf.fr

Jean-Marie PETTES et Reine SAGNES
Architectes DPLG
10, Grand'Rue – 81500 Lavaur
Tél. : 05 63 58 27 52 - Fax : 05 63 58 36 93
sagnes.pettes.architectes@wanadoo.fr

Geneviève ROBERT
Architecte DPLG
14, rue Émile Duployé – 33000 Bordeaux
Tél. : 05 56 48 06 74 - Fax : 05 56 01 04 27
genevieve.robert@free.fr

Simon TEYSSOU
Architecte DPLG
46, avenue du Quinze-Septembre
15290 Le Rouget
Tél. : 04 71 46 90 24 – Fax : 04 71 46 90 96
courrier@atelierarchitecture.fr

Patrice TRAPON
Architecte DPLG
18, avenue de la République
23200 Aubusson
Tél. : 05 55 66 15 61 – Fax : 05 55 83 80 71
patrice.trapon@encreuse.com

Stéphane WATRIN
Architecte DPLG
Village au Tellier – 50390 Catteville
Tél. : 02 33 21 18 03 – Fax : 02 33 21 29 20

Groupements professionnels

Architectes

Association des architectes du patrimoine
Palais de Chaillot
Place du Trocadéro – 75116 Paris
Tél. : 01 47 04 39 88 – Fax : 01 47 55 17 16

Conseil national de l'Ordre des architectes
(CNOA)
9, rue Borromée – 75015 Paris
Tél. : 01 56 58 67 00 - Fax : 01 56 58 67 01

Réseau des architectes PARTIR
(Patrimoine Architectural Rural,
Techniques d'Identification et de Restauration)
118-128, avenue Jean Jaurès – 75019 Paris
Tél./fax : 01 53 72 84 54
http://www.centre-partir.com

Entreprises, artisans

Association ouvrière des compagnons
du Devoir du tour de France (AOCDTF)
82, rue de l'Hôtel de Ville – 75004 Paris
Tél. : 01 44 78 22 50 - Fax : 01 42 71 10 19
http://www.compagnons-du-devoir.com

Confédération de l'artisanat et des petites
entreprises du bâtiment (CAPEB)
46, quai d'Ivry – BP 353
75625 Paris Cedex 13
Tél. : 01 53 60 50 00 – Fax : 01 45 82 49 10
http://www.capeb.fr

Fédération française du bâtiment (FFB)
33, avenue Kléber – 75116 Paris
Tél. : 01 40 69 51 00 - Fax : 01 45 53 58 77
http://www.ffbatiment.fr

Groupement national des entreprises
de restauration de monuments historiques
(GNERMH)
7, rue de la Pérouse – 75784 Paris Cedex 16
Tél. : 01 40 69 51 59 - Fax : 01 47 20 06 62
http://www.groupement-mh.org

Les Grands Ateliers de France
8, place de la Madeleine – 75008 Paris
Tél. : 01 42 96 12 75 - Fax : 01 40 15 98 32
Société d'encouragement
aux métiers d'art (SEMA)
23, avenue Daumesnil – 75012 Paris
Tél. : 01 55 78 85 85 - Fax : 01 55 78 86 15
http://www.metiersdart-artisanat.com

Associations et organismes publics et parapublics

Conseil et sauvegarde

Fédération nationale des associations
de sauvegarde des sites et des ensembles monumentaux (FNASSEM)
20, avenue Mac Mahon – 75017 Paris
Tél. : 01 42 67 52 00 - Fax : 01 45 74 01 43
http://www.associations-patrimoine.org

Fédération nationale
des Conseils d'architecture, d'urbanisme
et d'environnement (CAUE)
20, rue du Colonel Mouchotte – 75014 Paris
Tél. : 01 43 22 07 82 - Fax : 01 43 21 42 89
http://www.fncaue.org

Fédération des parcs naturels régionaux
de France (FPNRF)
9, rue Christiani – 75018 Paris
Tél. : 01 44 90 86 20 - Fax : 01 45 22 70 78
http://www.parcs-naturels-regionaux.tm.fr

Maisons paysannes de France (MPF)
8, passage des Deux Sœurs
75009 Paris
Tél. : 01 44 83 63 66 - Fax : 01 44 18 00 36
http://www.maisons-paysannes.org

Aides, subventions, prix, déductions fiscales

Agence nationale pour l'amélioration
de l'habitat (ANAH)
8, avenue de l'Opéra – 75001 Paris
Tél. : 01 44 77 39 39 - Fax : 01 49 27 07 30
http://www.anah.fr

Fédération nationale de l'habitat
et du développement rural (FNHDR)
27, rue de La Rochefoucault
75009 Paris
Tél. : 01 45 26 69 66 – Fax : 01 40 82 90 77
http://www.habitat-developpement.tm.fr

Fondation de France
40, avenue Hoche
75116 Paris
Tél. : 01 44 21 31 00 - Fax : 01 44 21 31 01
http://www.fdf.org

Fondation du patrimoine
5, rue de la Vacquerie – 75008 Paris
Tél. : 01 53 67 76 00 - Fax : 01 40 70 11 70
http://www.fondation-patrimoine.com

Vieilles Maisons françaises (VMF)
93, rue de l'Université – 75007 Paris
Tél. : 01 40 62 61 71 - Fax : 01 45 51 12 26
http://www.vmf.net

Services centraux et déconcentrés de l'État

Délégation à l'aménagement du territoire
et à l'action régionale (DATAR)
1, avenue Charles Floquet
75343 Paris Cedex 07
Tél. : 01 40 65 12 34
Fax : 01 43 06 99 01
http://www.datar.gouv.fr

Prendre aussi contact avec la Direction régionale de l'Environnement de chaque région concernée.

Direction de l'Architecture et du Patrimoine
(DAPA) – Ministère de la Culture
et de la Communication
182, rue Saint Honoré – 75033 Paris Cedex 01
Tél. : 01 40 15 80 00
Fax : 01 40 15 32 53
http://www.culture.gouv.fr

Prendre aussi contact, dans chaque région et département concernés, avec la Direction régionale des Affaires culturelles et le Service départemental de l'Architecture et du Patrimoine (Chef du SDAP : l'architecte des Bâtiments de France).

Chez le même éditeur

En collaboration avec le Centre technique du bois et de l'ameublement

Le traitement des bois dans la construction, 2000.

Y. Benoit, *Le coffret de reconnaissance des bois de France,* 1999.

Y. Benoit, *Le guide de reconnaissance des bois de France,* 1999.

Le guide de la préservation du bois, 1998.

Y. Benoit, *Le guide des essences de bois*, 1997.

Architecture régionale

F. de Kort & T. Breiz, *Les maisons de Bretagne,* 2003.

J.-L. Massot, *Les maisons de Provence,* 2003.

A. Stein, *Les maisons de montagne,* 2001.

P. Thiébaut, *La maison rurale en Île-de-France,* 2001.

T. Fischer & C. Fuchs, *Les maisons d'Alsace,* 1997.

Les Guides Pratiques de l'École-atelier de restauration du Centre historique de León (Espagne)

Taille de la pierre, 2e éd., 2006.

La chaux et le stuc, 2001.

La ferronnerie d'art, 1999.

La maison

Caussarieu A. et Gaumart T., *Guide pratique de la rénovation de façades*, 2005.

D. Fedullo et T. Gallauziaux, *Le grand livre de l'électricité*, 2005.

T. Gallauziaux et D. Fedullo, *L'installation électrique*, 2004.

T. Noll, *Assemblages en bois*, 2004.

H. Renaud, *Choisir et réaliser les toitures en tuile*, 2004.

G. Rondeau, S. Rondeau, M. Pons, *Techniques et pratique du staff*, 2004.

R. Roy, *Escaliers en bois, épures et tracés*, 2004.

Y. Benoit, *Les parquets*, 2003.

École d'Avignon, *Techniques et pratique de la chaux*, 2e éd., 2003.

H. Renaud, *Choisir et réaliser les charpentes*, 2003.

H. Renaud, *Du choix du terrain aux plans d'exécution*, 2003.

Ch. Simonin-Adam, *Acoustique et réhabilitation*, 2003.

J.-C. Bidaux, *Plâtre : murs, formes et volumes*, 2002.

H. Häfelein, *Aménager caves et greniers*, 2002.

H. Renaud, *Baies et menuiseries extérieures,* 2002.

H. Renaud, *Branchements : eau potable & assainissement*, 2002.

H. Renaud, *Charpentes & couvertures*, 2002.

H. Renaud, *Eau chaude & chauffage au gaz*, 2002.

H. Renaud, *Fondations & soubassements*, 2002.

H. Renaud, *Murs & planchers*, 2002.

H. Renaud, *Murs, poutres & planchers*, 2002.

H. Renaud, *Ventilation & installation électrique*, 2002.

E. H. Heimann, *Rénover sa maison*, 2001

G. Karsenty, *La fabrication du bâtiment*, t. I et II, 2001.

T. Gallauziaux et D. Fedullo, *La menuiserie comme un pro*, 2000.

T. Gallauziaux et D. Fedullo, *Dépannages et rénovation électriques*, 1999.

J. Festa, *Techniques et pratique du plâtre*, 1998.

T. Gallauziaux, D. Fedullo et M. Jacquelot, *La plomberie*, 1998.

M. Euchner, *Manuel des traits de charpente*, 1997.

T. Gallauziaux et D. Fedullo, *Le chauffage électrique et l'isolation thermique*, 1997.

M. Gerner, *Les assemblages des ossatures et charpentes en bois*, 1995.

W. Mannes, *Construction artisanale d'escaliers en bois*, 1994.

W. Mannes, *Toits et charpentes en bois*, 4e éd., 1990.

W. Mannes, *Technique de construction des escaliers*, 1988.

Crédit

Documents rassemblés et mis en forme par Fabienne Sébilo.

Sauf mention spécifique dans la légende, les illustrations sont la propriété des architectes, maîtres d'œuvre des projets présentés dans cet ouvrage.

Conception graphique : Nord Compo
Mise en pages : Nord Compo

Dépôt légal : septembre 2005
N° d'éditeur : 7067
Imprimé en France

Achevé d'imprimer le 1er septembre 2005
sur les presses de l'imprimerie « La Source d'Or »
63200 Marsat
Imprimeur n° 11422